범어로
반야심경을
해설하다

범어로 **반야심경**을 해설하다

김명우 지음

민족사

| 들어가는 말 |

인류 역사상 가장 많이 읽히는 책이라면 『논어』, 『성경』, 『반야심경』일 것입니다. 이 중에서도 『반야심경』은 대승불교도에게 가장 많이 애독되는 경전입니다. 특히 대승불교권인 한국 불교도에게 『반야심경』은 모든 법회나 불자들의 모임에서 반드시 봉독될 정도로 친숙한 경전입니다. 『반야심경』은 불과 260자로 이루어져 있으며, 처음부터 암송용으로 제작되었기 때문에 불교도라면 대부분 암송하고 있습니다. 그러나 과연 정확한 의미를 알고 암송하는 사람은 몇 사람이나 될까? 물론 불교에서는 경전의 암송 그 자체에 공덕이 있다고는 하지만, 그 뜻을 알고 『반야심경』을 암송한다면 더 큰 공덕과 깨달음을 얻게 될 것입니다. 의미를 모르고 경전을 암송하는 것과 의미를 알고 암송하는 것에는 분명한 차이가 있습니다. 무턱대고 『반야심경』을 암송하는 것보다는 거기에 붓다의 어떤 가르침이 담겨 있는지 살펴보는 것도 중요한 가치가 있는 것입니다.

『반야심경』은 이름 그대로 반야경의 핵심을 기술한 경전입니다. 『반야심경』은 설법자를 당시에 가장 인기 있던 보살인 관세음보살, 듣는 이〔對告者〕를 지혜제일의 샤리푸트라〔사리자〕로 삼았으며, 사상적으로는 공(空)의 가르침에 밀교의 만트라〔진언〕를 결합시켰다는 특징을 갖습니다. 내용적으로는 '공〔空性〕'과 신비적 언어인 '진언(眞言)'이라는 두 측면을 담고 있습니다.

전반부에서는 먼저 관자재보살이 반야바라밀다〔지혜의 완성〕를 실천할 때 모든 존재인 오온이 자성이 없다〔공〕는 것을 깨달아 사리자에게 설법을 시작합니다. 오온 중에서 색을 취하여 '색즉시공 공즉시색'이라고 『반야심경』의 핵심을 설합니다. 그리고 불교의 전통적인 주제인 12처(육근, 육경)·18계(육근, 육경, 육식)·12연기·사성제 등을 공(空)의 입장에서 부정해 갑니다. 그리하여 반야바라밀을 실천한 보살은 마음에 장애도 공포도 없으며, 일체의 전도몽상을 벗어나 열반의 경지에 들어간다고 설파합니다. 또한 삼세의 모든 부처도 반야바라밀에 의해 최고의 깨달음인 무상정등각을 얻는다고 합니다.

후반부에서는 반야바라밀〔지혜의 완성〕을 기술한 반야의 가르침은 대신주, 대명주, 무상주, 무상등등주이며 무한한 공덕을 가지고 있다고 합니다. 그리고 마지막에 주문〔아제 아제 바라아제 바라승아제 보디 스바하〕으로써 끝내고 있습니다. 이 주문 때문에 『반야심경』은 밀교의 영향을 받은 경전이며, 성립시기도 4~5세기경이라고 추측하기도 합니다.

붓다는 사바세계, 즉 인간을 포함한 우주에 존재하는 모든 것을 구제하기 위해 왔습니다. 그리고 붓다가 중생을 구제하기 위해 행한 가장 위대한 일은 바른 가르침〔正法〕을 펼친 것입니다. 이것을 우리는 전법륜(轉法輪, 진리의 수레바퀴를 굴리다)이라고 합니다. 붓다의 전법륜이 있었기에 2550여 년이라는 세월의 간격을 극복하고 오늘날 우리도 붓다의 가르침을 배우고 실천할 수 있는 것입니다.

붓다의 전법륜은 크게 3단계로 구분할 수 있습니다. 첫째는 붓다가 깨달음을 얻고서 사르나트의 녹야원에서 사성제 등의 가르침을 5비구에게 최초로 설한 초전법륜〔최초로 진리의 수레바퀴를 굴리다〕입니다. 둘째는 궁극적 진리인 '공'의 가르침입니다. 셋째는 유식, 여래장 등의 가르침입니다.

붓다의 3단계의 전법륜 중에서 『반야심경』을 포함한 반야경의 가르침은 두 번째 단계에 속합니다. 반야경은 『소품반야경』(팔천송반야), 『대품반야경』(이만오천송반야), 『금강경』 등 600권에 이르는 방대한 분량입니다. 이 방대한 분량의 심오한 가르침 중에서 핵심만 뽑아 놓은 것이 『반야심경』입니다. 그러므로 『반야심경』을 바르게 이해하기 위해서는 해설서나 주석서를 살펴보아야 합니다. 그래서 필자도 『반야심경』에 관한 해설서나 주석서를 참고하여 『반야심경』을 해설하였습니다.

『반야심경』을 해설함에 있어 필자는 불교도뿐만 아니라 비불교도를 위해 『반야심경』에 나타난 사상적인 의미와 더불어 글자 하나하나의 의미를 파악하는 데 주력하였습니다. 이른바 문헌학적인 입장에서 『반야심경』을 분석하고 해석한 것입니다. 물론 문헌학적인 분석이나 해설은 나무만 보고 숲을 보지 못하는 우려를 범할 수도 있습니다. 그러나 나무 하나하나를 자세히 관찰하지 못하면서 숲을 본들 무슨 소용이 있겠습니까? 오늘날 한국인들이 서양인이나 같은 동양인인 일본 사람에 비해 이성을 통한 분석적 사고가 부족하다는 쓴 소리도 들립니다. 필자도 이와 같은 생각에 한편 동감하는 입장입니다. 특히 한국 불교도는 선불교의 영향 때문인지 나무 하나하나를 보는 것보다 숲 전체를 보려는 경향이 강합니다. 그래서 필자는 의도적으로 『반야심경』의 글자 하나하나를 분석하고 해설하고자 하였습니다.

현재 시중에 출판된 『반야심경』에 관한 서적은 20여 종이 넘습니다. 그래서 독자들이나 출판사 측에서 새삼스럽게 또 무슨 『반야심경』이냐고 할 것 같은 생각이 필자의 머릿속을 맴돌며 떠나지 않았습니다. 그런데도 불구하고 굳이 이 해설서를 펴내기로 한 데는 뚜렷한 이유가 있습니다. 기존의 『반야심경』 해설서는 한역본인 현장 역을 중심으로 해설된 것이 거의 전부라고 할 수 있기 때문에 산스크리트본과 한역본을 비교하여 『반야심경』 해설서를 내는 것도 의의가 있다고 필자 나름대로 생각한 것입니다.

이 책에서의 『반야심경』 해설의 특징은 다음과 같습니다.

첫째, 『반야심경』에 등장하는 불교 용어들을 언어학적으로 철저하게 풀이하였습니다. 일반인이 불교를 어렵게 생각하는 것은, 불교의 중요한 개념들을 중국인이 산스크리트에서 중국어로 음역하거나 번역한 탓이 크다고 생각합니다. 게다가 한국인은 뜻도 모르고 중국인이 음역한 것을 그냥 사용하였기 때문에 불교를 이해하는 데 많은 어려움을 겪을 수밖에 없었습니다. 그래서 필자는 어려운 한자로 설명된 불교 용어를 산스크리트 원어와 영역을 비교하여 독자들이 쉽게 이해하도록 하였습니다.

둘째, 내용 면에서 불교를 공부하는 전문가뿐만 아니라 처음 불교를 접하는 초심자도 이해할 수 있도록 했습니다. 물론 깊이 있는 내용도 포함하고 있지만, 누구라도 본문만 충실하게 정독하면 『반야심경』을 이해할 수 있을 것으로 생각합니다.

셋째, 『반야심경』의 글자 하나하나에 대한 의미뿐만 아니라 산스크리트 문법에 대해서도 자세하게 설명하였습니다. 특히 『반야심경』의 소본 산스크리트본, 소본 한역본, 에드워드 콘즈(Conze)의 영역본을 자세하게 비교하여 다양한 각도에서 해설하고자 하였습니다.

이 책은 크게 3장으로 구성되어 있습니다. 제1장에서는 『반야심경』 소본과 대본의 문헌에 대해 기술하였습니다. 먼저 『반야심경』 소본 산스크리트, 소본 한역〔현장 역, 구마라집 역〕의 원본을 제시하고 각각 한글로 번역하였습니다. 그리고 대본 산스크리트, 대본 한역〔법월 중역〕의 원본을 제시하고 각각 번역하여 제시하였습니다.

제2장에서는 소본 산스크리트와 현장 역 『반야심경』을 중심으로 해설하였는데, 먼저 『반야바라밀다심경』의 제목, 소본 한역자 현장과 구마라집에 대해 기술하였습니다. 『반야심경』 본문에 대해서는 먼저 붓다 대신에 설법한 관자재보살, 대고자 사리자〔샤리푸트라〕, 그리고 공, 공의 특질, 오온, 12처, 18계, 12연기, 사성제 등에 대해 자세하게 해설했습니다. 마지막으로는 주문〔가테 가테 파라가테 파라상가테 보디 스바하 … 〕에 대한 해설을 첨가하였습니다.

제3장에서는 『반야심경』의 이해를 돕기 위해 불교의 경전에 대해 설명했습니다. 불교경전을 기술함에 있어 크게 초기경전과 대승경전으로 나누어 기술하였습니다. 초기경전은 『장아함경』, 『중아함경』, 『잡아함경』, 『증일아함경』의 4아함〔니카야〕과 『법구경』, 『숫타니파타』를 중심으로 설명하였으며, 대승경전은 초기 대승경전, 중기 대승경전, 후

기 대승경전으로 나누어 설명했습니다. 초기 대승경전은 반야부 경전, 『화엄경』, 『법화경』 등을 중심으로 기술하였으며, 중기 대승경전은 여래장 계통과 유식 계통, 후기 대승경전은 밀교 계통을 중심으로 대략적으로 기술했습니다.

독자들 중에서 『반야심경』의 해설 부분에 관심이 있는 사람은 1장과 3장은 생략하고 2장만 읽어도 크게 지장은 없습니다. 그렇지만 불교문헌이나 산스크리트에 관심이 있는 사람은 1장을 읽어 주기 바라며, 불교경전에 관심이 있거나 대략적인 불교의 경전사를 알고 싶은 사람은 3장을 읽어 주기 바랍니다.

그리고 독자들에게 부탁의 말씀을 드리고자 합니다. 혹시 산스크리트를 처음 접한 독자들께서는 적지 않은 부담을 느낄 수도 있을 것입니다. 그렇지만 본문을 읽어 보면 전혀 그럴 필요가 없다는 생각이 들 것입니다. 왜냐하면 한역과 영역, 산스크리트를 대조해서 설명하였을 뿐만 아니라 가장 기초적인 산스크리트 문법만을 간단하게 기술하였기에 산스크리트를 몰라도 인내심을 가지고 이 책을 읽는다면, 『반야심경』을 이해하는 데 크게 지장을 주지 않을 것이기 때문입니다.

끝으로 책이 나오기까지 도와주신 분께 고마움을 전하고 싶습니다. 먼저 고심정사 원택 주지스님과 고심정사불교대학 가족들에게 고마움을 전합니다. 사실 이 책의 원고를 집필하게 된 동기는 2005년도 고심정사불교대학에서 『반야심경』 강의를 맡으면서 시작된 것입니다. 강의를 거듭하면서 보충할 것은 보충하고 삭제할 부분은 삭제하면서 원고를 다듬어 나간 것이 오늘날 결실을 맺은 것입니다. 더불어 이름을 밝히지 않고 저의 졸저 『유식삼십송과 유식불교』를 구입하여 고심정사불교대학 학생들에게 보시하신 보살님에게도 지면으로 감사한 마음을 전합니다.

또한 불교를 접하게 해 준 강동균 선생님, 원고를 꼼꼼하게 읽어 준 구자상 선생님과 오용득 선생님에게도 감사의 마음을 전합니다. 말없이 도와주는 친구 구대현·송복철·김재호·박시성·허성령, 사랑하는 부모님, 19년을 동고동락해 준 아내 현숙, 믿음직한 아들 솔이와 사랑하는 딸 세친에게도 고마움을 전합니다. 그리고 흔쾌히 출판을 허락해 주신 민족사 윤재승 사장님과 출판사 관계자 분들께도 감사드립니다.

을숙도가 바라보이는 낙동강 언저리에서

허암 김명우 합장

차 ● 례

들어가는 말 • 5

제1장 『반야심경』 소본과 대본의 문헌 15

Ⅰ. 『반야심경』의 문헌 • 17

1. 산스크리트본과 한역 『반야심경』 문헌 • 17
2. 현장 역과 구마라집 역의 차이점 • 20

Ⅱ. 소본 산스크리트 『반야심경』 및 한역과 한글 해석 • 22

1. 소본 산스크리트 데바나가리(뮐러본) • 22
2. 소본 산스크리트 로마자 • 24
3. 소본 산스크리트 한글 번역 • 26
4. 소본 한역 『반야심경』 현장 역과 한글 번역 • 28
5. 소본 한역 『반야심경』 구마라집 역과 한글 번역 • 31

Ⅲ. 대본 『반야심경』 산스크리트 및 한역과 한글 해석 • 34

1. 대본 산스크리트 데바나가리(뮐러본) • 34
2. 대본 산스크리트 로마자 • 36
3. 대본 산스크리트 한글 번역 • 40
4. 대본 한역(법월 중역) • 44
5. 『보편지장반야바라밀다경』 한글 번역 • 46

제2장 『반야심경』을 해설하다 49

Ⅰ. 제목에 대한 해설 • 51

Ⅱ. 소본 『반야심경』의 한역자 현장과 구마라집 • 72

1. 현장 • 73
2. 구마라집 • 78

Ⅲ. 일체지자 • 82

Ⅳ. 관자재보살의 실천 • 87

Ⅴ. 존재하는 모든 것은 공이다 • 113

1. 『반야심경』의 대고자 사리자 • 116
2. 오온은 공이다 • 130
3. 공의 특질을 가진 것은 불생불멸이다 • 137
4. 오온 · 12처 · 18계는 공이다 • 146
5. 12연기는 공이다 • 151
6. 사성제도 공이다 • 161
7. 공이란 소득이 없는 것이다 • 178

Ⅵ. 최고의 깨달음, 무상정등각 • 183

Ⅶ. 주문에 대한 해설 • 199

1. 반야바라밀다는 대신주이다 • 200
2. 가테 가테 파라가테 파라상가테 보디 스바하 • 204

제3장 **경전이란 무엇인가** ·· 209

Ⅰ. 초기경전 • 211

1. 경전의 성립과 편찬 • 217
2. 삼장의 성립 • 221
3. 아함경과 니카야 • 223

Ⅱ. 대승경전 • 241

1. 대승경전의 전승 • 241
2. 대승경전의 형식 • 242
3. 초기 대승경전 • 245
4. 중기 대승경전 • 261
5. 후기 대승경전 • 265

인용 및 참고문헌 • 270

찾아보기 • 273

| 일러두기 |

1. 본문에 쓰인 〈 〉는 내용을 매끄럽게 하기 위한 필자의 보충설명이고, 〔 〕는 대체어나 설명이다.

2. 산스크리트 발음은 원음에 충실하기보다는 한국인이 발음하기 편한 대로 표기했다. 예) 'v'와 'b'는 '바'로, 'kha'와 'ka'는 '카'로 표기.

3. 인용문헌은 본문에서 구체적으로 밝히지 않고 인용 및 참고문헌으로 대신하였음을 밝혀 둔다. 특히 『유식삼십송과 유식불교』(김명우 지음)와 『반야바라밀다심경』(김명우 편역)에서 인용한 것은 구체적으로 밝히지 않았다.

4. 데바나가리 산스크리트본의 소본(뮐러교정본)과 대본(뮐러교정본)은 외국 인터넷 사이트에서 다운받은 것이다.

5. 『대정장』은 『대정신수대장경』을 약칭한 것이다.

6. C: 중국어, SKT: 산스크리트, E: 영어, K: 한국어, P: 팔리어로 약칭하였다.

7. 산스크리트어는 본래 대문자가 없지만, 편의상 지명이나 고유명사인 경우는 대문자로 표기하였다.

제1장

『반야심경』 소본과 대본의 문헌

Ⅰ. 『반야심경』의 문헌

1. 산스크리트본과 한역『반야심경』 문헌

『반야심경』에 대한 독자들의 이해를 돕기 위해 먼저 『반야심경』의 산스크리트본과 한역본 문헌에 대해 기술하고자 한다. 『반야심경』의 산스크리트본은 짧은 것〔小本〕과 긴 것〔大本〕의 두 종류가 있다. 산스크리트 소본은 『반야심경』의 핵심 중에 핵심을 이루는 본문인 정종분(正宗分)뿐이고, 대본은 서론에 해당하는 서분(序分)과 결론에 해당하는 유통분(流通分)을 부가한 것이다.

그런데 양본 모두 특이하게도 인도나 중앙아시아 혹은 중국에서 발견된 것이 아니라 유일하게 일본에서만 전해지고 있다. 소본은 일본의 법륭사(法隆寺)에 전해지는 것으로, 609년 오노 이모코(小野妹子)라는 사람이 중국에서 가져왔다고 하지만 그 근거는 없다. 그리고 그것을 죠우곤(淨嚴)이라는 승려가 1694년에 필사했다고 한다. 이것에 대해 저명한 종교학자 막스 뮐러(Müller)는 법륭사 소본 사본이 8세기 초에 필사된 것으로 주장하고 있으며, 히카다 류쇼(干潟龍祥)는 8세기 말의 필사본이라고 주장하고 있다.(中村 元, 1962)

그리고 대본은 장곡사(長谷寺)에 전해지고 있는데, 일본 밀교의 창시자인 코보우 다이시(弘法大師) 쿠우카이(空海)의 제자인 에운(慧運)이라는 승려가 847년에 중국에서 가져왔다고 한다. 현재 대본의 사본은 일본 밀교의 총본산 고야산(高野山) 정지원(正智院)에 보관되어 있다.

막스 뮐러는 1884년 소본〔법륭사본〕과 대본〔장곡사본〕의 텍스트 및 한역 대본과 소본, 그리고 『불정존승다라니(佛頂尊勝陀羅尼)』 텍스트와 함께 『반야심경』 소본과 대본의 교정본 및 영역본을 출간하였다.

또한 일본의 저명한 인도철학자인 나카무라 하지메(中村 元)와 기노 카즈요시(紀野一義)는 법륭사 사본과 현장 역이라고 추정되는 『범본반야바라밀다심경』, 산스크리트의 여러 사본 등을 참조하여 텍스트를 재구성하였을 뿐만 아니라, 일본어 번역본을 출간하였으며(中村 元 1962), 에드워드 콘즈(Conze)는 중국, 네팔, 일본의 사본들을 비교 연구하여 교정본을 출간하였다.[1] 이처럼 현재 『반야심경』에 관한 대표적인 교정본은 뮐러본(1884), 나카무라본(1962), 콘즈본(1967)의 3본이 출간되었다. 이 3본의 교정본은 그다지 큰 차이가 없기 때문에 자세한 내용은 생략한다.

한역본도 두 계통이 현존하고 있다. 한역의 소본은 후진(後秦)의 구마라집 역과 당나라의 현장 역이 있는데, 특히 동북아시아에서 널리 애독되고 있는 것은 현장 역이다. 그리고 티베트어 역과 몽고어 역은 대본 계통의 번역이다. 한편 한역 대본은 당나라 중기 이후의 법월 역, 반야 역, 지혜륜 역, 법성 역과 송나라 시대의 시호 역 등 5가지가 있다. 따라서 『반야심경』의 두 계통 중에 소본이 원형(原型)이고, 대본은 나중에

1) 이에 관한 것은 'Thirty Years of Buddhist Studies. Selected Essays. Oxford. Burno Cassirer (1967)'를 참조하기 바란다.

부가된 것으로 추정된다. 이러한 한역본은 전부 8종류가 전해지고 있는데 그것은 다음과 같다.

1. 구마라집(鳩摩羅什) 역『마하반야바라밀대명주경(摩訶般若波羅蜜大明呪經)』1권(대정장 8권 847a)
2. 현장 역(649년)『반야바라밀다심경(般若波羅蜜多心經)』1권(대정장 8권 848b)
3. 반야(Prajñā, 734-810년)와 이언 등(利言等)의 역『반야바라밀다심경(般若波羅蜜多心經)』1권(대정장 8권 849b)
4. 법월(法月, 738년) 중역『보편지장반야바라밀다심경(普遍智藏般若波羅蜜多心經)』1권(대정장 8권 849a)
5. 당(唐) 지혜륜(智慧輪) 역『반야바라밀다심경(般若波羅蜜多心經)』1권(대정장 8권 850a)
6. 법성(法成) 역『반야바라밀다심경(般若波羅蜜多心經)』1권(대정장 8권 850)
7. 송(宋) 시호(施護) 역『성불모반야바라밀다심경(聖佛母般若波羅蜜多心經)』1권(대정장 8권 852b)
8.『당범번대자음반야바라밀다심경(唐梵飜對字音般若波羅蜜多心經)』1권(대정장 8권 851b-852a)

이 중에서 1~2는 소본역이며, 3~7은 대본역이다. 특히 중인도 마가다국 출신인 법월이 한역한 네 번째는 산스크리트 대본과 내용이 대체로 일치한다.

그리고 여덟 번째인 『당범번대자음반야바라밀다심경(唐梵飜對子音般若波羅蜜多心經)』(약칭하여 『범본반야바라밀다심경』)은 소본 산스크리트본을 한자로 음사하고 각 단어에 뜻을 달아 놓은 것이기 때문에 엄밀한 의미에서 한역이라고 할 수 없을 것이다. 이것은 돈황(燉煌)에서 발견되었지만, 현재는 영국의 대영박물관에 보관되어 있다. 그런데 이 소본에는 '관자재보살이 삼장법사 현장에게 친히 교수하신 범본으로 윤색하지 않았다'(觀自在菩薩與三藏法師玄奘親教授梵本不潤色)라는 부제가 붙어 있는 것이 특이한 점이다.

2. 현장 역과 구마라집 역의 차이점

여기서는 현존하는 『반야심경』 중에 가장 오래된 한역본인 구마라집 역과 현재 가장 널리 유통되고 있는 현장본의 차이점을 설명하고자 한다. 구마라집 역에서는 '반야바라밀'이 현장 역에서는 '반야바라밀다'로 한역되어 있다. 그리고 각각 '관세음보살'이 '관자재보살'로, '오음(五陰)'이 '오온(五蘊)'으로, '사리불'이 '사리자' 등으로 번역되어 있다. 또한 '비색이공 비공이색(非色異空 非空異色)'이 '색불이공 공불이색(色不異空 空不異色)'으로 되어 있고, '보살'이 '보리살타', '명주(明呪)'가 '주(呪)' 등으로 한역되어 있다.

그런데 구마라집 역에는 현장 역과 산스크리트 소본에도 없는 두 구절이 삽입되어 있다. 즉 구마라집 역에는 '舍利弗 色空故無惱壞相. 受

空故無受相. 想空故無知相. 行空故無作相. 識空故無覺相. 何以故(색이 공함으로 괴로움과 변괴變壞의 작용〔相〕이 없으며, 수〔감수작용〕가 공함으로 받아들이는 작용이 없으며, 상이 공함으로 안다는 작용이 없으며, 행이 공함으로 의지작용이 없으며, 식이 공하므로 판단사유〔覺〕의 작용이 없다. 왜냐하면)'와 '是空法. 非過去非未來非現在(공을 〈특질로 하는〉 사물〔법〕은 과거에도 없고 미래에도 없고 현재에도 없다.)'가 삽입되어 있다. 이 두 구절 이외에는 현장 역과 전체적으로 비슷하다.

그리고 경의 제목에도 차이가 있다. 구마라집은 경전의 제목을 『마하반야바라밀대명주경(摩訶般若波羅蜜大明呪經)』이라고 하였지만, 현장 역에서는 『반야바라밀다심경(般若波羅蜜多心經)』이라고 하였다. 이것은 아마도 구마라집이 경의 마지막에 있는 반야바라밀의 신주(神呪)야말로 경전의 핵심이라는 것을 나타내고자 하는 의도였을 것이다. 반면 현장은 '반야바라밀다심경' 즉 그대로 반야공이라는 세계의 진수〔핵심〕를 나타내는 경이라고 이해한 것으로 추측된다. 어쩌면 그 당시에 '심(心, hṛdaya)'이나 '대명주(大明呪)'라는 제목을 붙인 산스크리트 원본이 존재하였는지도 모른다.

이 이외에도 구마라집에는 경전의 제목 앞에 '마하'라는 두 글자가 첨가되어 있지만, 현장 역에는 없다. 또한 구마라집 역에는 '리일체전도몽상고뇌(離一切顚倒夢想苦惱)'라고 하여 '일체'와 '고뇌'라는 두 단어가 첨가되어 있지만, 현장 역(遠離顚倒夢想)과 산스크리트 소본에는 없다.[2)]

---

2) 구마라집 역과 현장 역의 차이에서 대해서 본문 중의 구마라집 역 『마하반야바라밀대명주경』에 별도로 표기해 두었다.

Ⅱ. 소본 산스크리트『반야심경』및 한역과 한글 해석

1. 소본 산스크리트 데바나가리[3](뮐러본)

॥ नमः सर्वज्ञाय ॥

आर्यावलोकितेश्वरबोधिसत्त्वो गंभीरायां प्रज्ञापारमितायां चर्यां चरमाणो व्यवलोकयति स्म । पंच स्कंधाः तांश्च स्वभावशून्यान्पश्यति स्म ।

इह शारिपुत्र रूपं शून्यता शून्यतैव रूपं रूपान्न पृथक् शून्यता शून्यताया न पृथग्रूपं यद्रूपं सा शून्यता या शून्यता तद्रूपं ।

एवमेव वेदनासंज्ञासंस्कारविज्ञानानि ।

इह शारिपुत्र सर्वधर्माः शून्यतालक्षणा अनुत्पन्ना अनिरुद्धा अमला न विमला नोना न परिपूर्णाः । तस्माच्छारिपुत्र शून्यतायां न रूपं न वेदना न संज्ञा न संस्कारा न विज्ञानानि । न चक्षुः श्रोत्रघ्राणजिह्वाकायमनांसि । न रूपशब्दगंधरसस्प्रष्टव्यधर्माः ।

---

3) 산스크리트는 데바나가리(Devanāgarī)라는 문자로 표시한다. 이 문자는 고대 인도의 브라흐미 문자 중의 하나이며, 현재 힌디어, 마라티어, 네팔어 등도 데바나가리 문자를 사용한다. 데바나가리 문자는 현재 인도 문자 중에 사용하는 인구가 가장 많다. 한편 유럽에서는 산스크리트를 라틴알파벳에 적절한 부호를 붙여, 즉 로마나이즈화(Romanization)하여 사용하고 있다. 데바나가리 문자는 다른 인도계 문자처럼 자음을 나타내는 부분과 모음을 나타내는 부분을 결합하여 하나의 음절을 나타내는 '음소음절문자(音素音節文字)'이므로 한글과 상당히 가까운 체계이다.

न चक्षुर्धातुर्यावन्न मनोधातुः।

न विद्या नाविद्या न विद्याक्षयो नाविद्याक्षयो यावन्न जरामरणं न जरामरणक्षयो न दुःखसमुदयनिरोधमार्गा न ज्ञानं न प्राप्तित्वं।

बोधिसत्त्वस्य प्रज्ञापारमितामाश्रित्य विहरति चित्तावरणः। चित्तावरणनास्तित्वादत्रस्तो विपर्यासातिक्रांतो निष्ठनिर्वाणः।

त्र्यध्वव्यवस्थिताः सर्वबुद्धाः प्रज्ञापारमितामाश्रित्यानुत्तरां सम्यक्संबोधिमभिसंबुद्धाः।

तस्माज्ज्ञातव्यो प्रज्ञापारमितामहामंत्रो महाविद्यामंत्रोऽनुत्तरमंत्रोऽसमसममंत्रः सर्वदुःखप्रशमनः सत्यममिथ्यत्वात् प्रज्ञापारमितायामुक्तो मंत्रः।

तद्यथा गते गते पारगते पारसंगते बोधि स्वाहा।

॥ इति प्रज्ञापारमिताहृदयं समाप्तं ॥

쓰는 방법은 왼쪽에서 오른쪽으로 쓰는 횡서(橫書)이며, 문자의 위에는 슈로레카라고 하는 베이스 라인이 옆으로 그어진 것이 특징이다. 또한 데바나가리 문자[산스크리트]는 끊어 읽기가 없으므로 읽는 사람이 임의로 끊어 읽어야 하는 어려움이 있다.

2. 소본 산스크리트 로마자

prajñāpāramitā-hṛdaya-sūtram[4)]

namas sarvajñāya

āryāvalokiteśvaro bodhisattvo[5)] gaṃbhīrāyāṃ prajñāpāramiāyāṃ caryāṃ caramāṇo vyavalokayati sma: pañca skandhās, tāṃś ca svabhāva-śūnyān paśyati sma.

iha Śāriputra rūpaṃ śūnyatā, śūnyatāiva rūpaṃ. rūpān na pṛthak śūnyatā, śūnyatāyā na pṛthag rūpaṃ. yad rūpaṃ sā śūnyatā, yā śūnyatā tad rūpam. evam eva vedanā-saṃjñā-saṃskāra-vijñānāni.

iha Śāriputra sarva-dharmāḥ śūnyatā-lakṣaṇā anutpannā aniruddhā amalāvimalā[6)] nonā na paripūrṇāḥ.

tasmāc Chāriputra śūnyatāyāṃ na rūpaṃ na vedanā na saṃjñā na saṃskāra na vijñānaṃ[7)].

na cakṣuḥ-śrotra-ghrāṇa-jihvā-kāya-manāṃsi, na rūpa-śabda-gandha-rasa-spraṣṭavya-dharmaḥ, na cakṣur-dhātur yāvan na mano-vijñāna-dhātuḥ.

na vidyā nāvidya na vidyā-kṣyo nāvidyā-kṣayo yāvan na jarā-

---

4) 소본 산스크리트본에는 원래 제목이 없었다. 제목은 필자가 임의로 삽입하였다.

5) 뮐러본에는 'āryāvalokiteśvara-bodhisattvo', 즉 복합어로 취급하고 있다.

6) 뮐러본에는 'amalā na vimalā'로 되어 있다.

7) 뮐러본에는 'vijñānāni'로 되어 있다.

maraṇaṃ na jarā-maraṇa-kṣayo na duḥkha-samudaya-nirodha-mārga, na jñānaṃ na prāptih.[8)]

tasmād aprāptivād[9)] bodhisattvāvāṃ[10)] prajñāparamitām āśritya viharaty acitta-varaṇaḥ[11)] cittāvaraṉa-nāstitvād atrasto viparyāstikrānto niṣṭha-nirvāṇaḥ tryadhvayavasthitāḥ sarva-buddhāḥ prajñāpāramitām āśrityānuttarāṃ samyak-sambodhiṃ abhisambuddhāḥ.

tasmāj jñātavyaṃ[12)] prajñāpāramitā-mahāmantro mahāvidyāmantro 'nuttaramantro 'samasama-mantraḥ sarva-duḥkha-praśamanaḥ satyam amithyatvāt prajñāpāramitāyām ukto mantraḥ, tad yathā:

gate gate pāragate pārasaṃgate bodhi svāhā.

iti prajñāpāramitā-hṛdayaṃ samāptam.

8) 뮐러본에는 'prāptitvam', 대본에는 'na prāptir nāprāptih'로 되어 있다.
9) 뮐러본에는 'tasmād aprāptivād'를 생략하고 있다.
10) 뮐러본에는 'bodhisattvasya'로 되어 있다.
11) 뮐러본에는 'viharati cittāvaraṇaḥ'로 되어 있다.
12) 뮐러본에는 'jñātavyo'로 되어 있다.

3. 소본 산스크리트 한글 번역

일체지자(一切知者)[13]에게 귀의합니다.

성스러운 관자재 보살이 심원한 지혜의 완성〔반야바라밀다〕을 실천할 때 〈존재하는 모든 것은〉 5개의 모임〔오온〕이라고 규명하였다. 그리고 그것〔오온〕의 실체〔자성〕는 없다(공)고 간파하였다.

샤리푸트라여! 이 세상에 있는 색〔물질적 현상〕에는 실체가 없고〔공성〕, 실체가 없기 때문에 물질적 현상〔색〕이다. 실체가 없다고 하여도 그것은 물질적 현상을 떠나 있지 않다. 또한 물질적 현상은 실체를 떠나서 물질적 현상이 아니다. 그리고 물질적 현상은 모두 실체가 없다. 또한 실체가 없는 것은 물질적 현상이다. 이것과 같이 수·상·행·식도 모두 실체가 없다.

샤리푸트라여! 이 세상에 존재하는 모든 것은 실체가 없는 특성을 가지고 있다. 〈그러므로 존재하는 모든 것은 실체가 없기 때문에〉 생기하지도 않고 소멸하지도 않고 더러운 것도 아니고 청정한 것도 아니고 줄어들지도 않고 증가하지도 않는다.

그러므로 샤리푸트라여! 실체가 없는 입장〔공〕에서는 물질적 현상〔색〕도 없고, 감수작용〔수〕도 없고, 표상작용〔상〕도 없고, 의지적 형성력〔행〕도 없고, 판단작용〔식〕도 없다. 눈도 없고, 귀도 없고, 코도 없고, 혀도 없고, 몸도 없고, 마음도 없고〔6근〕, 형체도 없고, 소리도 없고, 향기도

13) 한역으로는 전지자(全知者)로 번역하고 '일체를 아는 자'라는 의미이다. 붓다의 80개의 다른 이름〔異名〕 중에 14번째 명호〔이름〕이다.

없고, 맛도 없고, 접촉할 대상도 없고, 마음의 대상도 없다.〔6경〕 눈의 영역〔안계〕으로부터 의식의 영역〔의식계〕에 이르기까지 모두 없다.〔6識〕

〈깨달음이 없으면〉 미혹〔무명〕도 없고, 〈깨달음이 없어지면〉 미혹이 없어지는 것도 없다. 내지 늙음도 없고 죽음도 없고, 늙음과 죽음이 없어지는 것도 없다.〔12연기〕 괴로움도, 괴로움의 원인도, 괴로움을 벗어난 이상의 경지도 없고, 괴로움을 벗어나기 위한 방법도 없다.〔사성제〕 아는 것도 없고 얻는 것도 없다.

따라서 얻어지는 것이 없기 때문에 모든 보살의 반야바라밀다에 의지하여 그〔인간〕는 마음의 구애〔장애〕도 없이 안주하고 있다. 마음에 구애됨이 없기 때문에 두려움도 없고 전도된 마음을 멀리 떠나 영원한 평안에 들어간다. 〈과거·현재·미래의〉 삼세에 머물러 계시는 붓다는 모두 반야바라밀다〔지혜의 완성〕에 안주하여 최상의 깨달음〔무상정등각〕을 완전하게 이루셨다.

따라서 〈사람들은〉 알아야 한다. 반야바라밀다의 커다란 진언, 커다란 깨달음의 진언, 무상(無上)의 진언, 무비(無比)의 진언은 모든 괴로움을 제거하고 헛됨이 없기 때문에 진실이다. 반야바라밀다에서 그 진언이 다음과 같이 설해졌다.

가테 가테 파라가테 파라상가테 보디 스바와

(가는 자여! 가는 자여! 피안으로 가는 자여! 피안으로 완전하게 가는 자여! 깨달음이여 행복이 있어라)

이상으로 반야바라밀다심〈경〉을 설했다.

4. 소본 한역『반야심경』 현장 역과 한글 번역

(<佛說>摩訶) 般若波羅蜜多心經

| 唐 三藏法師 玄奘譯 |

觀自在菩薩. 行深般若波羅蜜多時. 照見五蘊皆空. 度一切苦厄.

舍利子. 色不異空. 空不異色. 色卽是空. 空卽是色. 受想行識亦復如是.

舍利子. 是諸法空相. 不生不滅. 不垢不淨. 不增不減. 是故空中. 無色. 無受想行識. 無眼耳鼻舌身意. 無色聲香味觸法. 無眼界. 乃至 無意識界. 無無明. 亦無無明盡. 乃至無老死. 亦無老死盡. 無苦集滅道. 無智亦無得. 以無所得故.

菩提薩埵. 依般若波羅蜜多故. 心無罣礙. 無罣礙故. 無有恐怖. 遠離顚倒夢想. 究竟涅槃. 三世諸佛. 依般若波羅蜜多故. 得阿耨多羅三藐三菩提.

故知般若波羅蜜多. 是大神呪. 是大明呪. 是無上呪. 是無等等呪. 能除一切苦. 眞實不虛故. 說般若波羅蜜多呪. 卽說呪曰

揭帝 揭帝 般羅揭帝 般羅僧揭帝 菩提僧莎訶

般若波羅蜜多心經

마하반야바라밀다심경

| 당 삼장법사 현장 역 |

관자재보살이 심오한 반야바라밀다〔완전한 지혜〕를 실천할 때 오온이 모두 공이라는 것을 조견하여, 일체의 괴로움과 재앙을 건넜다.

사리자여! 색은 공과 다르지 않고, 공은 색과 다르지 않다. 색이 곧 공이요, 공이 곧 색이다. 수상행식도 또한 이와 같다.

사리자여! 제법〔존재하는 모든 것〕은 자성이 없기〔공〕 때문에 생기하지도 소멸하지도, 더러움도 깨끗함도, 증가하지도 줄어들지도 않는다. 그러므로 공에는 색·수·상·행·식〔오온〕도 없고, 안·이·비·설·신·의〔육근〕도 없고, 색·성·향·미·촉·법〔육경〕도 없고, 안계도 없고 내지 의식계〔육식〕도 없다. 무명도 없고 또한 무명이 다함도 없다. 내지 늙음도 죽음도 없다. 또한 늙음과 죽음이 다함도 없다. 고·집·멸·도도 없다. 지(智)도 없고 또한 얻음도 없다. 얻어지는 것이 없기 때문이다[14].

보살〔보리살타〕은 반야바라밀에 의지하기 때문에 마음에 가애도 없다. 가애가 없기 때문에 두려움도 없고, 전도몽상도 멀리하여 최상의

14) 보통 이 부분은 앞에 걸어서 해석한다. 그러나 뒤에 걸어서 해석하는 학자도 있다. 산스크리트본 한글 번역에는 뒤에 걸어서 해석하였다.

열반에 들었다. 삼세의 모든 부처도 완전한 지혜〔반야바라밀〕에 의지하기 때문에 최고의 깨달음〔무상정등각〕을 얻었다.

때문에 알아야 한다. 반야바라밀다는 대신주이고, 대명주이고, 무상주이고, 무등등주이다. 일체의 괴로움을 제거하여 진실하며 헛됨이 없기 때문이다. 반야바라밀다의 진언을 설한다. 즉 주문을 설한다.

아제 아제 바라아제 바라승아제 모지스바하

반야바라밀다심경

5. 소본 한역『반야심경』구마라집 역과 한글 번역

摩訶般若波羅蜜大明咒經

| 姚秦 天竺三藏 鳩羅摩什 譯 |

觀世音菩薩. 行深般若波羅蜜時. 照見五陰空. 度一切苦厄.

舍利弗 色空故無惱壞相. 受空故無受相. 想空故無知相. 行空故無作相. 識空故無覺相. 何以故[15].

舍利弗 **非色異空. 非空異色.** 色卽是空. 空卽是色. 受想行識亦如是.

舍利弗 是諸法空相. 不生不滅. 不垢不淨. 不增不減. 是空法. 非過去非未來非現在. 是故空中. 無色無受想行識. 無眼耳鼻舌身意. 無色聲香味觸法. 無眼界乃至無意識界. 無無明亦無無明盡. 乃至無老死無老死盡. 無苦集滅道. 無智亦無得. 以無所得故.

菩薩依般若波羅蜜故. 心無罣礙. 無罣礙故無有恐怖. 離一切顚倒夢想苦惱. 究竟涅槃. 三世諸佛依般若波羅蜜故. 得阿耨多羅三藐三菩提.

故知般若波羅蜜是大**明咒**. 無上**明咒**. 無等等**明咒**. 能除一切苦眞實不虛故說般若波羅蜜咒卽說咒曰.

竭帝 竭帝 波羅竭帝 波羅僧竭帝 菩提僧莎訶.

摩訶般若波羅蜜大明咒經

15) 굵은 체는 현장 역과 다른 부분을 표시한 것이며, 밑줄 친 곳은 구마라집이 삽입한 부분을 나타낸다.

마하반야바라밀대명주경

| 요진 천축 삼장 구마라집 역 |

관세음보살이 깊은 반야바라밀을 행할 때 오음이 공임을 조견하여 일체의 괴로움과 재앙에서 벗어났다.

사리불이여! 색이 공함으로 괴로움과 변괴(變壞)의 작용〔相〕이 없으며, 수〔감수작용〕가 공함으로 받아들이는 작용이 없으며, 상이 공함으로 안다는 작용이 없으며, 행이 공함으로 의지작용이 없으며, 식이 공하므로 판단사유〔覺〕의 작용이 없다.

왜냐하면 사리불이여! 색은 공과 다르지 않고, 공은 색과 다르지 않다. 색이 곧 공이요, 공이 곧 색이다. 수상행식도 또한 이와 같다.

사리불이여! 제법〔존재하는 모든 것〕은 공을 특질로 하기 때문에 생기하지도 소멸하지도, 더러움도 깨끗함도, 증가하지도 줄어들지도 않는다. 공을 〈특질로 하는〉 사물〔법〕은 과거에도 없고 미래에도 없고 현재에도 없다. 공에는 색이 없고 수상행식〔오온〕도 없고, 안·이·비·설·신·의〔육근〕도 없고, 색·성·향·미·촉·법〔육경〕도 없고, 안계도 없고 내지 의식계〔육식〕도 없다. 무명도 없고 또한 무명이 다함도 없다. 내지 늙음도 죽음도 없다. 또한 늙음과 죽음이 다함도 없다. 고·집·멸·도도 없다. 지(智)도 없고 또한 얻음도 없다. 얻어지는 것이 없기 때문이다.

보살은 반야바라밀에 의지하기 때문에 마음에 가애도 없다. 가애가 없기 때문에 두려움도 없고, 일체의 전도몽상과 고뇌를 멀리하여 최상의 열반에 들었다. 삼세의 모든 부처도 완전한 지혜〔반야바라밀〕에 의지하기 때문에 최고의 깨달음〔무상정등각〕을 얻었다.

때문에 알아야 한다. 반야바라밀은 대명주이고, 무상명주이고, 무등등명주이다. 일체의 괴로움을 제거하여 진실하며 헛됨이 없기 때문이다. 반야바라밀의 진언을 설한다. 즉 주문을 설한다.

아제 아제 바라아제 바라승아제 모지스바하

마하반야바라밀대명주경

Ⅲ. 대본 『반야심경』 산스크리트 및 한역과 한글 해석

1. 대본 산스크리트 데바나가리(뮐러본)

॥ नमः सर्वज्ञाय ॥

एवं मया श्रुतं। एकस्मिन्समये भगवान्राजगृहे विहरति स्म गृध्रकूटे पर्वते महता भिक्षुसंघेन सार्धं महता च बोधिसत्त्वसंघेन। तेन खलु समयेन भगवान्गंभीरावसंबोधं नाम समाधिं समापन्नः। तेन च समयेनार्यावलोकितेश्वरो बोधिसत्त्वो महासत्त्वो गंभीरायां प्रज्ञापारमितायां चर्यां चरमाण एवं व्यवलोकयति स्म। पंच स्कंधास्तांश्च स्वभावशून्यं व्यवलोकयति। अथायुष्माञ्छारिपुत्रो बुद्धानुभावेनार्यावलोकितेश्वरं बोधिसत्त्वमेतदवोचत्। यः कश्चित्कुलपुत्रो गंभीरायां प्रज्ञापारमितायां चर्यां चर्तुकामः कथं शिक्षितव्यः। एवमुक्त आर्यावलोकितेश्वरो बोधिसत्त्वो महासत्त्व आयुष्मंतं शारिपुत्रमेतदवोचत्। यः कश्चिच्छारिपुत्र कुलपुत्रो वा कुलदुहिता वा गंभीरायां प्रज्ञापारमितायां चर्यां चर्तुकामस्तेनैवं व्यवलोकयितव्यं। पंच स्कंधास्तांश्च स्वभावशून्यान्समनुपश्यति स्म। रूपं शून्यता शून्यतैव रूपं। रूपान्न पृथक् शून्यता शून्यताया न पृथग्रूपं। यद्रूपं सा शून्यता या शून्यता तद्रूपं। एवं वेदनासंज्ञासंस्कारविज्ञानानि च शून्यता। एवं शारिपुत्र सर्वधर्मा शून्यतालक्षणा अनुत्पन्ना अनिरुद्धा अमला विमला अनूना असंपूर्णाः। तस्मात्तर्हि शारिपुत्र शून्यतायां न रूपं न वेदना न संज्ञा न संस्कारा न विज्ञानं। न चक्षुर्न श्रोत्रं न घ्राणं न जिह्वा न कायो न मनो न रूपं न शब्दो न गंधो न रसो न स्प्रष्टव्यं न धर्माः। न चक्षुर्धातुर्यावन्न मनोधातुर्न धर्मधातुर्न मनोविज्ञानधातुः॥ न विद्या नाविद्या न क्षयो यावन्न जरामरणं न जरामरणक्षयः। न दुःखसमुदयनिरोधमार्गा

J본

न ज्ञानं न प्रा-
प्तिर्नाप्राप्तिः। तस्माच्छारिपुत्र
अप्राप्तित्वेन बोधिसत्त्वानां प्र-
ज्ञापारमितामाश्रित्य विहरति
चित्तावरणः। चित्तावरणनास्ति-
त्वादत्रस्तो विपर्यासातिक्रांतो
निष्ठनिर्वाणः। त्र्यध्वव्यवस्थिता
सर्वबुद्धाः प्रज्ञापारमितामाश्रि-
त्यानुत्तरां सम्यक्संबोधिमभि-
संबुद्धाः। तस्माज्ज्ञातव्यः प्रज्ञा-
पारमितामहामंत्रो महाविद्या-
मंत्रोऽनुत्तरमंत्रोऽसमसममंत्रः
सर्वदुःखप्रशमनमंत्रः सत्यममि-
थ्यत्वात् प्रज्ञापारमितायामुक्तो
मंत्रः। तद्यथा। गते गते पार-
गते पारसंगते बोधि स्वाहा॥

एवं शारिपुत्र गंभीरायां प्र-
ज्ञापारमितायां चर्यायां शिक्षि-
तव्यं बोधिसत्त्वेन। अथ खलु
भगवान् तस्मात्समाधेर्व्युत्था-
यार्यावलोकितेश्वरस्य बोधि-
सत्त्वस्य साधुकारमदात्। साधु
साधु कुलपुत्र एवमेतत्कुल-
पुत्र। एवमेतद्गंभीरायां प्र-
ज्ञापारमितायां चर्यं चर्तव्यं
यथा त्वया निर्दिष्टमनुमोद्यते
तथागतैरर्हद्भिः। इदमवोचद्भ-
गवानानंदमना आयुष्माञ्छा-
रिपुत्र आर्यावलोकितेश्वरश्च
बोधिसत्त्वः सा च सर्वावती प-
र्षत्सदेवमानुषासुरगंधर्वश्च लो-
को भगवतो भाषितमभ्यनंदन्
इति प्रज्ञापारमिताहृदयसूत्रं
समाप्तं॥

W본

न रूपं न ज्ञानं न प्रा-
प्तिर्नाप्राप्तिः। तस्मात्तर्हि शा-
रिपुत्र अप्राप्तिताप्राप्तिर्यावद्बे-
त्प्रज्ञापारमितामाश्रित्य विह-
रंश्चित्तालंबनं नास्तित्वादत्रस्तो
विपर्यासातिक्रांतो निष्ठानि-
र्वाणं प्राप्नुति। त्र्यध्वव्यवस्थितैर-
पि सम्यक्संबुद्धैः प्रज्ञापारमि-
तामाश्रित्यानुत्तरा सम्यक्संबो-
धिः प्राप्ता। एतस्माज्ज्ञातव्यः
प्रज्ञापारमितामंत्रो विद्यामंत्रो
ऽनुत्तरो मंत्रः सर्वदुःखप्रशमनो
मंत्रः सम्यक्त्वं न मिथ्यात्वं प्र-
ज्ञापारमितायुक्तो मंत्रः। तद्य-
था। गते गते पारगते पारसं-
गते बोधि स्वाहा॥

एवं शारिपुत्र बोधिसत्त्वेन म-
हासत्त्वेन प्रज्ञापारमितायां शि-
क्षितव्यं। अथ खलु भगवां-
स्तस्यां वेलायां तस्मात्समाधे-
र्व्युत्थायावलोकितेश्वराय बो-
धिसत्त्वाय महासत्त्वाय साधु-
कारमदात्। साधु साधु कुलपुत्र
एवमेतत्कुलपुत्र एवमेतत्। एव-
मेवैषा प्रज्ञापारमिता यथा त्व-
या निर्दिष्टानुमोद्यते सर्वतथा-
गतैरर्हद्भिः सम्यक्संबुद्धैः। इद-
मवोचद्भगवानात्तमना आर्या-
वलोकितेश्वरो बोधिसत्त्वो म-
हासत्त्वस्ते च भिक्षवस्ते च बो-
धिसत्त्वा महासत्त्वाः स च सर्वा-
वती पर्षत्सदेवमानुषासुरगरु-
डगंधर्वश्च लोको भगवतो भा-
षितमभ्यनंदन्निति॥ आर्यपंचा-
विंशतिका भगवती प्रज्ञापार-
मिताहृदयं॥

2. 대본 산스크리트 로마자

namas sarvajñāya

evaṃ māya śrutam ekasmin samye bhagavān rājagṛhe viharati sma gṛdhrakūṭe parvate mahata bhikṣusaṃghena sārdhaṃ mahatā ca bodhisattvasaṃghena tena khalu samayena bhagavān Gaṃbhīrāva-saṃbodhaṃ nāma samādhiṃ samāpannaḥ.

tena ca samayenāryāvlokiteśvaro bodhisattvo mahāsattvo gaṃ-bhīrāyāṃ prajñāpāramitāṃ caryāṃ caramāṇa evaṃ vyavalokayati sma. pañca skandhās, tāṃś ca svabhāva-śūnyān vyavalokayati.

athāyuṣmāñ Śāriputro buddhānubhāvenāvalokiteśvaraṃ bodhisatt-vam etad avocat. yaḥ kaccit kulaputao gaṃbhīrāyāṃ prajñāpāramitāṃ caryāṃ cartukāmaḥ kathaṃ śikṣitavyah. evam ukta āryāvlokiteśvaro bodhisattvo mahāsattva āyuṣmaṃtaṃ Śāriputram etad avocat. yaḥ kaścic Cāriputra kulaputro vākuladuhitā vā gaṃbhīrāyām prajñāpā-ramitāṃ caryāṃcartukāmas tenaivaṃ vyavalokayitavyam. pañca skandhās tāmṣ ca svabhāva śūnyān samanu paṣyati sma.

rūpaṃ śūnyatā, śūnyatāiva rūpaṃ. rūpān na pṛthak śūnyatā, śūnyatāyā na pṛthag rūpaṃ. yad rūpaṃ sā śūnyatā, yā śūnyatā tad rūpam. evam eva vedanā-saṃjñā-saṃskāra-vijñānāni ca śūnyatā.

evam Śāriputra sarva-dharmā śūnyatā-lakṣaṇā anutpannā aniruddhā amalāvimalā anūnā asaṃpūrṇāḥ.

tasmāt tarhi Śāriputra śūnyatāyāṃ na rūpaṃ na vedanā na saṃjñā na saṃskāra na vijñānaṃ.

na cakṣur śrotram na ghrāṇaṃ na jihvā na kāya na mano na rūpam na śabda na gandho na raso na spraṣṭavyam na dharmaḥ. na cakṣur-dhātur yāvan na manodhātur na dharma dhātur na mano-vijñāna-dhātuḥ.

na vidyā nāvidya na kṣayo yāvan na jarāmaraṇaṃ na jarā-maraṇakṣayaḥ na duḥkha-samudaya-nirodha-mārga.

J본

na jñānaṃ na prāptir nāprāptiḥ.

tasmāc Cāriputra aprāptivena bodhisattvāvāṃ prajñāparamitām āśritya viharaty acittavaraṇaḥ[16] cittāvaraṉa-nāstivād atrasto viparyāstikrānto niṣṭhanirvāṇḥ.

tryadhvayava[17] sthitā sarva-buddhāḥ prajñāpāramitām āśrityā-nuttarāṃ samyaksambodhiṃ abhisambuddhāḥ.

tasmāj jñātavyaḥ prajñāpāramitā—mahāmantro mahāvidyāmantro 'nuttaramantro 'samasama—mantraḥ sarvaduḥkhapraśamanamantrḥ satyam amithyatvāt prajñāpāramitāyām ukto mantraḥ, tad yathā:

gate gate pāragate pārasaṃgate bodhi svāhā.

evam Śāriputra gaṃbhīrāyāṃ prajñāpāramitāṃ caryāyāṃśikṣitav-yam bodhisattvena. atha khalu bhagavān tasmāt samadher vyuttāyāryāvalokiteśvarasya bodhisattvasya sādhukāram adāt. sādhu sādhu kulaputra evam etat kulaputra. evam etad gaṃbhīrāyāṃ prajñāpāramitāṃ caryāṃ cartavyaṃ, yathā tvayā nirdiṣṭam anumodyate tathāgatair arhadbhiḥ. idam avocad bhagavān. ānamdamana ayuṣmāñ Cāriputra āryāvalokiteśvaraś ca bodhisattvenaḥ sā ca sarvāvatī parṣat sadevamānuṣāsura-gandharvaś ca loko bhagavato bhāṣitam abhya-namdann iti prajñāpāramitā-hṛdayaṃ sutraṃ samāptam.[18]

---

16) 뮐러본에는 'viharati cittavaraṇaḥ'로 되어 있다.

17) 뮐러본 'va' 생략.

W본

na rūpaṃ na jñānaṃ na prāptir nāprāptiḥ. tasmāt tarhi Śāriputra aprāptitāptir yāvavat prajñāpāramitām āśrity viharaṃś cittālambanaṃ nāstitvād atrasto viparyāsātikrāṃto niṣṭhānirvāṇaṃprapnuti. tryadhva-vyavasthitair api samyak saṃbuddhaiḥ prañāpāramitām āśrityānuttarā samyak saṃbodhiḥ prāptā. etasmāj jñātavyaḥ prajñāpāramitā-maṃtro vidyāmaṃtro 'nuttaro maṃtraḥ sarvaduḥkhapraśamano maṃtraḥ sa-myaktvaṃ na mithyātvaṃ prajñāpāramitāyukto maṃtraḥ tadyathā.

gate gate pārasaṃgate bodhi svāhā.

evaṃ Śāriputra bodhisattvena mahāsattvena prajñāpāramitāyāṃ śikṣitavyaṃ. atha khlu bhagavāṃs tasyāṃ velāyāṃ tasmāt samādher vyutthāyāvalokiteśvarāya bodhisattvāya mahāsattvāya sādhukārm adāt. sādhu sādhu kulaputra evam etat kulaputra evam etat. evam evaiṣā prajñāpāramita yathā tvaya nirdṣṭānumodyate sarvatathāgatair arhadbhiḥ samyaksa ṃbuddhaiḥ. idam avocad bhagavān āttamanā āryāvalokiteśvaro bodhisattvo mahāsattvas te ca bhikṣavas te ca bodhisattvā mahāsattvāḥ sa ca sarvāvati parīṣat sadevamānuṣāsura-garuḍagaṃdharvaś ca loko bhagvato bhāṣitam abhyanaṃdann iti.

Āryapañcaviṃśati bhagavatī prajñāpāramitāhṛdayaṃ.

---

18) 앞에서 제시한 산스크리트 사본은 맑스 뮐러의 교정본이지만, 여기서는 (『般若心經 金剛般若經』, 中村 元・紀野一義譯註)를 참고로 삼아 소본과 대본을 작성하였으며 또한 번역하였음을 밝혀 둔다.

3. 대본 산스크리트 한글 번역

일체지자(一切智者)에게 귀의합니다.

이와 같이 나에게 들렸습니다.

어떤 때에 세존은 많은 대비구, 많은 보살들과 함께 라쟈그리하〔왕사성〕의 영취산에 계셨다. 그때 세존은 심원한 깨달음이라고 이름하는 명상에 들어 있었다.

바로 그때 성스러운 관세음보살마하살은 심원한 지혜의 완성을 실천하여 〈존재하는 모든 것은〉 5개의 모임〔오온〕이라고 규명하였다. 그리고 그는 그것〔오온〕은 본질적으로 실체〔자성〕가 없다〔공〕고 간파하셨다.

그때 장로 샤리푸트라는 붓다의 힘을 이어받아 성스러운 관자재보살에게 이와 같이 말했다.

"만약 누군가 혹은 훌륭한 젊은이〔선남자〕[19]가 심원한 지혜의 완성〔반야바라밀다〕을 실천하고 싶다고 원할 때에는 어떻게 배우면 좋겠습니까"라고 말했을 때에 성스러운 관자재〈보살〉은 샤리푸트라에게 다음과 같이 말했다.

"샤리푸트라여! 만약 훌륭한 젊은이와 훌륭한 처자〔선남자와 선여인〕가 심원한 지혜의 완성을 실천하고 싶다고 원하였을 때에는 다음과

---

19) 선남자란 'kula-putra'이다. 'kula'란 '가문, 집안'이라는 뜻이며, 'putra'란 '아들'이라는 의미이다. 따라서 선남자는 '좋은 집 출신의 아들〔양갓집 청년〕'이다.

같이 확인〔관찰〕해야만 할 것이다. 〈존재하는 것은〉 5개의 모임〔오온〕이라고 〈관찰해야 한다〉. 그리하여 그는 그것〔오온〕이 본질적으로 실체〔자성〕는 없다〔공〕고 간파하였다.

물질적 현상(색)에는 실체가 없고〔공〕, 실체가 없기 때문에 물질적 현상이다. 실체가 없다고 하여도 그것은 물질적 현상을 떠나 있지 않다. 또한 물질적 현상은 실체를 떠나서 물질적 현상이 아니다. 그리고 물질적 현상은 모두 실체가 없다. 또한 실체가 없는 것은 모두 물질적 현상이다. 이것과 같이 수상행식〔감수작용, 표상작용, 의지적 형성력, 판단작용〕도 모두 실체가 없다.

샤리푸트라여! 이 세상에 존재하는 모든 것은 실체가 없는 특성이 있다. 〈그러므로 존재하는 모든 것은 실체가 없기 때문에〉 생기하지도 않고 소멸하지도 않고, 더러운 것도 아니고 청정한 것도 아니고〔더러움을 떠난〕, 줄어들지도 않고 증가하지도 않는다.

그러므로 샤리푸트라여! 실체가 없는 입장〔공〕에서는 물질적 현상도 없고, 감수작용도 없고, 표상작용도 없고, 의지적 형성력도 없고, 판단작용도 없다.

눈도 없고, 귀도 없고, 코도 없고, 혀도 없고, 몸도 없고, 마음도 없고〔6근〕, 형체도 없고, 소리도 없고, 향기도 없고, 맛도 없고, 접촉할 대상도 없고〔6경〕, 마음의 대상도 없다. 눈의 영역〔안계〕 내지 의식의 영역〔의식계〕, 마음의 대상 영역도, 의식의 식별 영역에 이르기까지 〈모두〉 없다.

깨달음이 없으면 미혹도 없고, 깨달음이 없어지는 것도 없으며 미혹이 없어지는 것도 없다. 내지 늙음도 없고 죽음도 없고, 늙음과 죽음이 없어지는 것도 없다. 괴로움도, 괴로움의 원인도, 괴로움을 벗어난 이상의 경지도 없고, 괴로움을 벗어나기 위한 방법도 없다.〔고집멸도〕 아는 것도 없고 얻는 것도 없다. 따라서 얻어지는 것이 없는 것도 없다.

따라서 샤리푸트라여! 얻어지는 것이 없기 때문에 구도자의 지혜의 완성에 안주하여, 사람은 마음을 〈번뇌의 더러움에〉 덮이지 않고 살고 있다. 마음을 덮을 것이 없기 때문에 두려움도 없고 전도한 마음을 멀리 떠나 영원한 평안에 들어간다.

〈과거·현재·미래의〉 삼세에 머물러 계시는 모든 깨달은 사람들은 모두 반야바라밀다〔지혜의 완성〕에 안주하여 최상의 깨달음〔무상정등각〕을 완전하게 이루셨다.

따라서 사람들은 알아야 한다. 지혜의 완성〔반야바라밀다〕의 커다란 진언, 커다란 깨달음의 진언, 무상(無上)의 진언, 무비(無比)의 진언은 모든 괴로움을 제거한 진언이고, 헛됨이 없기 때문에 진실이다. 그 진언이 지혜의 완성〔반야바라밀다〕에서 다음과 같이 설해졌다.

가테 가테 파라가테 파라상가테 보디 스바하

(가는 자여! 가는 자여! 피안으로 가는 자여! 피안으로 완전하게 가는 자여! 깨달음이여 행복이 있어라)

샤리푸트라여! 심원한 지혜의 완성을 실천할 때에 보살은 다음과 같이 배워야 한다."

그때 세존은 명상으로부터 일어나 성스러운 관자재보살에게 찬의

(贊意)를 나타내셨다.

"그대로다 그대로다. 훌륭한 젊은이여! 정말 그대로다. 훌륭한 젊은이여! 깊은 지혜의 완성을 실천할 때는 이처럼 행하여야 한다. 그대가 설한 그대로 깨달은 사람들, 존경해야 할 사람들은 기쁘게 받아들일 것이다."

세존은 기쁨에 넘친 마음으로 이렇게 말씀하셨다. 장로 샤리푸트라, 성스러운 관자재보살, 일체 회중(會衆) 및 여러 신들과 인간, 아수라, 간다르바를 포함한 세계의 모든 자들은 세존의 말씀에 환희하였다.

이상으로 반야바라밀다심경을 설했다.

4. 대본 한역(법월 중역)

普遍智藏般若波羅蜜多心經

| 摩竭提國 三藏沙門 法月 重譯 |

如是我聞. 一時佛在王舍大城靈鷲山中. 與大比丘衆滿百千人. 菩薩摩訶薩七萬七千人俱. 其名曰觀世音菩薩. 文殊師利菩薩. 彌勒菩薩等. 以爲上首. 皆得三昧總持. 住不思議解脫爾時觀自在菩薩摩訶薩在彼敷坐. 於其衆中卽從座起. 詣世尊所. 面向合掌曲躬恭敬. 瞻仰尊顏而白佛言.

世尊. 我欲於此會中. 說諸菩薩普遍智藏般若波羅蜜多心. 唯願世尊聽我所說. 爲諸菩薩宣祕法要. 爾時世尊以妙梵音. 告觀自在菩薩摩訶薩言. 善哉善哉具大悲者. 聽汝所說. 與諸衆生作大光明. 於是觀自在菩薩摩訶薩蒙佛聽許. 佛所護念. 入於慧光三昧正受. 入此定已. 以三昧力行深般若波羅蜜多時. 照見五蘊自性皆空. 彼了知五蘊自性皆空. 從彼三昧安詳而起. 卽告慧命舍利弗言.

善男子. 菩薩有般若波羅蜜多心. 名普遍智藏. 汝今諦聽善思念之. 吾當爲汝分別解說. 作是語已. 慧命舍利弗白觀自在菩薩摩訶薩言. 唯大淨者. 願爲說之. 今正是時. 於斯告舍利弗. 諸菩薩摩訶薩應如是學.

色性是空空性是色. 色不異空空不異色. 色卽是空空卽是色. 想行識亦復如是. 識性是空空性是識. 識不異空空不異識. 識卽是空空卽是識.

舍利子. 是諸法空相. 不生不滅不垢不淨不增不減. 是故空中無色. 無受想行識. 無眼耳鼻舌身意. 無色聲香味觸法. 無眼界乃至無意識界. 無無明亦無

無明盡. 乃至無老死亦無老死盡. 無苦集滅道. 無智亦無得. 以無所得故.

菩提薩埵依般若波羅蜜多故心無罣礙. 無罣礙故無有恐怖. 遠離顚倒夢想. 究竟涅槃. 三世諸佛依般若波羅蜜多故. 得阿耨多羅三藐三菩提.

故知般若波羅蜜多是大神咒. 是大明咒. 是無上咒. 是無等等咒. 能除一切苦眞實不虛. 故說般若波羅蜜多咒. 卽說咒曰

揭諦揭諦　波羅揭諦　波羅僧揭諦　菩提莎婆訶

佛說是經已. 諸比丘及菩薩衆. 一切世間天人阿脩羅乾闥婆等. 聞佛所說皆大歡喜. 信受奉行.

普遍智藏般若波羅蜜多心經

5. 『보편지장반야바라밀다경』 한글 번역

보편지장반야바라밀다심경

| 마갈다[마가다]국 삼장 사문 법월 중역 |

이와 같이 나에게 들렸습니다.

어느 때 부처님은 왕사대성 영취산에서 대비구 대중 백천 인과 보살마하살 7만7천 인과 함께 계셨다. 그 이름이 관세음보살, 문수사리보살, 미륵보살 등이라고 하는 〈이들을〉 상수로 삼아 모두 삼매총지를 얻어 부사의한 해탈의 〈경지에〉 머물렀다. 이때 그 대중 가운데 관자재보살마하살이 자리에 앉아 있다가 일어나 세존이 계시는 곳으로 나아가 면전을 향하여 합장하고 몸을 굽혀 공경하며, 거룩한 얼굴을 우러러보면서 부처님께 여쭈었다.

"세존이여! 제가 이 회중에서 말하고자 하는 것은 모든 보살의 보편지장반야바라밀다심을 설하는 것입니다. 원하옵건대 세존께서 제가 설하고자 하는 것을 받아들여, 모든 보살을 위하여 비밀법의 요지를 펴게 해 주십시오."

이때 세존께서 오묘한 범음으로 관자재보살에게 말씀하셨다.

"좋구나! 좋구나! 대자비를 갖춘 이여! 너에게 설할 것을 허락하노라. 모든 중생들에게 커다란 광명을 지어라."

이때 관자재보살마하살은 부처님의 허락을 받아 부처님의 호념으로 혜광삼매에 들어가 바르게 받았다. 이 선정에 들어 삼매의 힘으로 깊은 반야바라밀다를 실천할 때 오온의 자성이 모두 공임을 조견하였다. 그는 오온의 자성이 모두 공임을 이해하고, 저 삼매로부터 편안하고 밝음이 일어나 곧 혜명 사리불에게 설하였다.

"선남자여! 보살은 반야바라밀다심이 있으니, 보편지장이라 이름한다. 너는 지금 그것을 잘 듣고 잘 사념해야 할 것이다. 나는 마땅히 너를 위해 분별하여 해설할 것이다."

혜명 사리불이 관자재보살에게 말했다.

"크게 청정한 자여! 원하옵건대 그것을 설해 주십시오. 지금이 바로 그때입니다."

이에 사리불이 고하였다.

"모든 보살마하살이 이와 같이 배워야 합니다."

색성은 공이고, 공성은 색이다. 색은 공과 다르지 않고 공은 색과 다르지 않다. 색이 곧 공이고, 공이 곧 색이다. 수상행식도 또한 이와 같다. 식성이 공이고 공성이 곧 식이다. 식은 공과 다르지 않고 공은 식과 다르지 않다. 식은 곧 공이고 공은 곧 식이다.

사리자여! 제법〔존재하는 모든 것〕은 공을 특질로 하기 때문에 생기하지도 소멸하지도, 더러움도 깨끗함도, 증가하지도 줄어들지도 않는다. 이런 까닭에 공에는 색도 없고 수·상·행·식〔오온〕도 없고, 안·이·비·설·신·의〔육근〕도 없고, 색·성·향·미·촉·법〔육경〕도 없고, 안계도 없고 내지 의식계〔육식〕도 없다. 무명도 없고 또한 무명이 다함도 없다. 내지 늙음도 죽음도 없다. 또한 늙음과 죽음이 다함이 없다. 고·집·멸·도도 없다. 지(智)도 없고 또한 얻음도 없다. 얻어지는 것이 없기 때문이다.

보리살타는 반야바라밀에 의지하기 때문에 마음에 가애도 없다. 가애가 없기 때문에 두려움도 없고, 전도몽상과 고뇌를 멀리하여 최상의 열반에 들었다. 삼세의 모든 부처도 완전한 지혜[반야바라밀]에 의지하기 때문에 최고의 깨달음[무상정등각]을 얻었다.

때문에 알아야 한다. 반야바라밀은 대신주이고, 대명주이고, 무상주이고, 무등등주이다. 일체의 괴로움을 제거하여 진실하며 헛됨이 없기 때문이다. 반야바라밀의 진언을 설한다. 즉 주문을 설한다.

아제 아제 바라아제 바라승아제 모지스바하

부처님께서 이 경을 설하자, 모든 비구, 보살, 대중, 일체 세간의 천인, 아수라, 건달바 등이 부처님께서 설하신 것을 듣고 모두 크게 환희하고 신수봉행하였다.

보편지장반야바라밀다심경

제2장

『반야심경』을 해설하다

Ⅰ. 제목에 대한 해설

사람이나 동물의 이름이 그 사람이나 동물을 상징하듯이, 경전의 제목은 경전의 전체 내용이 응축되어 있다. 그러므로 경전의 제목을 바르게 이해하는 것은 경전의 전체 내용을 이해하는 데 상당한 도움을 준다. 그래서 먼저 『반야심경』의 제목부터 설명하고자 한다.

나중에 설명하겠지만 산스크리트 소본과 대본의 『반야심경』에는 원래 제목이 없었다. 그러나 한역본과 티베트역본에는 『반야심경』의 제목이 첨가되어 있기에 필자도 제목부터 해설하고자 한다. 『반야심경』의 온전한 제목을 현장 역에서는 『반야바라밀다심경』, 구마라집 역에서는 『마하반야바라밀대명주경』이라고 한다. 반면 티베트역에서는 『불모반야바라밀다심』(bhagavatī-prajñāpāramitā-hṛdaya)이라고 한다.[1] 일반적으로 우리들이 봉독하고 있는 『반야심경』의 온전한 제목은 다음과 같다.

〈불설 마하〉반야바라밀다심경(〈佛說摩訶〉般若波羅蜜多心經, mahā-prajñāpāramitā-hṛdaya-sūtram)

---

1) 콘즈(Conze)는 'oṃ namo bhagavatyai ārya-prajñāpāramityai'(옴 자비롭고 성스러운 지혜의 완성자에게 귀의합니다).

불설(佛說)

'불설'이란 붓다가 설했다는 의미이다. 원래 경전이란 붓다가 설한 가르침을 기록한 것이기 때문에 '불설'이라는 말은 필요 없다. 그러나 『반야심경』 한역 대본인 시호 역에 '불설'이라는 말이 있고, 대부분의 대승경전에도 제목 서두에 '불설…경'이라는 말이 등장하기 때문에 필자가 임의로 삽입하여 해설하였다.

불교의 문헌은 크게 4가지로 나뉜다. 즉 붓다의 가르침을 기록한 경(經, sūtra)과 상가(saṃgha)의 규범을 기록한 율(律, vinaya), 후대에 용수(龍樹)나 세친(世親)과 같은 보살이 붓다의 가르침을 해설한 주석서인 논(論, dharma)이다. 이것을 삼장(三藏)[2]이라고 한다.

경〔경장〕은 붓다가 직접 설한 가르침을 후대에 정리한 것으로 3가지 기술형식이 있다. 첫 번째는 붓다가 직접 설한 가르침이다. 이것은 말 그대로 붓다의 말을 기록한 형식이다. 예를 들면 대본 『반야심경』의 "그대로다 그대로다 훌륭한 젊은이여!"라는 구문이 첫 번째 경우에 해당된다.

두 번째는 붓다가 보살이나 제자들에게 영감을 주어, 붓다 대신에 보살이나 제자가 가르침을 설하는 것으로, 이른바 가지(加持)된 가르침이다. '가지'란 동사 adhi-√ṣṭha(서다, 지배하다)에서 파생한 중생명사 '아디스타나(adhiṣṭhāna)'의 한자 번역으로 '입장'이나 '지배력 등의 의미가 있지만, 불교에서는 중생을 지켜 주기 위해 '붓다가 가진 특수

2) '삼장(tri-piṭaka)'에 대해서는 제3장을 참조하기 바란다.

한 힘'으로 해석하여 '가호(加護)'나 '호념(護念)' 등으로 한역하기도 한다. 그런데 앞에서 말한 가지란 붓다가 설법하는 장소에서 삼매〔마음을 대상에 집중한 깊은 명상〕에 들어 그 공덕이 법회에 참석한 제자나 보살에게 미치는 것을 말한다. 그러므로 가지하는 자는 붓다이고 가지를 받는 자는 법회에 참석한 제자나 보살이다. 소본 『반야심경』에는 '가지'의 장면이 없지만, 대본 『반야심경』에는 '가지'가 등장한다. 붓다의 설법을 듣기 위해 모인 제자나 보살 중에서 대자비의 상징인 관자재보살을 붓다가 선택하여 붓다 대신에 가르침을 설하도록 한다. 따라서 관자재보살의 가르침은 바로 붓다의 가르침과 동일한 것이다.

세 번째는 붓다를 대신해 보살이나 제자가 말한 것, 즉 붓다에 의해 인가된 가르침이다. 이것은 붓다의 허가를 받아 제자들이나 보살들이 나중에 정리한 것으로, 모든 경전과 대본 『반야심경』에 등장하는 '육성취'나 '환희봉행문'이 이에 해당한다.

그리고 논서는 앞에서도 언급하였지만 경전에 기록된 붓다의 가르침을 풀어서 알기 쉽게 해설한 것으로 보살〔용수·세친·마명〕이 저술한 것이다.

한편 동북아시아에서는 논서에 대해 뛰어난 학승〔선지식〕이 해설한 '소(疏)'가 있다. 예를 들면 『대승기신론』에 대한 원효의 『대승기신론소』 등이 대표적인 소(疏)이다. 이외에도 불법을 깨친 선종의 선사〔선지식〕들이 찬술한 '어록(語錄)'도 동북아시아에서는 중요한 불교문헌에 속한다. 다시 말해 경·율·논·소의 4가지와 어록이 불교의 중요한 문헌이다.

이 중에서 경(經)과 논(論)은 인도에서 찬술된 반면 소(疏)와 어록

(語錄)은 대부분 동북아시아에서 저작된 것이다. 그러나 붓다의 가르침이나 보살의 저작은 아니지만, 예외적으로 혜능선사의 『육조단경』이나 원효대사의 『금강삼매경론』은 '경' 또는 '논'이라는 명칭을 붙이고 있다. 이것은 아마도 후세 사람들이 두 분의 저작을 높이 평가한 결과에서 이런 명칭을 붙인 것 같다. 그러나 이것은 원칙이 아니고 파격적인 경우일 뿐이다.

마하(C: 摩訶, SKT: mahā)

'마하(摩訶)'는 산스크리트인 '마하(mahā)'를 발음 나는 대로 적은 것으로 '크다〔大〕', '대단한', '위대한'의 의미가 있다. 그래서 'mahā'는 마하가섭(mahākāśpa)이나 대반열반(mahā-parinirvāṇa) 등과 같은 존경하는 사람이나 대상 앞에 쓰기도 한다.

『대지도론(大智度論)』 권3에서는 '마하는 크다는 것〔大〕과 많다는 것〔多〕과 뛰어나다는 것〔勝〕으로 번역할 수 있다'고 하였다. 그래서 '마하'가 크다는 것은 공간적으로 절대적이라는 의미이며, 많다는 것은 숫자적인 개념을 초월해 있다는 것이며, 뛰어나다는 것은 다른 그 무엇보다 수승하다는 것을 나타낸 것이라고 할 수 있다. 즉 마하는 시공간을 초월한 절대적 의미인 셈이다.

대승의 산스크리트에 해당하는 '마하야나(Mahāyāna)'는 '크다'는 의미를 취하여 '큰 수레〔大乘〕'라고 해석하였다. 그래서 소승〔작은 수레〕, 즉 히나야나(hinayāna)가 자전거라면 대승은 기차에 비유할 수 있으며, 여기에는 '모든 사람들을 구제하겠다'는 소망이 담겨 있다고 할 것이다.

『육조단경』에서도 '마하'를 '크다'는 뜻으로 해석하고 있다. 그리고 "우리들 마음의 넓이는 참으로 광대하여 마치 허공과 같이 한계도 끝도 없다. 또 둥글거나 모나거나 크고 작고가 없고, 푸르고 누르고 붉고 희고 하는 빛깔이 있는 것도 아니다. 또 높이의 위아래도 없고 길이의 장단도 없으며, 성날 것도 없고 기쁠 것도 없으며, 선악도 없으며, 시작도 종말도 없다"[3]라고 하여 '마음'을 수식하는 의미로 해석하고 있다. 여기서 마음이란 바로 자기의 본성〔불성〕이며, 그 마음은 '반야바라밀'이라고 하였다.

'마하'라는 말은 본래 소본 산스크리트본과 현장 역에는 없고, 구마라집 역에 나온다. 그렇지만 현재 우리들은 현장 역 『반야심경』을 봉독할 때도 습관적으로 '마하'를 첨가하고 있다.

반야(C: 般若, SKT: prajñā, E: wisdom)

반야는 SKT로 '프라쥬냐(prajñā)'[4]이다. 접두어 '프라(pra)'는 '매우, 뛰어난' 등의 의미이며, 동사어근 '√jñā(쥬냐)'는 '알다'는 의미이다. 그래서 'pra-jñā'를 번역하면 '가장 뛰어난〔마하〕 지혜'라는 뜻이 된다. 『반

3) 『육조단경』, 나카가와 다카 지음, 양기봉 옮김, 김영사, p.108.

4) 산스크리트 발음 표기에 대해서는 독자들의 양해를 구한다. 필자는 독자들의 편의를 위해 한국 사람들이 발음하기 편한 대로 한글 표기를 했다. 예를 들면 'va'를 '와'로 발음하는 것이 산스크리트 발음에 가깝지만, 필자는 '바'로 표기했다.

야심경』을 영역한 에드워드 콘즈(Conze)는 반야(prajñā)를 'wisdom'이라고 하였다. 이런 의미에서 일반적으로 반야는 '지혜' 또는 '진리'로 번역한다. 그래서 필자도 '반야'를 '지혜'로 번역하였다.

그런데 동사 '√jñā(알다)'는 불교에서 중요한 용어이다. 예를 들면 '√jñā'의 명사형 'jñāna'는 '지식'이나 '앎'이라는 의미인데, 특히 대승불교의 2대학파 중의 하나인 유식사상(唯識思想)[5]에서는 접두사 'vi(나누다, 쪼개다)'가 붙은 'vijñāna(나누어 아는 것)'를 '식(識)', 즉 '마음'의 의미로 사용한다. 그리고 유식에서는 우리들의 마음(vijñāna)을 안식, 이식, 비식, 설식, 신식, 의식, 말나식, 아뢰야식의 8가지로 나눈다. 물론 마음은 하나이지만, 요가 수행자〔유식학파〕들은 깊은 수행을 통해 마음을 논리적으로 분석하여 8개로 나누었다.

여기서 유식사상에서 말하는 마음〔識〕에 대해서 알아보자. 먼저 유식에서는 마음을 안식·이식·비식·설식·신식의 전오식(前五識)과 의식으로 구분하는데, 안식은 색경〔색깔과 형체〕, 이식은 성경〔소리〕, 비

---

5) '유식(vijñapti-mātra)'이란 세계에 존재하는 모든 것은 인식작용(vijñapti, 識)에 지나지 않는다〔mātra, 唯〕는 의미이다. 즉 외부 대상(artha or viṣaya)의 존재를 부정하는 것〔無境〕이다. 식(識, vijñapt)이란 '인식작용'의 의미이고, '마트라(mātra)'라는 것은 영어의 'only〔唯〕'에 가까운 의미이다.
그런데 불교에서는 대상(對象)이라는 말을 3가지(artha, viṣaya, gocara)로 나누어 사용한다. 그렇지만 현장은 'artha'와 'viṣaya'를 구별하지 않고 '외경(外境)'이나 '경(境)', 진제는 '외진(外塵)'으로 한역하고 있다. 'artha'는 원래 '사물', '사물을 지시하는 의미', '목적', '가치' 등의 의미가 있다. 따라서 'artha'는 인식대상뿐만 아니라 사물의 의미(義, meaning)도 포함하는 개념이다. 반면 'viṣaya'는 'artha'의 일부인 인식대상을 말할 때 사용한다. 그래서 'viṣaya'는 인식대상으로 번역하는 것이 타당할 것 같다. 그리고 '소행(所行)'으로 한역되는 'gocara'는 감각기관에 의해서만 알려진 한정된 대상을 가리킬 때 사용하는 개념이다. 'go'는 '소〔牛〕', 'cara'는 '걷다, 가다', 즉 소가 풀을 먹기 위해 걸어다니는 목초지를 말한다. 목초지는 범위가 좁은 영역이므로 한정된 범위, 즉 오직 감각기관에 한정된 대상을 말하는 것이다.

식은 향경〔향기〕, 설식은 미경〔맛〕, 신식은 촉경〔피부〕, 의식은 법경〔사물〕을 대상으로 삼는다. 이 6가지의 식〔마음〕은 자신의 감각능력에 의해 우리들의 인식범위가 한정되는 마음이다. 예를 들어 두 사람이 같은 시간 동일한 공간에서 강의를 들어도 집중하지 않으면 그 내용을 알 수 없으며, 또한 같은 지면의 신문을 읽어도 관심 분야가 다르면 신문의 기사 내용이 각각 다르게 보일 뿐만 아니라 기억하는 신문기사의 내용도 다르다. 이것은 감각에 의해 우리의 인식능력이 한정된다는 것을 의미한다. 다시 말해 전오식과 의식은 우리의 감각 능력(지식·교양·경험 등)에 따라 다르게 보이는 마음의 역할을 담당한다.

한편 말나식(末那識, manas-vijñāna)은 '자아를 사량(思量)하는 마음'이다. 다시 말해 말나식은 자기에게 얽매이고 자기중심으로만 사량하는 마음이다. 그래서 『유식삼십송』의 주석서인 『성유식론』에서는 말나식을 '항심사량(恒審思量)'[6]하는 마음이라고 하였다. '항(恒)'이란 '언제나·항상'의 의미로, 말나식은 잠잘 때나 깨어 있을 때 또는 선한 행위를 할 때도 악한 행위를 할 때도 언제나 자아 중심적으로 사량하는 마음이다. 그리고 '심(審)'이란 '매사를 집요하게 생각한다'는 의미이다. 그러므로 말나식은 언제나 집요하게 자기중심적으로 생각하는 마음이다. 이처럼 요가수행자들은 체험을 통해 깊고 깊은 심층에서 언제나 집요하게 자아에 집착하는 말나식을 발견하였다. 그래서 인간이 윤회하는 존재인 한 자기중심적으로 생각하는 마음인 말나식은 언제나

6) 『대정장』 31, 7b28.

작용한다고 본 것이다.

유식사상을 불과 30게송으로 정리한 세친의 『유식삼십송』에서 말나식은 4번뇌〔아치·아견·아만·아애〕의 심소〔마음의 작용〕와 언제나 함께 작용한다고 하였다.

유식에서는 우리들의 마음을 심왕(心王, citta)과 심소(心所, caitta)로 나눈다. 심왕은 마음의 주체적 측면인 안식·이식·비식·설식·신식·의식·말나식·아뢰야식의 8개이며, 심소는 51개로 세분하여 분석하였다. 세친은 『유식삼십송』에서 심소를 크게는 6위(六位)로, 세부적으로는 51개로 분류한다. 이른바 6위 51(六位五十一)의 심소이다. 6위(六位)는 변행, 별경, 선, 번뇌, 수번뇌, 부정을 말한다. 구체적으로 심소를 분류하면 다음과 같다.

먼저 변행(遍行 sarvatraga)은 마음이 활동할 때 반드시 활동하는 마음의 작용으로, 촉(觸 sparśa, 대상과의 접촉)·작의(作意 manaskāra, 대상으로의 지향)·수(受 vedanā, 대상의 감수)·상(想 saṃjñā, 대상의 표상)·사(思 cetanā, 대상에 대한 심적인 움직임)의 5가지이다.

별경(別境 viniyata)은 각각 별도의 대상〔한정된 대상〕에 대해 활동하는 마음의 작용으로 욕(欲 chanda, 바라는 것)·승해(勝解 adhimukti, 확신)·염(念 smṛti, 기억)·정(定 samādhi, 삼매)·혜(慧 prajñā, 지혜)의 5가지이다.

선(善 kuśala)이란 선한 마음의 작용으로 신(信 śraddhā, 믿음)·참(慚 hrī, 부끄러움)·괴(愧 apatrāpya, 수치심)·무탐(無貪 alobha)·무진(無瞋 adveṣa)·무치(無癡 amoha)·근(勤 vīrya, 정진)·경안(輕安 praśrabdhi, 마음이 가벼운 경지)·불방일(不放逸 apramāda, 나태하지 않는 것)·행사(行捨 upekṣā, 마

음의 평정) · 불해(不害 avihiṃsā, 불살생)의 11개이다.

번뇌의 심소란 자신의 마음을 번거롭고 귀찮게 하며, 괴롭게 하고 혼란스럽게 하는 마음의 움직임이다. 이와 같은 번뇌를 세친은 근본 번뇌(煩惱)와 부차적 번뇌〔隨煩惱〕로 구분하였다. 먼저 근본 번뇌(kleśa)는 탐(貪 raga, 욕망) · 진(瞋 dveṣa, 분노하는 것) · 치(癡 moha, 어리석음) · 만(慢 māna, 고만) · 견(見 dṛṣṭi, 자아가 실재한다고 하는 것) · 의(疑 vicikitsā, 의혹)의 6가지이다.

부차적 번뇌(upakleśa, 隨煩惱)는 번뇌에 부수해서 구체적인 양상을 나타내는 번뇌로, 분(忿 krodha, 분노하는 것) · 한(恨 upanāha, 한을 품는 것) · 복(覆 mrakṣa, 시치미를 떼는 것) · 뇌(惱 pradāśa, 폭언) · 질(嫉 īrṣyā, 질투) · 간(慳 mātsarya, 인색) · 광(誑 māya, 속이는 것) · 첨(諂 śathya, 아첨하는 것) · 교(憍 mada, 자만한 것) · 해(害 vihiṃsā, 살생하는 것) · 무참(無慚 āhrīya, 부끄러움이 없는 것) · 무괴(無愧 anapatrāpya, 수치심을 모르는 것) · 혼침(惛沈 styāna, 마음이 개운하지 않은 것) · 도거(掉擧 auddhatya, 소란스러운 것) · 불신(不信 ācraddhya, 믿음이 없는 것) · 해태(懈怠 kausīdya, 善을 행하는 것에 게으름) · 방일(放逸 pramāda, 淨을 행하는 것에 게으른 것) · 실념(失念 muṣitā, 집중력이 없는 것) · 산란(散亂 vikṣepa) · 부정지(不正知 asaṃprajanya, 바른 知가 아닌 것)이다. 이 중에서 분 · 한 · 복 · 뇌 · 질 · 간 · 광 · 첨 · 해 · 교의 10개는 소수번뇌이다. 이들은 독자적인 성격이 강하고 각각 별도로 작용하며, 폭이 좁기 때문에 소수번뇌라고 한다. 무참과 무괴는 중수번뇌이다. 중수번뇌는 불선(不善)의 마음속에 널리 편재하는 수번뇌를 말한다. 도거 · 혼침 · 불신 · 해태 · 방일 · 실념 · 산란 · 부정지는 대수번뇌이다. 대수번뇌는 염심(染心), 즉 더러운 마음에 두루 존재하는 수번뇌이다.

다음은 부정의 심소이다. 부정(aniyata, 不定)은 선과 잡염 등에 대해서 일정하지 않은 심소이다. 다시 말해 선악 양쪽에 활동하는 마음의 작용이기 때문에 부정(不定)이라고 한다. 부정의 심소는 회(悔) 또는 오작(惡作 kaukṛtya, 악을 행한 후에 후회하는 것)·수면(睡眠 middha)·심(尋 vitarka, 이론적으로 사색하는 것)·사(伺 vicāra, 깊게 사색하는 것)의 4가지이다.[7)]

그렇지만 아뢰야식은 5가지의 변행과 함께 작용하며, 말나식과 함께 작용하는 심소는 5가지의 변행·별경의 혜·수번뇌 중의 도거·혼침·불신·해태·방일·실념·산란·부정지의 8개와 아치·아견·아만·아애의 4번뇌로 모두 18개이다. 그리고 의식은 51개의 모든 심소와 함께 작용한다. 이와 같은 51개의 심소 중에서 말나식과 언제나 함께 작용하는 4번뇌가 어떤 심소〔마음의 작용〕인지 구체적으로 살펴보자.

첫 번째 번뇌는 '아치(我癡)'이다. 아치에서 '아'란 자아를 가리키고, '치(癡)'는 '어리석다'는 뜻이다. 그래서 아치란 자아는 본래 공·무상·무아임에도 불구하고 그 진리에 대해 알지 못하는 것을 말한다. 즉 자아에 대해 무명 또는 무지(無知)하다는 것이다. 일반적으로 공이란 자성이 없다는 것〔無自性〕이며, 무상(無常)이란 존재하는 모든 것은 시시각각으로 변화한다는 뜻이다. 그리고 무아(無我)란 모든 것은 스스로 존재하는 것은 없으며, 다른 것에 의지하여 존재하기 때문에 자기의 본질이 없다는 것이다. 다시 말해 다른 것에 의지하여 존재하는 것〔연기〕은 자성이 없으며 무아라는 것이다. 따라서 '아치'는 공·무상·무아

---

7) 심소에 대해서는 (『유식삼십송과 유식불교』, 김명우 지음, 2009)를 참조하기 바란다.

의 존재인 자기의 진실한 모습을 알지 못하는 것을 말한다. 한마디로 말하면 자아의 본질에 대해 무지몽매(無知蒙昧)한 것을 말한다.

두 번째 번뇌는 아견(我見)이다. 아견은 보통 살가야견(薩迦耶見)이라는 번뇌를 말하는데, 살가야견은 산스크리트 '사트카야 드리스티(satkāya-dṛṣṭi)'의 음사이다. 그리고 중국인들은 신체가 지금 여기에 실재한다는 의미인 유신견(有身見, sat〈유〉- kāya〈신〉- dṛṣṭi〈견〉) 또는 아견으로 한역하기도 하였다. 우리들은 많은 조건〔인연〕에 의해 유지되는 존재이지만, 그것을 알지 못하고 허위의 자아를 구상하여, 그것을 고정화·실체화하여 그 자아〔자신〕에 집착한다. 이것을 아견이라고 한다. 그리고 '아견'은 자아에 집착한다는 의미에서 '아집(我執)'이라고도 한다.

세 번째 번뇌는 아만이다. 아만은 타인과 비교하여 자신을 높이고 타인을 낮추어 보려는 번뇌를 말한다. 그래서 『유식삼십송』의 주석서인 호법의 『성유식론』에서는 만에 대해서 "집착된 자신에 의지하여 타인에게 고거(高擧)하는 것을 본질로 하고, 불만(不慢)을 장애하여 괴로움을 생기시키는 것을 작용으로 삼는다"고 하였다. 그런데 이 만심은 우리들이 좀처럼 자각하기 어려운 번뇌이다. 왜냐하면 만심이 있음에도 불구하고 만심이 없다고 착각하기 쉽기 때문이다. 게다가 만심이 있다는 것을 알아차리고 수행을 통하여 만심을 없앴다면 이번에는 만심을 제거했다는 또 다른 만심이 생긴다. 이처럼 만심이 없어지면 또 다시 만심이 끊임없이 기다리고 있는 것이다. 그래서 만심은 제거하기 힘든 번뇌라고 한다.

『유식삼십송』의 주석서인 안혜의 『유식삼십송석』과 호법의 『성유식론』을 주석한 자은대사 규기의 『성유식론술기』[8]에서는 만(慢)을 7종류로 나누어 자세하게 소개하고 있다.

첫째, 만(慢)이란 가정·능력·재산 등이 자신보다 열등한 자에 대해 가정·능력·재산 등의 면에서 그보다 자신이 뛰어나다고 생각하거나, 가정·능력·재산 등이 동등한 자에 대해 그 자신이 동등하다고 생각하는 마음의 작용이다. 다시 말해 만이란 자기보다 못한 자와 자기를 비교하여 자기가 뛰어나다고 생각하고, 자기와 동일한 수준의 사람과 비교하여 자기와 동일하다고 판단하는 것이다. 이처럼 유식에서는 있는 사실을 있는 그대로 생각하고 판단하는 마음을 '번뇌'라고 규정하고 있다. 그런데 유식에서는 자신과 상대를 비교하는 것 자체를 번뇌라고 규정한다. 어째서 이런 마음을 번뇌로 보는 것일까? 나는 저 사람보다 뛰어나다든지 저 사람과 동일하다든지 하는 것, 즉 상대를 의식하는 것 그 자체가 만심을 일으키는 근원이라고 생각하는 것이다.

둘째, 과만(過慢)이란 가정·능력·재산 등이 동등한 자에 대해, 희사(喜捨)·계율·용기 등에 있어서는 자기가 뛰어나다고 생각하거나, 또는 가정·학문 등이 나보다 뛰어난 사람에 대해 자신은 능력·재산 등의 면에서는 동등하다고 생각하는 것이다.

셋째, 만과만(慢過慢)은 만심이 점차로 높아져 가정·능력·재산 등이 자기보다 뛰어난 사람에 대해 자신이 뛰어나다고 내심으로 은밀히 생각하는 것이다.

넷째, 비만(卑慢)이란 가정·능력·재산 등이 상대가 월등하게 뛰어

8) 『성유식론 술기』 43, 444c1-12

나지만, 그 차이는 조금뿐이라고 생각하는 것이다.

다섯째, 아만(我慢)은 자신의 덕이 아직 뛰어나지 못하지만, 스스로 자신을 믿어 자신을 높이고 상대를 낮추는 번뇌이다. 특히 자존심, 자랑 등이 고만한 것으로 변질되면 상대를 낮추어 보는 아만으로 발전하기 쉽다.

여섯째, 증상만(增上慢)은 아직 얻지 못한 것을 이미 얻은 것처럼 상대를 속이는 것이다. 다시 말해 상대보다 덕이 조금 뛰어나지만, 마치 상대보다 자기의 덕이 훨씬 뛰어나다고 하는 번뇌이다. 증상만은 참선이나 수행할 때 가장 잘 드러나는 번뇌이다. 예를 들면 아직 화두를 깨치지 못한 사람이 화두를 깨쳤다고 공언한다든지 아니면 수행 도중에 자신은 깨닫지 못했으면서 깨달음을 얻었다고 생각하는 것이다. 따라서 증상만은 수행 중에 나타나는 일종의 허영심이다.

일곱째, 사만(邪慢)은 자신에게 덕이나 수행력 등이 전혀 없으면서, 자신은 보시도 잘하고 계율을 잘 지킨다고 하면서 뛰어난 덕이 있다고 하는 만심이다. 사만도 수행 중에 나타나는 허영심의 일종이다.

또한 『유가사지론』에는 만을 '고거만(高擧慢)'과 '비하만(卑下慢)'으로 구분하기도 한다. 고거만은 잘난 체하는 만심이며, 반대로 비하만은 겉으로는 겸허하게 자신을 낮추지만, 자세히 마음을 살펴보면 자신을 낮추는 마음속에 의외로 고만함이 잠재해 있는 만심이다.

네 번째 번뇌는 아애(我愛)이다. 아애는 무조건적으로 오로지 자기를 계속해서 사랑하고 집착〔愛着〕하는 마음의 작용이다. 자기를 사랑하고 집착하기 때문에 아탐(我貪)이라고도 한다.

특히 4가지의 번뇌 중에서도 사물의 도리〔무상, 무아〕를 모르는 '치'

가 가장 중심적인 번뇌이다. 그래서 "모든 번뇌가 생기할 때 반드시 '치'로 말미암는다"고 『성유식론』에서는 주석하고 있다. 왜냐하면 자기 자신에 대해 모르는 것이 모든 번뇌의 시작이기 때문이다. 자아의 본질에 대해 어리석기〔愚癡〕 때문에, 자아는 인연에 의해 지탱되고 있는 존재라는 사실을 알지 못하고 허위의 자아상을 구상하여, 고정화·실체화하는 아견이 생기한다. 그리고 아견에 집착하기 때문에 아만이 일어나고, 아치·아견·아만이 생기하므로 자기에게 애착(愛着)하는 아애가 생기한다. 이처럼 말나식은 언제나 4가지의 번뇌와 함께 작용하며, 우리들의 의식으로 알아차릴 수 없는 심층의 마음이다. 그래서 필자는 우리들이 끝없는 노력정진〔수행〕을 하는 것은 말나식을 소멸시키는 작업과정이라고 생각한다.

아뢰야식(阿賴耶識, ālaya-vijñāna)은 우리들의 '행위의 결과'를 저장하는 마음이다. 그 행위의 결과를 '종자(種子)'라고 한다. '아뢰야(阿賴耶)'란 여러 가지 물건을 '저장하다·축적하다·보존하다'라는 산스크리트의 '아라야(ālaya)'를 중국인들이 발음 나는 대로 음사〔音譯〕한 것이다. 그래서 현장은 아뢰야식을 의역(意譯)하여 '장식(藏識)' 또는 '택식(宅識)'이라고 번역하였다. 아뢰야식은 직역하면 '저장하는 마음〔식〕'이라는 의미이기에 영어로는 'store consciousness'라고 번역된다. 본 내용과는 관계없지만 '아라야(ālaya)'에 대해 여러분의 이해를 돕기 위해 하나의 예를 들겠다. 독자 여러분도 잘 알고 있듯이 인도와 네팔의 국경지대에 너무나 유명한 히말라야 산맥이 있다. 히말라야는 산스크리트로 'hima-ālaya'라고 한다. '히마(hima)'는 눈〔雪〕이고, '아라야(ālaya)'는 '저장'의 의미이다. 그래서 히말라야는 '눈이 저장된 곳〔창고〕'이라는 뜻이다. 아마도 히말라야에는 사시사철 눈이 녹지 않고 쌓여 있기 때문에 이런 이름을 붙인 것 같다.

그러면 아뢰야식은 어떤 것을 저장하고 보존하는가? 아뢰야식은 바로 우리들의 행위 결과인 '종자(bīja)'를 저장한다. 그래서 아뢰야식은 '일체의 모든 것〔종자〕을 저장하고 보존하는 마음'이다. 그러나 말나식과 아뢰야식은 심층의 마음이기 때문에 우리들의 의식으로 알아차릴 수 있는 마음이 아니다. 요가 수행을 통해서만 관찰할 수 있는 마음이다.[9]

그런데 불교에서는 지혜(prajñā)를 문혜(聞慧), 사혜(思慧), 수혜(修慧)의 3종류로 구분한다. 먼저 문혜(聞慧)란 신뢰할 수 있는 스승의 올바른 가르침을 들어 얻어지는 지혜이며, 사혜(思慧)란 신뢰할 수 있는 스승으로부터 들은 것을 올바르게 생각하여 얻는 지혜이며, 수혜(修慧)란 문혜와 사혜를 바탕으로 올바른 정〔삼매〕을 통해 얻어지는 지혜이다. 특히 수혜는 모든 의혹을 지멸〔제어〕시키는 기능을 담당한다. 그렇지만 『반야심경』에서 말하는 반야〔지혜〕는 상대적인 지혜가 아닌 절대적인 지혜, 즉 '모든 것이 공'이라는 것을 체득하는 지혜이다.

한편 중국인은 산스크리트의 속어인 팔리어의 '판냐(paññā)'를 음사하여 '반야'라고 한 것으로 추측된다. 이렇게 중국인이 음사한 이유는 '프라쥬냐(prajñā)'의 깊고 넓은 의미를 한자로 나타낼 수 없기 때문에 단순히 음사한 것으로 생각된다.

---

9) 유식에 관한 부분은 (『유식삼십송과 유식불교』, 김명우 지음, 예문서원)을 참조하였다. 독자들 중에서 유식사상에 관심 있는 분은 참조하기 바란다.

한편 불교에서는 안다는 것〔앎〕을 분별지(分別智)와 무분별지(無分別智)로 나누는데, '반야'는 무분별지에 해당된다. 그래서 반야를 '지혜', 분별지를 '지식'이라고 번역하는 학자도 있다.

바라밀다(C: 波羅蜜多, SKT: pāramitā, E: perfection)

'바라밀다'란 SKT 파라미타(pāramitā)의 음사이다. 그런데 바라밀다의 의미에 대해서는 현장 역과 구마라집 역 사이에 차이가 있다.

첫째, 'pāramitā'에서 '파람(pāram)'은 파라(pāra)의 목적격으로 '피안에'라는 뜻이다. 그래서 콘즈는 'beyond'로 번역하였다. 그리고 'ita'는 '√i'(가다, 걸어 다니다) + 과거수동분사 '타(ta)'로 이루어진 형태이며, 'ita'를 여성형으로 만들어 'itā'가 된 것으로 '이르다'는 의미이다. 그래서 에드워드 콘즈는 'pāramitā'를 'she who has gone'이라고 영역하였다. 티베트역에서도 'pāramitā'를 '도피안(度彼岸)', 즉 '피안에 이르다'라고 번역하였다. 게다가 『반야심경』의 또 다른 번역자인 구마라집(Kumārajīva, 344~413)도 '도피안'으로 번역하고 있다. 그러므로 'pāramitā'는 '미혹의 차안으로부터 피안〔깨달음〕에 이르다'는 의미이다.

불교에서는 현실의 세계, 즉 미혹한 우리들의 사바세계를 '차안(此岸)'이라고 한다. 이에 반해 이상의 세계, 즉 깨달음〔자유로운 세계〕을 '피안(彼岸)'이라고 한다. 따라서 '바라밀다'는 차안〔이쪽 강 언덕〕에서 피안〔저쪽 강 언덕〕으로 건너는 것, 이른바 인생의 목적지에 도달하는 것을 말한다. 그래서 옛날부터 '도(度·到)'라고 번역하였다. '도'라는 것은 '건너다·이르다'는 의미로 이 언덕에서 저 언덕으로 건너는 것이다. 그런데 불교의 이상세계인 '피안'이란 불타의 세계이기 때문에 '피안에 도달하다'·'피안을 건너다'라는 것은 결국 깨달음을 얻어 부처〔붓다〕가 되는 것을 말한다. 그러므로 '피안'이라는 것은 불교의 이상과 목적을 나타내는 것이다. 『육조단경』에서도 마하반야바라밀을 '위대한 지혜가 깨달음의 저 언덕에 이르다'로 해석하고 있다.

둘째는 'pāramitā'에서 '파라미(pārami)'는 '피안에 이르다'는 것과 상태를 나타내는 추상명사 'tā'를 합친 것으로 해석하면 '완전하게 도달하는 것'이라는 의미로, 'pāramitā'는 '완전·완성'이라고 번역된다. 그래서 '반야바라밀다'는 '지혜의 완성(The perfection of wisdom)'이라는 의미가 된다. 이것은 현장의 번역이다. 필자도 현장의 번역에 따라 'prajñā-pāramitā(반야바라밀다)'를 '지혜의 완성'으로 번역하였다.

그런데 또 다른 한역에서는 '프라쥬냐 파라미타(prajñā-pāramita)'를 '지도(智度)'라고 번역한다. 용수(龍樹, Nāgarjuna)가 주석한 『대품반야경』의 주석서를 『대지도론(大智度論)』이라고 하는데, 이것은 이 번역을 채택한 것이다.

심경(C: 心經, SKT: hṛdaya-sūtra, E: The heart-sūtra)

산스크리트 '하리다야(hṛdaya)'를 한역에서는 '심'이라고 번역하지만, 원래 의미는 '심장(心臟)'을 가리킨다. 그래서 영어로 'heart'라고 번역하였다. 선종에서는 '마음〔心〕', 특히 중생이 본래 가지고 있는 청정심을 의미한다. 그렇지만 여기서 '심'이란 '핵심·진수·중심'이라는 의미이다.

그렇다면 하리다야〔심〕란 무엇의 핵심이고, 무엇의 중심인가? 『반야심경』은 대승불교 성전인 반야경의 진수이고 핵심이라는 것이다. 다시 말해 260자로 이루어진 간단한 경전인 『반야심경』은 대반야경(大般若經) 600권의 진수일 뿐만 아니라, 많은 불교의 경전 중에서도 가장 핵심적인 내용〔붓다의 가르침〕을 담고 있는 경전임을 나타내고 있는 것이다.

오늘날 불교의 단점이자 장점은 팔만사천 법문이라고 할 만큼 많은 경전이 존재한다는 것이다. 이런 이유 때문에 너무나 많은 붓다의 가르침을 혼란스럽다고 생각하는 사람이 있다면 『반야심경』을 한 글자 한 글자 꼼꼼히 읽고 음미하면 좋을 것이다. 왜냐하면 『반야심경』은 반야경의 핵심뿐만 아니라 대장경 전체의 정수〔핵심〕를 담고 있기 때문이다. 그러나 『반야심경』은 너무나 붓다의 가르침을 축약하였기 때문에 그 진수를 이해하는 것이 쉬운 일은 아니다. 그러므로 우선 『반야심경』에 나타난 붓다의 가르침을 믿는 마음이 필요하다. 그리고 뛰어난 선지식의 도움을 받아 『반야심경』의 내용을 철저하게 이해해야 한다. 그런 연후에 『반야심경』의 진정한 의미, 다시 말해 붓다의 가르침을 이해〔이론〕하고 실천할 수 있는 것이다. 그래서 불교를 신앙(信仰)의 종교라고 하지 않고 붓다의 가르침을 믿고 실천한다는 의미에서 신행(信行)의 종교라고 하는 것이다.

그리고 '수트라(sūtra, 經)'란 '날실〔세로로 놓인 실〕'의 의미이다. 옛날에 옷감을 짤 때에는 중심이 되는 실을 먼저 세로〔從〕로 내려놓는다. 그리고 가로〔橫〕로 옷감을 짜 나갔다. 그래서 세로줄〔날실〕은 옷감을 짤 때 중심이 되는 것이다.

중국에서는 성인의 말은 영원히 변하지 않는 진리라고 규정하고 그 내용을 담은 책을 『서경(書經)』, 『시경(詩經)』 등과 같이 '경'이라고 이름 붙였다. 불교가 중국에 전래되자 중국인들은 고민 끝에 비록 이민족〔오랑캐〕 출신이지만, 인도의 성인인 붓다의 가르침을 모은 '수트라(sūtra)'를 '경(經)' 또는 '경전(經典)'이라고 하였다.

그런데 보통 사람들은 불교경전이라고 하면 뭔가 고리타분하고, 의미도 이해할 수 없으며, 세상과 동떨어져 있는 것이거나 승려들이나 읽는 것으로만 생각하는 경향이 있다. 심지어 '점치는 책'이나 '주문'이라고 이해하는 사람조차 있다. 그러나 경전은 이미 소개한 바와 같이 붓다의 설법이고, 대부분은 대화의 형식을 띤 인간의 말이다. 이와 같은 사정은 붓다로부터 훨씬 후대에 작성된 경전도 마찬가지이다. 그러나 경전이 의미를 이해하기 힘든 주문처럼 받아들여지는 것은, 오랜 시간에 걸쳐 원어〔산스크리트〕의 의미를 알 수 없게 되었다든지, 중국어로 번역된 경전을 접하면서 한국인이 외국어로서의 중국어를 이해하지 못했기 때문이다. 사정이 이와 같다면 경전을 직접 접할 수 있는 사람은 특별한 교양을 가진 일부의 지식인에 한정되어 버린다. 일반인은 의미도 알 수 없는 예스러운 문장을 억지로 그저 고맙게 여기든지, 그렇지 않으면 경전에서 멀어져 버릴 것이다. 이것은 경전 자체에 책임이 있는 것이 아니라 그것을 전해 온 사람들의 책임이 크다고 할 것이다. 그러므로 누구나 쉽게 경전을 접하게 하기 위해서는 어려운 한자 투의 번역이 아니라 현재 우리들이 사용하고 있는 알기 쉬운 한국어로 번역하는 것이 가장 시급한 과제일 것이다.(『반야바라밀다심경』, 김명우 편역)

이런 의미에서 필자는 『반야심경』의 글자 하나하나에 대해 가능한 한 쉬운 한글로 해설하고자 노력하였다.

반야바라밀다심경(C: 般若波羅密多心經, SKT: prajñā-pāramitā-hṛdaya-sūtram)

앞에서 필자는 『반야바라밀다심경』의 제목을 세 부분, 즉 반야, 바라밀다, 심경으로 나누어 설명했다. 지금까지의 해설을 참조하여 필자는 『반야바라밀다심경』을 '완전한 지혜〔彼岸〕에 이르게〔度〕 하는 반야경의 핵심〔정수〕을 담은 경전'이라고 번역하고 싶다.

그렇지만 산스크리트본에는 처음부터 『반야심경』이라는 경의 제목이 없었다. 아마도 산스크리트 원문 마지막 부분에 있는 'iti prajñāpāramitā-hṛdayaṃ samāptam(이상으로 반야바라밀다심을 끝냈다)'라는 부분을 한역자가 임의로 서두에 가지고 와서 제목으로 사용한 듯하다.

앞에서도 잠시 언급하였지만, 티베트역 『반야심경』에서는 제목을 『불모반야바라밀다심』(bhagavatī-prajñāpāramitā-hṛdaya)이라고 하였다. 이미 반야바라밀다심에 대해서는 자세하게 설명했기 때문에 불모(bhagavat)[10]에 대해서만 설명하겠다. 바가바트(bhagavat)란 우리들을 미혹하게 하고 괴로움을 초래하게 하는 번뇌·오온·죽음·악의 4가지로부터 벗어났다는 의미이다. 이 4가지를 설명하자면, 번뇌란 깨달음을 방해하는 탐〔욕망〕·진〔분노〕·치〔어리석음〕을 말하는 것이고, 오온이란 번뇌를 생기시키는 근본이 되는 색〔신체〕과 마음이다. 그리고 인간이라면 피할 수 없는 죽음, 선행을 방해하는 악행이다. 더불어 바가바트(bhagavat)는 수행을 방해하는 번뇌장과 소지장을 완전하게 벗어났다는 의미도 있다. 그런데 한역에서는 바가바트(bhagavat)를 '세상에서 가장 존귀한 분'이라는 의미로 세존(世尊)이라고 번역하였다.

소본 산스크리트 『반야심경』은 경전 서두에 반드시 등장하는 '여시아문'과 '육성취'뿐만 아니라 경전 말미에 등장하는 '환희봉행문'도 없는 아주 파격적인 경전이다. 아마도 『반야심경』은 처음부터 암송용으로 제작된 경전이기 때문에 생략 가능한 부분은 과감히 생략한 결과로 이런 파격적인 경전이 탄생하였다고 생각한다. 그렇지만 대본 『반야심경』은 서분, 정종분, 유통분의 경전 체제를 갖추고 있다.

---

10) 콘즈(Conze)는 Lovely, Lady는 번역하고 있다.

Ⅱ. 소본 『반야심경』의 한역자 현장과 구마라집

唐 三藏法師 玄奘 譯
당 삼장법사 현장 역

다음은 『반야심경』 소본 한역자인 현장과 구마라집에 대해 기술하고자 한다. 현장을 기술하면서 구마라집을 언급하고자 하는 것은 그가 중국 역경사에서 빼놓을 수 없을 만큼 중요한 인물이기 때문이다. 흔히들 중국 역경사에서 구마라집 번역을 옛 번역이라는 의미로 구역(舊譯)이라고 하고, 현장의 번역을 새로운 번역이라는 의미로 신역(新譯)이라고 한다.

그런데 『개원록(開元錄)』에 따르면 『반야심경』은 중국 당나라 시대의 승려였던 삼장법사 현장이 정관 23년(서기 649년)에 번역하였으며, 그의 제자 지인(知仁)이 필수(筆受)[11]하였다고 한다. 아마도 현장이 『반야심경』 산스크리트 원전을 보면서 해석했다면, 현장 곁에서 제자인 지인이 현장의 번역을 받아 적어, 다시 수정했을 것으로 추측된다.

---

11) 필수란 산스크리트로 된 경전이나 논서를 한역할 때 산스크리트 음역을 의역하는 등의 번역문을 교정하는 역할을 담당한 사람이다.

1. 현장

이제 소본『반야심경』의 한역자인 현장에 대해 설명한다. 한역에는 『반야심경』 제목 다음에 '당 삼장법사 현장 역(唐三藏法師玄奘譯)'이라는 문구가 등장한다. 먼저 '당(唐)'이란 현장이 당나라 출신이라는 것을 말한다. 그리고 삼장법사(三藏法師)란 현장이 '삼장(三藏, tri-piṭaka)' 즉 경(經, sūtra), 율(律, vinaya), 법(法, dharma)에 뛰어난 법사라는 뜻이다.

이제 구체적으로 한역자인 현장에 대해 살펴보자. 그는 서기 596년(수문제 16년), 600년 또는 602년에 출생한 것으로 보이며, 664년 2월 5일에 입적하였다고 한다. 그는 10세에 아버지가 죽자 형을 따라 낙양의 정토사로 출가한다. 13세 때에 수양제가 낙양에서 학업성적이 뛰어난 27명을 뽑아 정식으로 승적을 인정하는 칙령을 내린다. 이 시험에 수백 명이 응시하였는데, 어린 나이에도 불구하고 현장은 당당히 합격한다. 그리고 법명을 현장이라고 하였다.

한국에서는 현장이라는 이름보다 '삼장법사'라는 명칭이 더욱 더 알려져 있다. 그것은 아마도 16세기 명나라 때 지어진 『서유기(西遊記)』라는 유명한 소설 때문일 것이다. 『서유기』의 주인공인 삼장법사는 7세기 경 당나라 때 실재했던 현장을 모델로 한 것이다.

7세기경 현장이 활약한 시기에 중국[당나라]은 많은 불교서적이 번역되어 있었다. 현장 자신도 이런 한역된 불교서적들을 통해 유식을 배웠다. 이른바 구역(舊譯)의 유식이었다. 『대당대자은사삼장법사전』에 의하면 현장은 유식을 공부하는 중에 많은 의문이 생겼다. 그래서 현장은 그의 의문을 풀기 위해서는 유식불교의 근본 논서인 『유가사지론(Yogacārābhūmi)』을 배울 필요가 있다고 생각하여 인도로의 유학을 결심한다. 그는 스승인 계현이 인도 유학의 목적을 묻자 "스승에 의지해서 『유가사지론』을 비롯한 불법을 배우러 중국에서 왔습니다"라고 대답한 것으로 보아 유식의 핵심을 공부하기 위해 머나먼 인도로 갔다는 것을 알 수 있다. 그러나 구법의 길은 쉽게 열리지 않았다. 당시 당나라 황제였던 태조 이연이 물러나고 그의 둘째 아들 태종 이세민이 즉위한다. 현장의 나이 26세 때이다. 그는 동료 승려들과 의논하여 서역에 가고 싶다는 탄원서를 당나라 궁성에 제출하였다. 그러나 당시 당나라는 국법으로 옥문관(玉門關, 지금의 감숙성 서단)까지만 중국인이 왕래할 수 있도록 하였다. 그들은 몇 번이고 인도에 가고 싶다는 탄원서를 제출하였지만, 당나라 정부는 끝내 그들의 요청을 받아주지 않았다. 결국 그의 동료들은 인도에 가는 것을 모두 포기하고 말았다. 그래도 현장은 포기하지 않고 계속해서 탄원서를 제출하였다. 그러나 끝내 인도로의 구법의 길은 열리지 않았다. 이에 그는 국법을 어기고 인도로 갈 결심을 한다. 때마침 장안, 낙양 등지에 기근이 발생하자 먹을 것을 구하러 성 밖으로 나가는 피난민으로 가장하여 당나라 정부의 허락도 없이 현장은 인도로 몰래 출국을 감행하여 구법의 길을 떠난다. 그가 밀출국한 날짜는 언제인지 정확하게 알 수 없지만, 그가 귀국한 것은 정관(貞觀) 19년(645년)이다. 그의 구법여행은 왕복 18년이라는 장기간에 걸친 인도 여행이었다.

그는 당시 인도불교의 중심지인 나란다(Nālandā)사원에서 계현(戒賢 Śīlabhadra, 529~645)에게 5년간 유식사상을 수학하였다고 한다. 현장이 수학한 것은 호법(護法 Dharmapāla, 530~561) 계통의 유식불교였다.

그는 범본(梵本) 경전 657부를 가지고 당나라로 귀국하여 태종〔이세민〕과 고종의 2대 황제에 걸쳐 존경을 받았다. 그 이후 20년간 현장은 황제의 보호아래 오로지 인도 불교문헌의 번역에 매진하였다. 구역(舊譯)의 대표적인 번역자인 진제(Paramārtha, 499~569)[12]와 구마라집이 여러 나라를 돌아다니면서 불전을 번역한 것과 비교하여 보면 그의 불전 번역은 행복한 것이었다.

현장이 한역한 불전은 모두 74부 1,335권이다. 『대정신수대장경』이 전부 32책인데 그중에 현장 번역이 7책으로 전체 한역경전의 5분의 1이 넘는 분량이다. 중국불교에서 '번역4대가', 이른바 구마라집·진제·불공(不空)·현장 중에서도 특히 현장의 번역 부수가 양적으로 가장 많다. 그는 당나라에 귀국하여 664년 입적할 때까지 20년 동안 5일에 한 권꼴로 경전을 한역하였다. 참고로 구마라집은 384권, 진제는 274권, 불공은 101권을 번역하였는데, 이들의 번역을 합친 것보다 현장의 번역이 양적으로 많다. 오늘날 우리들이 팔만대장경을 볼 수 있었던 것도 이런 뛰어난 번역승들의 노고와 구법정신 덕분이라고 할 것이다.

이처럼 현장은 연구와 저술보다는 자신이 가지고 온 불전의 번역 사업에 자신의 인생 전부를 바쳤다. 현장이 저술한 것은 오직 『대당서역기(大唐西域記)』 12권뿐이다. 『대당서역기』는 현장이 당나라로 귀국한

---

12) 진제의 유식에 대한 대표적인 번역서는 다음과 같다.
『섭대승론』, 『중변분별론』, 『섭대승론석』, 『전식론』, 『대승유식론』, 『불성론』 등이 있다.

이듬해인 646년, 당 태종 이세민의 명에 따라 저술한 것으로 18년에 걸친 인도 여행기록이다. 이 여행기의 정밀하고 상세한 기록은 세계에서 가장 뛰어난 여행기 중의 하나로 높이 평가받고 있다. 그렇지만 이것은 현장의 사상을 이해하는 데는 아무런 도움이 되지 않는다.

"3세기에서 11세기말까지 인도로 간 동아시아 구법승은 이름이 알려진 사람만 해도 165명이나 된다. 이름이 알려진 구법승이 이 정도라면 이름이 알려지지 않은 구법승까지 합친다면 그 숫자는 1천 명을 넘을 것이다. 구법승 중에는 중국인뿐만 아니라 한국인도 다수 포함되어 있다. 그중에 이름이 알려진 구법승으로는 신라인 12명, 고구려인 1명, 백제인 1명 도합 14명에 이른다."[13] 동아시아의 구법승들이 인도를 여행하고 기록을 남긴 것 중 현존하는 것은 다음과 같다.

법현(法顯, 337?~420)의 『불국기(佛國記)』

현장(600~664)의 『대당서역기(大唐西域記)』

의정(義淨, 635~713)의 『남해기귀내법전(南海寄歸內法傳)』

혜초(慧超, 704~78)의 『왕오천축국전(往五天竺國傳)』

법현의 구법여행은 11년(399~410)에 걸쳐 이루어졌다. 그는 육로로 가서 해로로 귀국하였다. 인도에서 법현은 사위성 기원정사에서 만난 인도 승려들이 '우리들의 여러 스승들이 오늘날까지 이어 오는 동안 한(漢)의 도인이 이곳까지 온 것은 보지 못했다'라고 기록하고

13) 『동아시아 구법승과 인도의 불교유적』, 이주형 외, (주)사회평론, 2009.

있는 것을 보면 자신이야말로 중인도까지 간 최초의 중국 구법승이라는 강한 자부심을 가지고 있었을 것이다. 반면 의정의 구법활동〔18년〕은 해로를 통해 인도로 가서 해로를 통해 중국으로 귀국했으며, 혜초의 구법활동〔4년〕은 해로를 통해 육로로 귀국한 것으로 추정된다.(앞의 책, 이주형)

현재 남아 있는 인도 구법 여행기 중에서 신라 출신의 구법승 혜초의 구법 여행기인 『왕오천축국전』은 1908년 프랑스의 동양학자 펠리오(1878~1945)가 돈황의 막고 동굴에서 발견하여 세상에 알려지게 되었다. 현재 『왕오천축국전』은 프랑스 루브르 박물관에 소장되어 있다.

그러나 같은 구법승이라도 현장과 나머지 3명이 인도에 간 이유는 다르다. 현장은 유식에 대한 의문을 풀기 위해 인도에 갔지만, 나머지 3명은 '계(戒)와 율(律)'의 의문 때문에 인도에 갔다. 다시 말해 당시의 인도와 동아시아는 기후·풍토·문화가 전혀 달랐기 때문에 중국인이나 한국인이 수용할 수 없는 계율에 대한 의문점을 해결하기 위해 나머지 3명은 인도에 갔었던 것이다. 이런 점에서 현장은 진정한 구법승이라고 할 것이다.[14)]

---

14) 한역자인 현장에 관한 부분은 『유식삼십송과 유식불교』(김명우)를 바탕으로 작성된 것이다.

2. 구마라집

『고승전』에서는 구마라집(鳩摩羅什 Kumārajīva, 350~409)을 '동수(童壽)' 라고 하고, '천축인〔인도인〕'이라고 하였다. 그의 본명은 '구마라지바(Kumārajīva)'이지만, 동북아시아에서는 보통 한역으로 음사한 구마라집이라는 이름이 널리 알려져 있다.

그의 부친 구마라염(鳩摩羅炎, 구마라야나 Kumārayana)은 인도인으로 높은 관직을 버리고 출가하여 파미르고원을 넘어 구차국(Kucha, 한역: 龜玆)에 들어가 국왕의 환영을 받고 국사가 되었다. 그러나 왕의 여동생인 지바(jīva, 한역: 耆婆)의 뜨거운 구혼을 받아들여 환속하여 구마라집을 낳았다. 그의 이름인 구마라지바(Kumārajīva)는 아버지의 이름인 구마라(Kumāra)와 어머니의 이름인 지바(Jīva)를 합친 것이다.

그의 어머니는 총명하여 산스크리트에 능통하였으며 많은 불전을 읽고 이해하였다. 그의 나이 5세 때에 어머니가 출가하여 비구니가 되었는데 어머니의 영향으로 구마라집도 2년 후인 7살 때 출가하였다. 구마라집은 9살 때 어머니와 함께 인더스강을 건너 캐시미르에 유학하여 아함과 아비달마를 배웠다. 그 이후 그는 대승으로 전향한다. 그는 아비달마 교학이 왕성했던 구차국에 돌아와 오로지 혼자서 대승의 교학을 설하였다. 20세가 되어 『십송률』에 따라 정식으로 비구가 되었다. 그 후에 『방광반야경』〔이른바 대품반야경〕에 몰두하여 깨달음을 얻었다. 그리고 구마라집의 명성은 인도와 중앙아시아뿐만 아니라 멀리 중국에까지 알려졌다.

당시 중국은 양자강을 경계로 남북(남북조 시대)으로 나누어져 있었는데 양자강 이북은 하북이라고 하여 5호16국이 교체하고 있었다.[15] 그중의 하나인 전진의 왕이었던 부견(苻堅, 338~385)[16]이 당시 최고의 학승이었던 도안(道安, 312~385)의 권유를 받아들여 구마라집을 초청하기 위해 서역을 공략하였다. 그의 부하 장군이었던 여광(呂光)은 382년 장안을 떠나 여러 나라를 평정하고 서역으로 들어갔다. 드디어 구차국에 도착하여 반년간의 싸움 끝에 384년 7월에 구차국을 정벌하였다. 그리고 구마라집을 포로로 잡았다. 그때 구마라집의 나이 35세였다. 그런데 여광은 고국의 부견이 전쟁에 패했다는 소식을 듣고 급히 귀국하게 되었다. 구마라집을 포로로 잡아 귀국하였지만 부견은 이미 죽은 뒤였다. 이 때문에 여광은 군대를 양주(涼州)에 머물게 하고, 이곳에서 후양이라는 나라를 세웠다. 이후 여광은 399년에 죽을

---

15) 삼국시대〔후한〕를 거쳐 서진이 건국되었지만, 316년 흉노족에게 멸망하였다. 이에 서진의 후예인 사마예가 강남으로 이동하여 동진을 세웠다. 그리고 강북지방은 다섯 오랑캐〔五胡〕에 의해 16국의 이민족 국가가 흥망을 교체하게 되었다. 이 시대를 5호 16국(十六國 Sixteen Kingdoms, 304~439 AD)이라고 한다. 그 이후에 강북은 439년 북위에 의해 통일된다. 이 시대를 남북조 시대라고 한다.

남북조(南北朝) South and North Dynasties

남조(南朝) South Dynasties

- 송(宋) Song 420~479 AD
- 제(齊) Qi 479~502 AD
- 양(梁) Liang 502~557 AD
- 진(陳) Chen 557~589 AD

북조(北朝) North Dynasties: 삼무이종(三武二宗)의 폐불사건

- 북위(北魏) North Wei 386~534 AD
- 서위(西魏) West Wei 535~557 AD
- 동위(東魏) East Wei 534~550 AD
- 북제(北齊) North Qi 550~577 AD
- 북주(北周) North Zhou 557~581 AD

16) 부견은 아도화상을 시켜 372년 고구려에 불교를 전한다.

때까지 14년 동안 왕으로 군림하였고, 그의 아들 여찬이 왕위를 계승하였다. 구마라집은 나이 36세에서 52세까지 16년 동안 양주에서 한자와 중국 고전을 배우면서 불전을 설하였다. 그의 명성이 높아져 멀리 장안까지 알려지게 되어 승예 등이 강의를 받으러 양주까지 왔다.

그런데 구마라집이 중국에 머물고 있을 때에 후진이라는 나라가 흥기한다. 후진의 왕인 도장은 전진의 군대를 격파한다. 후진의 도장이 죽은 후에 그의 아들 도흥이 계승하여 서방으로 원정을 나가 후양을 정벌하고, 그의 부친인 도장 때부터 염원이었던 구마라집의 초청을 실현하게 된다. 이리하여 구마라집은 401년 12월 20일 장안에 들어와 대단한 환영을 받는다.

드디어 구마라집의 불전 번역이라는 대사업이 장안의 북쪽 소요원에 설치되어 있던 역경원에서 시작되었다. 구마라집 번역의 특색을 보면, 그의 번역은 직역보다는 거의 창작에 가까울 정도로 의역에 치중하였으며, 특히 번역문의 간결함과 화려함은 대단하였다. 그의 제자 승조는 구마라집의 번역에 대해 "문장은 간결하나 뜻이 깊고, 원문의 본뜻은 은근하나 또렷하게 드러나니, 미묘하고도 심원한 부처님 말씀이 여기서 비로서 확실해졌다"(이종철, 2009)라고 평가하고 있다. 승조의 말처럼 안세고와 지루가참에 의해 시작된 불전 번역은 한자술어에 많은 혼란이 있었지만, 구마라집에 의해 거의 해소되었다.

구마라집 이전의 번역을 고역(古譯), 구마라집의 번역을 구역(舊譯)이라고 한다. 이것은 뒷날 현장의 번역인 신역(新譯)과 대비적으로 불린 것이다. 구마라집이 번역한 대승경전으로는 『대품반야경』, 『범망경』, 『묘법연화경』, 『소품반야경』, 『금강경』, 『십주경』, 중관학파의 논서로는 『중론』, 『백론』, 『성실론』, 『십주비바사론』, 『용수보살전』, 계율 계통은 『십송률』, 『십송비구계본율』 등이 있다.

이처럼 구마라집은 반야 계통의 경전과 용수의 중관학파〔중관부〕의 논서를 주로 번역하여 삼론종 성립의 근거를 마련하였다. 특히 동북아시아에서 가장 자주 독송되는 『금강경』, 『아미타경』, 『묘법연화경』이 모두 구마라집의 번역인 것을 보면, 그가 동북아시아 불교계에 끼친 영향은 지대하다고 할 것이다.

Ⅲ. 일체지자

namas sarva-jñāya[17)]

일체지자(C: 一切智者, SKT: sarvajñāya)

귀의하다(C: 歸依, SKT: namas)

먼저 산스크리트 경문(經文)부터 설명하겠다.

'namas'는 '귀의하다'는 뜻이며, 그 기본 형태는 '나마스(namas)'이지만, 절대어미 규칙에 따라 'namaḥ'가 되었다. 그러나 뒤에 치찰음(ś, ṣ, s)인 's'에 동화되어 'namas'가 되었으며, 이것을 중국인은 '나무(南無)'라고 음사하였다. 그래서 우리들이 '나무아미타불 관세음보살'이라고 염송할 때의 의미는 '아미타부처님과 관세음보살님에게 귀의합니다'라는 것이다.

그리고 '사르바(sarva)'는 형용사로 '일체, 모두'라는 의미이다. '쥬냐냐(jñāya)'는 남성(masculine)명사 '쥬냐(jña, 알다)'의 단수(singular), 위격(instrumental)이다. 이것을 종합하면 '모든 것을 알고 계시는 분〔일체지자〕에게'라는 뜻이 되며, 이른바 '일체지자'는 '붓다〔부처님〕'[18)]를 가리킨다.

이처럼 소본 산스크리트본에는 『반야심경』이라는 제목 대신에 '일

---

17) 콘즈(conze)본은 제목이 'Oṃ namo bhagavatyai ārya-prajñāpāramitāyai'로 되어 있다.

18) 필자는 '붓다'와 '부처님', '부처'라는 용어를 혼용해서 사용하였다.

체지자〔모든 것을 알고 계시는 부처님〕에게 귀의합니다'라는 구절이 가장 먼저 등장한다. 이 구절은 산스크리트 경전이나 논서에는 반드시 등장하는 것으로 먼저 경전을 설하기 전에 부처님에게 귀의를 나타내는 일종의 '귀경게'이다. 비록 소본 한역본에는 생략되어 있지만, 중요한 의미이기 때문에 '일체지자'와 '귀의'에 대해 설명하고자 한다.

먼저 '귀의하다(namas)'에 담겨져 있는 의미부터 설명하겠다. 일반적으로 부처님이나 보살에게 귀의하는 구체적인 방법으로는 몸과 입을 사용한다. 인도의 일반적인 귀의 방법은 '합장'이다. 합장이란 양손을 펴서 가슴 앞에 모으는 행위이다. 이처럼 상대방에게 양손을 모아 보이는 것은 서양의 악수와 마찬가지로 자신이 칼을 가지고 있지 않으며 상대방을 해칠 마음이 없다는 것을 나타내는 것과 동시에 자신을 낮추어 상대방을 존중하고 있다는 것을 몸으로 표시하는 것이다.

그리고 인도인들은 합장을 하면서 '나마스테(namaste)'라고 입(口)으로 한 번 더 존중을 표시한다. '나마스테'는 요즈음 말로 번역하자면 "안녕하세요?"에 해당하는 인사말이다. 불교에서는 이 말을 "당신에게(te) 귀의합니다(namas)", 혹은 "당신을 존중합니다"는 의미로 번역한다. 그래서 대승경전이나 논서는 반드시 "나모 사르바 쥬냐냐(namo sarva-jñānya, 歸依於一切智者)"라는 문구로 시작하고 있다. 이 말은 '나는 일체지자〔모든 것을 알고 계시는 분〕인 부처님에게 경배〔귀의〕합니다'라는 의미이다. 그래서 중국어로 번역된 경전에서는 이 부분을 일반적으로 '귀경게' 또는 '귀경송'이라고 한다.

인도에서 행해지는 또 하나의 귀의 방법은 존경하는 대상의 발에 자기의 입을 맞추는 것이다. 부처님의 최초 설법을 기록한 『초전법륜경』

에는 5비구가 깨달음을 얻은 부처님을 만났을 때 부처님의 발에 입을 맞추는 장면이 묘사되어 있다. 그리고 부처님의 마지막 모습을 그린 『대반열반경』에도 두타제일(頭陀第一)[19] 마하가섭(Mahākāśyapa)이 화장을 하기 위해 장작더미 위에 올려진 부처님의 시신 주위를 세 번 돌고나서 부처님의 발에 입맞춤을 하는 모습이 그려져 있다. 이처럼 당시 인도에서는 존경하는 대상의 발에 입맞춤하는 것이 일반적인 귀의 방법이었다고 추측된다.

그러나 불교에서 가장 정중한 경배〔귀의〕이자 자기를 낮추는 것은 '오체투지(五體投地)'이다. '오체(五體)'라는 것은 머리〔이마〕· 양 팔꿈치 · 양 무릎을 말한다. 오체투지는 이것들을 지면에 내던져 엎드리는 것이다. 이것은 '귀의(歸依)', '귀경(歸敬)'의 감정을 몸〔身業〕으로 나타내는 것이다. 특히 티베트 불교도는 오체투지를 할 때에는 반드시 "옴 마니 파드메 훔(oṃ mani padme ḥum, 오! 연꽃 위에 행복이 있어라)"이라는 말을 하는데, 이것은 입(口)으로 다시 한 번 더 존경하는 대상에 대한 귀의의 감정을 나타내는 것이다. 원래 '옴 마니 파드메 훔〔옴 마니 반메훔〕'이란 관세음보살의 육자대명왕진언이다. 특히 이 진언을 간절히 독송하면 관세음보살이 재앙, 병 등의 재앙으로부터 지켜 준다고 한다.

앞에서 이미 기술하였지만 '일체지자'란 '일체(sarva)를 알고 있는 분

---

19) 두타(頭陀)란 산스크리트 'dhūta'의 음사로 '물리치다, 제거하다'의 의미이다.
〈가섭의 13두타〉
1. 분소의(糞掃衣, 떨어진 옷을 꿰매어 짠 옷) 2. 세 개의 옷만을 착용할 것 3. 항상 탁발하여 음식을 먹을 것 4. 매일 탁발할 것 5. 하루에 한 끼를 먹을 것 6. 음식의 양을 절제할 것 7. 오후에는 음식을 먹지 않을 것 8. 삼림 9. 나무 밑 10. 야외 11. 묘지 등에서 머물 것 12. 보시받은 그대로 옷을 입을 것 13. 언제나 앉아 있으며, 눕지 않을 것.

(jña)'이라는 의미로 부처님의 80이명(異名) 중의 14번째 명호〔이름〕이다. 부처님의 명호는 실로 다양하다. 그 중에 대표적인 몇 개만을 발취하여 설명하고자 한다. 붓다가 출가하기 전에 부친〔정반왕〕으로부터 받은 성은 고타마(Gotama, P: Gautama 가장 뛰어난 소), 이름은 싯다르타(SKT: siddhārtha, P: siddhatthạ 목적을 달성한 사람)였다. 이 이외에도 다음과 같은 명칭이 있다.

첫 번째 명칭은 붓다이다. 붓다(Buddha)는 동사 √budh(깨닫다)에서 파생한 명사로 '깨달은 분〔사람〕'이라는 뜻이다. 원래 붓다〔覺者〕는 당시 인도의 모든 종교에서 공통적으로 사용하는 일반명사였다. 그렇지만 후대에 와서는 붓다〔부처님〕 한 분을 지칭하는 고유명사가 되었다. 한역에서는 불타(佛陀)라고 번역하였다.

두 번째 명칭은 샤카무니이다. 샤캬무니(Śākyamuni)에서 '샤캬(Śākya)'는 출신 부족의 이름이고, '무니'(muni)는 침묵을 지키는 성자(聖者)라는 의미이다. 그래서 샤카무니를 번역하자면 '샤카족 출신의 침묵을 지키는 성자'라는 뜻이다. 중국에서는 석가모니(釋迦牟尼)로 음사하였다.

세 번째 명칭은 바가바트이다. 바가바트(Bhagavat)에서 '바가(bhaga)'는 행복·행운의 의미이고, '바트(vat)'는 소유하고 있다는 의미이다. 그러므로 바가바트를 번역하자면 '행복을 가진 분〔사람〕'이라는 뜻이다. 중국에서는 세상에서 가장 존귀한 분이라는 뜻으로 '세존(世尊)'으로 번역하였다.

네 번째 명칭은 타타가타이다. 타타가타(Tathāgata)는 'tathā'(이와 같이, such-ness)'와 āgata(이쪽으로 오는 분) 또는 gata(저쪽으로 가신 분)으로 구성된 복합어(compound)이다. 그래서 중국에서는 여래(如來) 또는 여거(如去)로 번역하였다. 하여튼 'Tathāgata'는 '깨달음을 얻은 사람이 진리 그 자체'라는 의미이다.

이 이외에도 '여래십호'라고 하여 부처님의 10가지 명칭도 있다.

여래(如來), 응공(應供, 마땅히 공양 받을 자격이 있는 분), 정변지(正徧知, 바르고 두루 지혜를 갖춘 분), 명행족(明行足, 이론과 실천을 구비한 분), 선서(善逝, 생사윤회의 강을 건너 깨달음에 잘 도달하신 분), 세간해(世間解, 세간을 잘 이해한 사람), 무상사(無上士, 스승이 없는 최고이신 분), 조어장부(調御丈夫, 중생을 깨달음으로 인도하시는 분), 천인사(天人師, 신과 인간의 스승), 불타(Buddha), 세존(Bhagavat)이다.

특히 대승불교에서는 부처님은 시공간에 구애 없이 항상 중생을 제도할 목적으로 다른 명칭, 다른 몸으로 나타날 수 있다는 '불타관'이 발전한다. 이른바 '삼신관〔법신, 보신, 화신〕'이다.

법신이란 영원불변하고 유일한 법을 붓다로 형상화한 것으로 시공간을 초월하여 존재하는 진리 그 자체이다. 따라서 영원불변하고 유일한 법을 붓다로 형상화한 것이다. 대표적인 법신불은 『화엄경』의 비로자나불, 『금강정경』의 대일여래이다. 보신은 오랜 수행과정을 거쳐 무궁무진한 공덕을 갖춘 몸을 의미하며 32상 80종호로 나타난다. 중생에 따라 중생 앞에 나타나기도 하고 내생에서 그 중생을 제도하기도 한다. 『아미타경』에 등장하는 아미타불이 대표적인 보신불이다. 화신은 본래 법신의 붓다이지만, 중생의 제도를 위해 중생의 몸으로 중생세계로 오신 부처이다. 역사적으로 실재했던 석가모니 부처님이 대표적인 화신불이다. 이처럼 대승불교에서는 '삼신관과 시방세계에 부처는 계시다'는 불타관이 형성되었다.

Ⅳ. 관자재보살의 실천

지금까지 『반야심경』의 제목, 한역자인 현장 등에 대해서 설명했다. 지금부터는 본격적으로 『반야심경』의 내용에 대한 해설에 들어가고자 한다. 먼저 관자재보살이 심원한 반야바라밀을 실천하면 오온, 그것의 자성은 공이라고 하는 것을 바르게 관찰한다고 설파한다. 이 구절은 불교의 핵심을 논파한 것으로 먼저 오온, 자성, 공의 의미에 대해 알아둘 필요가 있다. 이제 『반야심경』의 첫 구절을 해설하겠다.

āryāvalokiteśvaro bodhisattvo gaṃbhīrāyāṃ prajñāpāramitāyāṃ caryāṃ caramāṇo vyavalokayati sma: pañca skandhās, tāṃś ca svabhāva-śūnyān paśyati sma.

성스러운 관자재보살이 심원한 지혜의 완성〔반야바라밀다〕을 실천할 때에 〈존재하는 것은〉 5개의 모임(오온)이라고 규명하였다. 그리고 그것〔오온〕의 실체〔자성〕는 없다(空)고 간파하셨다.

觀自在菩薩. 行深般若波羅蜜多時. 照見五蘊皆空. 度一切苦厄.

관자재보살이 깊은 반야바라밀을 실천할 때, 오온이 모두 공이라는 것을 조견하여 일체의 괴로움과 재앙에서 벗어났다.

성(C: 聖, SKT: ārya, E: holy, noble)

'ārya(聖)'는 형용사로 '성스러운'이라는 뜻으로 관자재보살을 수식하는 말이다. '성(聖)'이란 종교에서 중요한 개념이다. 이른바 '속(俗)'의 반대 의미로 성인(聖人)이나 신성(神聖)이라는 말과 함께 사용된다. 특히 불교에서 'ārya(아르야)'는 『금강경』(ārya-vajracchedikā-prajñāpāramitā-sūtra)과 같은 경전의 제목 앞이나 사성제(四聖諦, ārya-catvāri-satyāni)와 같은 붓다의 가르침을 수식하는 말로 자주 사용한다. 이처럼 'ārya'는 경전이나 붓다의 가르침을 존경하거나 흠모하는 감정을 나타낸 말이라고 할 것이다. 그런데 구마라집과 현장은 산스크리트[20] 소본에 있는 'ārya(聖)'를 번역하지 않았다.

---

20) 산스크리트 문자
모든 언어가 거의 동일하지만, 산스크리트 문자도 기본적으로 모음과 자음으로 이루어져 있다. 그리고 모음은 단모음과 장모음으로 이루어져 있다.
단모음: a, ā, i, ī, u, ū, ṛ, ṝ, ḷ
장모음: e, ai, o, au

자음은 다음과 같다.

	무 성 음		유 성 음				무성음
	무성무기	무성대기	유성무기	유성대기	비음	반모음	치찰음
ka행	ka	kha	ga	gha	ṅa		
ca행	ca	cha	ja	jha	ña	ya	śa
ṭa행	ṭa	ṭha	ḍa	ḍha	ṇa	ra	ṣa
ta행	ta	tha	da	dha	na	la	sa
pa행	pa	pha	ba	bha	ma	va	

* 모음과 반모음은 유성음이며, 치찰음은 무성음이다.

관자재(C: 觀自在, SKT: avalokiteśvara)

관자재란 '관(觀)'이라는 의미의 산스크리트 아바로키타(avalokita)와 '자재'라는 이스바라(īśvara)를 한역한 것이다. 보다 자세하게 설명하면 '아바로키테스바라(avalokiteśvara)'는 접두어 'ava(보다)'와 세간〔세계〕을 의미하는 '로카(loka)'에 어미 'ita'와 자유 또는 자재의 의미인 'īśvara'가 합쳐진 복합어(Compound)이다.

'avalokita'와 'īśvara' 사이의 'a'와 'ī'가 'e'로 바뀐 것은 연성법[21]의 규칙, 즉 어말 모음 'a'와 다음 단어 어두 'ī'가 겹치면 'e'로 변화는 규칙 때문이다.

현장은 'Avalokiteśvara'를 '관자재'로 번역하였지만, 구마라집은 『묘법연화경』에서 'Avalokiteśvara'를 '관세음(觀世音)' 또는 '관음(觀音)'으

---

21) 산디(**sandhi**, 連聲)
산디〔연성법〕는 발음을 편하게 하기 위한 것으로, 산스크리트의 연성법에는 외연성과 내연성의 두 종류가 있다. 외연성은 단어와 단어 사이에 발음의 변화가 일어나는 것으로, 규칙에 따라서 단어의 어두(語頭)가 소멸한다든지, 앞의 음에 결합하기도 한다. 내연성은 한 단어 내에서 변화가 일어나는 연성법이다. 거의 모든 언어에는 연성의 규칙이 있지만, 산스크리트는 음의 변화를 그대로 문자로 표기한다. 특히 산스크리트는 연성의 법칙을 모르면 단어를 끊을 수 없고, 사전을 찾을 수도 없다. 즉 연성의 규칙을 암기하지 않고는 산스크리트 공부를 시작할 수 없을 만큼 산스크리트의 연성법은 대단히 중요하다.

＊ 모음의 연성
모음＋모음
— a/ā+a/ā = ā. 예) āry**a+a**valokiteśvara = āryāvalokiteśvara
— a/ā+i/ī = e. 예) avalokit**a+ī**śvara = avalokiteśvara
— a/ā+u/ū = o. 예) n**a+ū**na = n**o**na
— a/ā+e = ai. 예) śūnyat**ā+e**va = śūnyatāiva
— i/ī+a = ya. 예) tr**i+a**dhvan = tr**ya**dhvan
— e/o+a = e ′, o ′. 예) t**e a**tra = t**e** ′tra

로 번역하였다. 관세음이란 세음〔세상의 소리〕을 관(觀)하다는 뜻이다. 아마도 구마라집이 'Avalokiteśvara'를 '관음'이라고 번역할 때는 자비를 강조하고, '관세음'이라고 번역할 때는 '지혜'를 강조하여 번역한 듯하다. 이처럼 구마라집이 관세음 또는 관음이라고 번역한 것은 '세간에 살고 있는 중생의 고통을 다 듣고 관찰하여 그들의 고통을 구제한다'는 자비와 지혜의 보살을 강조하기 위한 것으로 생각된다. 그런데 지혜륜(智慧輪)이 번역한 『반야심경』(846~859년 번역)에는 양쪽〔관자재와 관세음〕의 입장을 취하여 '관세음자재보살'이라고 번역하였다. 그렇지만 원어에 충실한 현장의 번역인 관자재보살보다는 우리들이 자주 부르는 관세음보살이라는 호칭이 더욱 친숙하게 느껴지는 것은 어쩔 수 없는 것 같다.

그런데 아미타불이 계시는 곳은 서방 극락정토라고 하지만, 관세음보살이 거주하는 곳은 어디일까? 관세음보살이 거주하는 곳을 포탈라(Potala)라고 한다. 티베트의 라사(Lha sa)에는 역대 달라이 라마가 거주했던 포탈라(Potala)궁전이 있다. 달라이 라마가 거주하는 곳을 포탈라라고 한 것은 달라이 라마가 관세음보살의 화신이기 때문에 포탈라 궁전이라는 이름을 붙인 것이다.

그런데 '관(觀)'이란 우리들의 눈으로 세상의 현상을 보는 것이 아니다. 불교에서는 사물을 보는 견해에 5가지의 눈이 있다고 하였다.

① 육안(肉眼): '저기에 예쁘고 참한 여자가 있네' 라는 것으로 형체가 있는 것을 자신의 눈으로 확인하는 견해이다.

② 천안(天眼): '저 여자는 얼굴도 예쁘지만 피부도 너무 곱네' 등과

같은 분석적인 견해이다.

③ 혜안(慧眼): '얼굴도 예쁘고 피부도 곱지만, 키가 너무 작네…'라고 주관적으로 상대의 가치를 판단하는 견해이다.

④ 법안(法眼): '나는 그저 평범한 얼굴인데, 예쁘게 봐 주시니 고맙습니다' 등과 같은 상대의 기분을 읽는 견해이다.

⑤ 불안(佛眼): 상대와 자신의 기분이 감응도교(感應道交)하여 눈에 보이지 않는 것이 보이고, 서로 기쁨을 나누는 견해이다.(『大法輪』, 1978)

이 5가지 견해 중에서 마지막 단계인 불안(佛眼)으로 사물을 보는 것을 '관(觀)'이라고 하며, 이와 같은 견해를 가진 사람을 불교에서는 관자재보살이라고 한다.

자재(C: 自在, SKT: īśvara)

자재는 보통 '자재천(自在天)'이라고 번역한다. 힌두교에서는 세계를 창조하여 지배하는 최고신을 '이스바라(īśvara)'라고 하지만, 대부분의 경우는 '시바신'의 다른 이름을 가리킨다. 힌두교에는 수많은 신이 존재하지만, 그중에 3대 신(神)이 가장 존중을 받는다. 즉 우주〔세계〕의 창조신인 브라흐만(Brahma), 창조된 세계를 유지하는 신인 비슈누(Viṣṇu), 세계를 파괴하는 파괴신인 시바(Śiva)이다. 특히 비슈누신은 대표적인 화신이다. 비슈누의 대표적인 화신은 물고기(Matsya), 거북(Kūrma), 멧돼지(Varāha), 사자인간(Narasiṃha), 난쟁이(Vāmana), 라마(Rāma), 크리슈나(kṛṣṇa), 붓다(Buddha), 칼키(Kalki) 등이 있다. 특히 인도인〔힌두교도〕은 붓다도 비슈누신의 9번째 화신[22]으로 생각한다. 그리고 시바신의 대표적인 화신은 링가(liṅga)이다. 링가는 남자의 성기, 즉 남근이다. 지금도 인도에는 시바신을 모시는 힌두교 사원에는 링가가 반드시 안치되어 있다.

그런데 '이스바라'는 불전이나 불화 또는 만다라에도 자주 묘사되는 인물이다. 불교에서는 '이스바라'를 시바신과 같이 3개의 눈과 8개의 팔을 가진 흰 소를 타는 신으로 취급하여 외도(外道)의 성격이 강하지만, 부처나 보살의 화신으로 등장하는 경우도 있다.

현장의 제자인 자은대사 규기는 『반야심경』의 주석서인 『반야바라밀다심경유찬(般若波羅密多心經幽贊)』에서 '자재'를 10가지로 나누어 설명하고 있는데, '10자재'의 핵심적인 내용은 아무 것에도 속박되지 않는다는 의미로 해석하고 있다. 구체적으로 말하면 자재란 오온이 공이라는 것을 조견하여 깊고 깊은 반야를 체득하기 위해 끊임없이 수행하는 사람이다. 다시 말해 자신의 욕망에서 비롯된 번뇌로부터 완전하게 벗어난 자〔보살〕이다. 그러나 이 보살은 이상적인 사람이 아니라 깨달음을 얻기 위해 열심히 수행하는 자, 즉 바로 우리 자신이다.

---

22) 화신(化身, avatārana) 또는 권화(權化)란 우주 안의 지존(신)의 정신이 물질적인 이 세상(현상) 속으로 건너온다는 개념이다. 다시 말해 신(神)이 인간의 모습으로 강림하는 것이다.(인간 속으로 신이 하강하는 것으로 인간이 신에게 상승하는 것이 아니다) 이것은 신과 인간 사이의 간격을 메우는 가장 효과적인 방법이다.

보살(C: 菩薩, SKT: bodhisattva, E: enlightenment-being)

보살이란 남성명사 '보디 사트바(Bodhi-sattva)'의 음사인 '보리살타(菩提薩埵)'를 생략한 말로 '깨달음을 위해 노력하는 사람' 또는 '깨달음이 확정된 사람[23]'이라는 뜻이다.

먼저 '보디(bodhi)'란 동사원형 √budh(깨닫다)에서 파생한 것으로 '깨달음'이라는 뜻이다. '사트바(sattva)'는 동사어근 √as(존재하다, -이다)로부터 파생한 현재분사 '사트(sat)'를 명사화(tva)한 것으로, 사트바를 현장은 유정(有情), 구마라집은 중생(衆生)으로 한역하였다.

『반야심경』 산스크리트 경문에서 'bodhisattva'가 'bodhisattvo'가 된 것은 'as＋유성자음'일 경우에는 'as'는 'o'로 되는 규칙 때문이다.[24] 보디사트바(bodhisattva)의 품사는 남성명사, 수는 단수, 격어미는 주격의 형태이다.

오늘날 보살이란 세친(世親)이나 용수(龍樹)와 같이 인도의 뛰어난 학승으로 뛰어난 저작을 남긴 분의 존칭이지만, 보살에는 이외에도 다음과 같은 의미를 포함하고 있다. 첫째는 전생을 포함해 성도하기 이전의 붓다이다. 둘째는 구도심을 가지고 수행하는 사람들을 말한다.

---

23) bodhi-sattva를 소유복합어(bahuvrīhi, possessive compound)로 취급한 해석이다.

24) 어말 'as'의 변화
as+유성자음, 반모음=0+유성자음, 반모음.　예) puruṣ**as g**acchati=puruṣ**o g**acchati
as+a = o+a → **o+** ′
예) mahāvidyāmantr**o** ′nuttaramantr**o** ′samasama-mantraḥ
as+a 이외의 모음 = a(s는 소멸)+a 이외의 모음.　예) arjun**as u**vāca = arjun**a u**vāca

셋째는 관음보살·지장보살과 같은 붓다의 분신이다. 그런데 보살이라는 명칭은 본래 『자타카(Jātaka)』, 즉 붓다의 전생 이야기 속에서 등장하는 것으로 붓다 전생의 이름이지만, 대승불교에서는 모든 인간은 붓다가 될 수 있다고 확신하여 깨달음을 구해서 노력하는 사람들을 모두 '보살(보디사트바)'이라고 부르게 되었다. 즉 구도자[25] 일반을 가리키는 말이 되었다. 비록 보디사트바라는 말이 남성명사이지만, 깨달음을 위해 끊임없이 노력하는 구도자는 모두 보살이 될 수 있다. 따라서 오늘날 한국에서 여성 재가신자를 보살이라고 부르는 것은 타당하다고 할 것이다.

대승불교의 이념은 바로 보살정신과 6바라밀의 실천이다. 다시 말해 대승의 길〔道〕로 나아가는 주체는 보살이고, 그 길로 나아가는 실천은 6바라밀(saṭ-pāramita)이라는 것이다. 6바라밀이란 자신의 재물이나 능력을 아낌없이 타인에게 베푸는 보시바라밀(dāna-pāramitā), 오계·팔재계·보살계를 계속해서 지키는 지계바라밀(śila-pāramitā), 고난을 참고 분노를 일으키지 않는 인욕바라밀(kṣānti-pāramitā), 기쁨으로 수행 노력하는 정진바라밀(vīraya-pāramitā), 바른 선정을 실천하여 마음을 집중하는 선정바라밀(dhyāna-pāramitā), 붓다의 바른 가르침을 배워 진리〔진실〕를 보고 지혜를 얻는 반야바라밀(prajñā-pāramitā)을 말한다. 그러므로 보살은 6바라밀을 실천할 때에 붓다의 경지에 도달할 수 있다. 『반야심경』에서 말하는 반야바라밀다는 여섯 번째인 반야바라밀에 상응하는 것이다.

---

25) 나카무라(1962)는 산스크리트본을 번역하면서 보디사트바를 '구도자(求道者)'라고 하였다.

한편 보살은 성문(śrāvaka), 독각(pratyeka-buddha)의 이승(二乘)에 대비되는 것으로, 목적론적으로 말하면 성문승은 아라한(阿羅漢)이 되는 것이 최종의 목적이고, 독각승은 독각〔홀로 깨달음을 얻든 자〕이 되는 것을 최종 목적으로 하고 있다. 특히 아라한〔성문승〕은 초기불교 수행자들의 최고의 목표였다.

여기서 초기불교 수행자들의 깨달음의 단계인 사향사과(四向四果)에 대하여 기술하고자 한다. 초기불교에서는 수행의 단계와 그 결과를 네 가지 이른바 '사향사과'로 나누었다. 사향사과란 예류향(預流向)·예류과(預流果), 일래향(一來向)·일래과(一來果), 불환향(不還向)·불환과(不還果), 아라한향(阿羅漢向)·아라한과(阿羅漢果)를 말한다.

먼저 예류향(預流向)이란 견도를 성취하고 사성제를 여실지견하여 '진리의 흐름에 든 자'를 말한다. 이처럼 예류향은 '스로타 아판나(srota-āpanna)'〔예류에 든 자〕의 번역이지만, 음사하여 수다원이라고도 한다. 그런데 현장은 '예류자'라고 번역하였다. 예류자란 인간 세상의 번뇌를 끊고 처음으로 성자에 들어간 자이며, 이 단계에서는 유신견〔오온을 영원한 자아로 보는 견해〕, 계금취견〔잘못된 계율에 집착하는 견해〕, 의(疑)〔수행이나 붓다의 가르침인 연기 등을 의심하는 태도〕의 번뇌가 소멸한 상태이다. 이와 같은 결과를 얻은 것을 예류과라고 한다. 이 단계는 이른바 초기불교에서 말하는 수행의 단계인 '사향(四向)' 또는 '사과(四果)'의 초지(初地)단계이다.

초기불교의 수행단계인 '사향'의 두 번째 단계는 일래향(一來向)의 단계이다. 일래향이란 '사크리다가민(sakṛdāgāmin)'〔한 번 더 돌아오는 자〕의 번역이며, 사다함으로 음사하기도 한다. 한편 현장은 '일래자(一來者)'라고 번역하였다. 일래자는 탐〔욕망〕과 진〔분노〕의 번뇌가 부분적으로 없어진 성자의 단계이다. 깨달음을 얻은 자는 두 번 다시 생을 받지 않는다. 그러나 일래자는 천인의 세계나 인간의 세계에 다시 한 번 더 태어난다는 것이다. 만약에 천인의 세계에서 깨달음을 얻으면 인간세계에 다시 한 번 더 태어나고, 다시 천인의 세계에 돌아와 열반에 든다. 반면 인간세계에서 깨달음을 얻으면 천인의 세계에 태어나고, 다시 인간세계에 돌아와 열반에 든다는 것이다. 이처럼 인간세계와 천상세계를 왔다 갔다 하기 때문에 일왕래(一往來) 또는 일래(一來)라고 하는 것이다.

초기불교의 수행단계인 '사향'의 세 번째 단계는 불환향(不還向)의 단계이다. 불환향이란 '아나가민(anāgāmin)'〔결코 돌아오지 않는 자〕의 번역이며, 음사하여 아나함이라고 한다. 그래서 현장은 산스크리트의 의미를 살려 '불환자(不還者)'로 번역하였다. 불환자란 욕계의 번뇌〔탐진〕를 완전히 끊은 성자를 말한다. 불환과를 얻은 자는 사후에 색계와 무색계에 태어나지만 다시는 욕계에 태어나지 않기 때문에 불환과라고 한다.

'사향'의 마지막 단계는 아라한향이다. 아라한향에서는 깊은 수행을 반복하여 열 가지의 번뇌〔유신견, 의심, 계금취견, 감각적 욕망, 악의, 아만, 도거, 무명, 욕계와 무색계에 대한 욕망〕를 전부 끊어 윤회를 벗어나 무상·무아의 지혜를 체득한 단계이다.

아라한(arhat)은 일반적으로 다음의 3가지를 갖춘 사람〔응공, 살적, 무생〕을 말한다.

첫째, '응공(應供)'이란 공양 받을 자격을 갖추고 있다는 것이다. 즉 끊기 어려운 아애의 번뇌를 수행을 통해 영원히 끊었기 때문에 세상 사람들의 존경의 대상이 될 수 있다는 것이다.

둘째, '살적(殺賊)'이란 번뇌의 적을 영원히 죽였다는 의미이다. 우리들은 여러 가지의 번뇌를 안고 살아가고 있다. 그 중에 가장 끊기 어려운 것이 자기에게 끊임없이 집착하는 아집〔아애〕이다. 이것을 영원히 끊은 사람을 '아라한'이라고 하는 것이다.

셋째, '무생(無生)'이란 영원히 다시 새로운 생을 받지 않는다는 의미이다. 즉 아라한은 윤회로부터 벗어났다는 것이다.

그리고 대승불교의 2대 학파 중의 하나인 유식학파에서는 아라한이 되어야 심층의 마음인 아뢰야식의 작용이 멈춘다고 하였다. 그렇지만 대승의 보살은 아라한이 아니라 부처가 되는 것, 즉 '무상정등각(無上正等覺 anuttarā-samyaksaṃbodhi, 최상의 바른 완전한 깨달음)'을 얻는 것을 목표로 한다.

행(行, caryāṃ)

'행을 실천할 때에 그는 〈오온은 자성이 없다(공)〉는 것을 조견하였다(caryāṃ caramāṇo vyavalokayati sma)'라는 산스크리트 경문(經文)을 설명하겠다.

먼저 경문(經文) 중의 '차르얌(caryāṃ)'이란 여성명사 'caryā(행)'의 단수, 목적격[26]을 나타낸다.

---

26) 격(格 · **case**)
산스크리트는 독일어처럼 명사〔형용사, 수사 포함〕는 남성(masculine), 여성(feminine), 중성

그리고 '차라마나(caramāṇa)'는 동사 '√car(행하다, 실천하다)'에서 파생한 것이며, 'māṇa'는 아트마네파다(Ātmanepada)[27]의 현재분사이다.

(neuter)으로 성을 구분하며, '수'는 단수(singular), 양수(dual), 복수(plural)로 구분한다. 단 산스크리트에는 독일어에도 없는 '양수'(두 개의 사물)가 존재한다. 그리고 명사와 형용사는 다음과 같은 8개의 격변화를 한다.

주격(主格, nominative): 주어 '-이, -가, -은' 예) buddh**aḥ**(붓다는)

주격이란 문(文)의 주어나 주어와 동격의 주격보어('A는B 이다'의 B)에 해당하는 말(語)이 취하는 형태이다. 예를 들어 'so 'ham'라는 문장을 보자. 이 문은 '~ 이다'에 상당하는 be동사는 없지만, 의미로서는 '그는 나[私]이다'라고 읽을 수 있다. 이처럼 be동사가 없는 형태가 산스크리트에는 자주 등장한다.

대격(對格・業格・目的格, accusative) : 목적어 '-을', 거리나 방향. 예) buddha**m**(붓다를)

구격(具格, instrumental) : 수단(=에 의해), 도구, 이유(- 때문에). 예) buddhe**na**(붓다에 의해, 붓다 때문에)

위격(爲格, 與格 dative) : 간접목적어, '-에게, -을 위하여. 예) buddh**āya**(붓다를 위해서, 붓다에게)

종격(從格・奪格, ablative) : 분리(로부터), 원인(-때문에), 비교(-보다). 예) buddh**āt**(붓다로부터).

속격(屬格, genitive) : 소유(-의). 예) buddhas**ya**(붓다의)

처격(處格, locative) : 위치, 장소(-에 있이서). 예) buddh**e**(붓다에 있어서)

호격(呼格, vocative) : 호칭. 예) buddha(붓다여!)

격의 어미변화를 참조하여 '성'에 대해 살펴보자. 앞에서 언급하였지만, 산스크리트는 명사를 3개의 성으로 구분한다. '-a'로 끝나는 단수 남성명사(dharma), '-a'로 끝나는 단수 중성명사(rūpa), '-ā'로 끝나는 여성명사(śūnyatā)의 격어미를 병행하여 기술하면 다음과 같다.

	남성명사	중성명사	여성명사
주격	dharm**aḥ**	rūp**am**	śūnyat**ā**
대격	dharm**am**	rūp**am**	śūnyat**ām**
구격	dharm**ena**	rūp**ena**	śūnyat**ayā**
여격	dharma**aya**	rūp**āya**	śūnyat**āyai**
종격	dharm**at**	rūp**āt**	śūnyat**āyāḥ**
속격	dharm**asya**	rūp**asya**	śūnyat**āyāḥ**
처격	dharm**e**	rūp**e**	śūnyat**āyām**
호격	dharm**a**	rūp**a**	śūnyat**e**

27) 산스크리트 동사의 태(態, voice)는 파라스마이파다(parasmaipada)와 아트마네파다(ātmane-

따라서 'caramāna'는 '자신〔관자재보살〕을 위해 실천하다'라는 의미로 해석하는 것이 산스크리트 문법에 충실한 번역이라고 할 것이다. 현장은 단순히 '행'이라고 한역하였다.

'브야바로카야티(vyavalokayati)'는 'vi[28]-ava-√lok(비추다, 관하다, 조견하다)'의 3인칭(ti), 단수, 현재형이다. '스마(sma)'는 현재형에 동반하여 과거를 나타내는 접미사〔부사〕로 '확실히'라는 뜻이다. 그래서 '행을 실천할 때에 그는 〈오온은 자성이 없다(공)〉는 것을 조견하였다'라고 번역하였던 것이다. 다시 말해 관자재보살이 몸소 실천하여 모든 것은 공이라는 것을 깨달았다는 것이다.

동양에서 '행'이라는 글자는 대단히 중요한 의미를 가지고 있다. 본래 종교의 생명은 '말보다 걷는 것이다.' 그리고 걷는다는 것은 '행(行)'이다. '행한다'라는 것은 걷는 것이고, 실천하는 것이다. 본래 서양의 학문 목적은 아는 것이지만, 동양에서 학문의 이상은 행〔실천〕하는 것에 중점을 두고 있다. 즉 안다는 것은 행하는 것의 시작이고, 안다는 것은 행하기 위한 것이다. 그리고 행한 후에 처음으로 진정한 지혜가 동반한다. 사서삼경 중의 하나인 『중용(中庸)』에

> "널리 그것을 배우고, 자세히 그것을 묻고, 신중하게 그것을 생각하고, 분명하게 그것을 판단하고, 성실히 그것을 행한다."(博學之 審問之 愼思

---

pada)의 두 종류가 있다. 전자는 다른 사람을 위한(parasmai) 말(pada)이라는 의미로 어떤 동작을 할 때 남을 위해 하는 동작을 나타내고, 후자는 자기 자신을 위한(ātmane) 말(pada)이라는 의미로 어떤 동작을 할 때 자신을 위한 동작을 나타낸다.

28) i가 y로 바뀐 것은 i+a=y+a로 변화는 연성법에 따른 것이다.

之 明辨之 篤行之. 『중용』20장 19절)

라는 구절이 있지만, 이것은 바로 학문 그 자체의 목적과 이상을 잘 나타내고 있다고 생각된다.(『반야바라밀다심경』, 김명우 편역) 그래서 중국 유학자인 왕양명(王陽明)은 세상의 이치를 아는 것과 실천〔행〕은 동시라는 '지행합일(知行合一)'을 주장하는 반면 주자(朱子)는 이치를 먼저 알고 실천이 동반된다는 선지후행(先知後行)을 주장하기도 하였다.

특히 불교는 아는 것〔지식〕과 실천을 중요하게 생각한다. 실천이 없는 이론〔지식〕은 분명하지 않아 불안정한 반면 이론 없이 사리에 벗어난 실천은 위험하기 때문이다. 그래서 용수는 '지목행족(智目行足)으로 청량지(淸涼池)에 이른다'라고 하였다. 청량지[29]란 깨끗하고 서늘한 연못으로 번뇌를 벗어난 열반〔깨달음〕의 세계를 말한다. 이 열반의 세계에 도달하기 위해서는 '지목행족(智目行足)', 즉 지혜의 눈〔지목〕과 실천하는 다리〔행족〕를 겸비해야만 청량지〔깨달음〕에 도달할 수 있다고 하였다. 다시 말해 이론〔눈으로 안다〕과 실천〔발로 걷는다〕이 겸비되어야 깨달음을 얻을 수 있다는 것이다.

29) 인도는 더운 지방이기 때문에 인도인은 열반이나 깨달음의 세계를 '서늘한 곳'으로 자주 표현한다.

심반야바라밀다시(C: 深般若波羅蜜多時, SKT: gaṃbhīrāyāṃ prajñāpāramitāyāṃ)

산스크리트 경문(經文)의 '감비라얌(gaṃbhīrāyāṃ, 深)'은 형용사 '감비라(gaṃbhīra)'의 여성명사, 단수, 처격(locative)으로 '심원한'이라는 뜻이다. 한역의 '심(深)'이라고 하는 글자는 옛날부터 여러 가지의 뜻이 있지만, 어쨌든 '深〔깊다〕'은 '淺〔얇다〕'의 반대 의미로 '심원(深遠)'이나 '심묘(深妙)'라는 의미를 갖는다. 관세음〔관자재〕보살이 체득한 반야의 깊은 지혜를 표현한 말이다. 따라서 이것은 우리들 인간이 가지고 있는 얇은 지혜가 아니라 보다 심원한 지혜, 즉 '존재하는 모든 것은 공(空)'이라고 관찰한 진리의 지혜를 가리키는 말이다.

그리고 '프라쥬냐 파라미타얌(prajñā-pāramitāyāṃ)'는 여성명사 '프라쥬냐 파라미타(prajñā-pāramitā)'의 단수, 처격이다. 그래서 직역하면 '심오한 반야바라밀에 있어서'라는 뜻이다. 한역에서는 반야바라밀다시(般若波羅蜜多時), 즉 처격을 '시(時, 때)'로 번역한 것 같다.

그런데 관자재보살이 '깊은 반야바라밀다를 행할 때〔行深般若波羅蜜多〕'라는 구절은 무슨 의미인가? 즉 반야의 지혜를 완성한다는 것은 육도(六度)를 실천〔행〕하는 것이다. 앞에서도 언급하였지만, '육도(六度)'라는 것은 6바라밀(六波羅蜜), 즉 보시(남에게 베푸는 것)·지계(계를 지키는 것)·인욕(참고 견디는 것)·정진(노력)·선정(정신 집중)·반야(지혜)를 지칭하는 것이다. 6바라밀 중에서 앞의 다섯 항목은 바른 실천〔行足〕이고, 반야는 바른 인식〔智目〕이다. 이처럼 반야바라밀다는 행족과 지목을 동시에 추구해야 도달할 수 있다. 행족〔보시, 지계, 인욕, 정진, 선정〕을 떠난

지목(반야)도 없고, 지목을 떠난 행족도 의미가 없다는 것이다.

오온(C: 五蘊, SKT: pañca skandhās, E: five heaps)

오온이란 모든 사물을 색온·수온·상온·행온·식온이라는 5개의 모임으로 구분한 것이다.

산스크리트 경문(經文)의 남성명사 '판챠(pañca)'는 숫자 5를 뜻한다. '스칸다(skandha)'는 '모임'이나 '덩어리'의 의미이며, 'skandhās'는 남성명사 'skandha'의 복수, 주격이다. 그래서 오온을 '5개의 모임(pañca skandha)'이라고 번역하며, 수사한정복합어(dvigu)이다. 오온을 구마라집은 오음(五陰)이라고 한역하고 있다.

불교는 일체의 모든 존재〔一切法〕가 색이라는 물질적 현상과 수상행식(受想行識)이라는 정신세계로 구성되어 있다는 세계관을 가지고 있다. 그리고 이것〔오온〕을 인간에게 국한시키면 하나의 육체〔색〕와 4개의 정신〔수상행식〕으로 인간은 구성되어 있다는 것이다.

그런데 불교에서는 일체법을 크게 유위법(有爲法)과 무위법(無爲法)으로 나눈다. 유위법(saṃskrta)이란 접두사 sam(함께)+동사원형√kṛ(만들다)+과거수동분사(ta)로 구성된 단어로 '함께 만들어진 것'이라는 뜻이다. 즉 이 세상에 존재하는 모든 것은 '만들어졌다는 것'이다. 만들어진 것〔유위법〕은 생기〔生〕, 유지〔住〕, 변화〔異〕, 소멸〔滅〕하는 성질을 가진 존재를 말한다. 다시 말해 인〔직접적인 원인〕과 연〔간접적인 원인〕에 의존해서 존재하는 것이다. 이처럼 다른 것에 의존해서 존재하는 것은 연기적 존재이다. 연기적 존재는 자성이 없기 때문에 무상이고 공이다. 그러므로 연기적 존재인 오온은 유위법에 속한다. 반면 무위법(asaṃskṛta)은 부정접두사 a+sam-동사원형 √kṛ(만들다)+과거수동분사(ta)로 구성된 단어로 '만들어지지 않은 것'이라는 뜻이다. 그래서 만들어지지 않은 것〔무위법〕은 생기〔生〕, 유지〔住〕, 소멸〔滅〕을 벗어난 것으로 인연에 의해 만들어진 것이 아닌 진여, 열반[30], 허공[31] 등을 말한다. 이제 유위법인 오온에 대해 구체적으로 설명하겠다.

① **색**(C: 色, SKT: rūpa, E: form)

색이란 '색깔' 이나 '색이 강하다' 등과 같이 단순한 의미가 아니고, 자연과 육체를 구성하는 물질적인 존재를 말한다. 색으로 한역한 '루파(rūpa)'는 동사 √rūp로부터 파생된 것으로 '형체가 있는 것'이라는 의미와 √ru(파괴하다)로부터 유래한 것으로 '파괴하는 것, 변화하는 것'이라는 두 가지 해설이 있다. 그래서 예로부터 색에는 '변괴(變壞)·질애(質礙)'의 의미가 있었다. 변괴란 끊임없이 변화하여 한 순간도 그대로 있는 것이 없다는 것이고, 질애란 물질이 동시에 똑같은 장소를

---

30) 열반이란, 세계는 다수의 원인과 조건에 의해 조작된 것이기 때문에 궁극적으로 무상하고 괴로우며, 실체성이 없는 것이라는 존재 본성에 대한 통찰을 통해 무지와 집착 등의 일체의 번뇌와 그것에서 비롯되는 존재의 속박으로부터 벗어난 상태를 말한다.(권오민, 2009)

31) 허공이란 절대공간을 말한다. 유부〔설일체유부〕에 의하면 시간은 사물의 변화상에 근거하여 설정된 개념에 불과하지만, 공간은 그 자신 공간적 점유성을 지니지 않아 점유성의 물질로 하여금 운동하게 하는 근거로서, 그 자체 불생불멸이기 때문에 무위법이다. 여기서 유의해야 할 점은 지수화풍공식(地水火風空識)의 6계 중의 공계와 다르다는 점이다. 무위법의 허공은 절대공간이지만, 공계는 구멍이나 틈과 같은 명암을 본질로 하는 한정된 공간으로 유위법이기 때문이다.(권오민, 2009)

점유할 수 없다는 것이다. 즉 물질은 무상〔변화〕한 것이고 또한 물질은 자기만의 고유한 공간을 점유하고 있다는 것이 물질의 특징이라고 하는 것이다. 그렇다면 색〔물질〕은 어떻게 구성되었을까.

원시불교 이래로 색(色)은 물질의 최소 단위인 극미(極微, paramāṇu)[32]가 모여 만들어진 것으로 보았다. 그렇다면 물질은 어째서 각각 그 성질이 다른가? 극미는 사대(四大) 즉 견고성〔地〕, 습윤성〔水〕, 열성〔火〕, 유동성〔風〕과 사대소조(四大所造, 색깔이나 형태・냄새・맛・감촉)의 결합에 의해 우리들은 물질을 인식할 수 있기 때문이다. 예를 들어 땅과 나무는 사대를 모두 갖추고 있지만 그 중에 견고성을 가장 많이 가진 물질이다. 물은 습윤성을 가장 많이 가진 물질이지만, 날씨가 추워 얼음이 되면 견고성을, 열성과 습윤성을 가장 많이 갖추면 끓는 물이 되고, 다시 물이 운동성을 가장 많이 갖추면 기체가 되어 증발해 버리는 것이다. 이처럼 사대 중에서 어느 성질이 가장 두드러지게 나타나는가에 따라 물질의 성격이 결정된다. 따라서 극미는 물질의 양적인 최소단위이고 사대는 물질의 질적인 최소단위라고 할 것이다.

② **수**(C: 受, SKT: vedanā, E: feelings)

'수'란 감수작용, 즉 '받아들인다'는 의미이다.

우리들은 외부로부터 정보〔센스 데이터〕를 받아들이는 경우 자신의

---

32) 극미란 산스크리트 '파라마누(paramāṇu)'의 번역이다. '파라마(parama)'는 '극한', '아누(aṇu)'는 미립자의 의미로 '분리할 수 없는 최소의 단위〔원자〕'를 말한다. 이것은 물질적 존재(rūpa)를 구성하는 최소의 단위이다. 유부에서는 이것이 일곱 개가 모였을 때 우리들이 인식 가능하다고 한다.

감각이나 감정을 섞어 가면서 받아들인다. 사물을 있는 그대로, 다시 말해 객관적으로 받아들일 수는 없다. 자기 자신의 주관적인 감정〔싫어함·좋아함·취미〕을 대상에 덮어씌워서 받아들인다. 이것을 불교에서는 베다나(vedanā)라고 한다.

'베다나(vedanā)'는 동사 √vid(알다)로부터 파생된 것으로, 형태는 여성명사, 단수, 주격이며, 뜻은 감수하는 작용이다. 그렇다면 무엇을 감수하는가? 즉 고(苦)·락(樂)·비고비락(非苦非樂)을 감수하는 것이다. 다시 말해 외부세계의 센스 데이터(sense-data)를 감각기관으로 받아들이는 작용이다.

불교에서는 수(受, 감수작용)를 삼수(三受)와 오수(五受)로 분류한다. 삼수(三受)는 고(苦)·락(樂)·고도 아니고 락도 아닌 사(捨)이다. 오수(五受)는 고(苦)·락(樂)·우(憂)·희(喜)·사(捨)이다. 오수(五受)에서 고(苦)와 락(樂)은 감각의 영역이고, 우(憂)와 희(喜)는 감정의 영역에 속한다. 유식에서 말하는 식(識)과의 관계로 말하면 고와 락은 전오식, 우와 희는 제6의식의 움직임이다. 그리고 사(捨)는 비고비락비우비희(非苦非樂非憂非喜)를 말한다.

③ **상**(C: 想, SKT: saṃjñā, E: perceptions)

우리들의 인식은 감각기관을 통해 외부로부터 들어오는 정보를 수동적으로 받아들이는 것만으로는 성립하지 않는다. 내면으로부터 적극적으로 이미 자신이 가진 범주에 의해 그 정보를 정리하면서 이해하는 측면이 있다. 이것을 saṃjñā〔상〕라고 한다. 삼쥬냐(saṃjñā)란 sam(함께)+√jñā(알다)로부터 파생된 것으로 대상을 분석적으로 아는 작용이다. 즉 표상작용(表象作用)을 말한다. 표상작용이란 '현재 이 순간에 지각하지 않는 사물이나 현상에 대해 마음으로 묘사하는 상(像)'이다. 즉 감각기관에 가한 자극에 의거하여 감수된 대상의 모습을 기억하여 그리는 것, 즉 센스 데이터를 이미지화하는 작용이다.

상은 '이것은 책상이다', 아니면 '이것은 빨간색이다'라는 것처럼 대상을 확실하게 '언어'로서 파악해서 인식한다. 다시 말해 외부로부터 들어온 정보를 분석하여 '개념'을 구성하는 것이다. 보통 우리들은 외부에서 들어온 정보를 내면에서 분석하고, 그것을 언어에 적용시켜 처음으로 인식이 성립한다. 정보가 들어오는 것과 그것을 정리 분류하는 것은 동시이다. 우리들의 인식구조는 컴퓨터가 내장되어 있는 프로그램에 의해 외부로부터의 정보를 정리하는 것과 거의 비슷하다. 이 경우 컴퓨터에 이미 내장되어 있는 프로그램의 능력범위 내의 것은 정리하고 분류하지만, 인간이 자기가 수용할 수 없는 자극이 오면 정신을 놓아 버리거나 미쳐 버리는 것처럼 컴퓨터도 범위 밖의 것은 받아들이지 못하거나 다운돼 버리는 것과 같다.

④ **행**(C: 行, SKT: saṃskāra, E: impulses)

행이란 정신적인 움직임이 일정한 방향으로 움직여 간다는 뜻이다. 일종의 '의지적 형성력(意志的形成力)'에 가까운 의미로 특정한 대상에 흥미를 품는 정신작용이다. 다시 말해 기억, 추리, 상상의 작용이다.

행, 즉 산스크리트 '삼스카라(saṃskāra)'는 접두어 'saṃ(함께)-√kṛ(만들다)'에서 파생한 남성명사로 '함께 또는 동시에 만들어진 것'이라는 뜻이다. 그래서 콘즈도 'together makers'로 영역하고 있다. 그런데 동사어근 √kṛ(만들다)에서 만들어진 불교의 중요한 용어로는 행위〔業〕를 뜻하는 'karma〔행위〕'나 'saṃskṛta〔유위법, 만들어진 것〕' 등의 중요한 개념이 있다.

⑤ **식**(C: 識, SKT: vijñāna, E: consciousness)

비쥬냐냐(vijñāna)란 접두사 vi(쪼개다)+동사어근 √jñā(알다)로부터 파생된 것으로, 안의비설신의 6가지 인식작용이 색성향미촉법의 6가지 대상을 인식하는 움직임을 총괄하는 것이다. 유식에서 말하는 제6의식에 해당된다. 다시 말해 식이란 감수된 대상을 확실하게 식별하여 무엇인지 판단을 내리는 것, 즉 판단 사유하는 작용이다.

그런데 중국에서 '식(識)'이라고 번역한 말은 산스크리트에는 두 단어가 있다. 하나는 '비쥬냐냐(vijñāna)'이고 또 다른 하나는 '비쥬냐프티(vijñapti)'이다. 중국인〔현장〕은 두 단어를 구별하지 않았지만, 특히 유식사상에서는 두 단어를 구별하여 사용한다. 먼저 'vijñāna'는 동사 √jñā〔알다〕에서 파생한 명사형 'jñāna'에 '분리하다·쪼개다'의 의미를 가진 접두사 'vi'를 붙여 만든 단어이다. 그래서 'vijñāna'의 본래 의미는 '둘〔인식작용과 인식대상 또는 견분과 상분〕로 나누어〔분별〕 알다'라는 의미이다. 그래서 유식사상에서는 'vijñāna'는 아뢰야식(ālaya-vijñāna), 말나식(manas-vijñāna) 등과 같은 '식(識)'을 가리킬 때 사용한다. 필자는 'vijñāna'를 '인식'으로 번역한다. 반면 'vijñapti'는 vi(쪼개다, 나누다)-√jñā〔알다〕라는 동사원형에서 사역형 'vijñapapati'가 되어 '둘로 나누어 알게 하는 것, 알려지는 것'의 의미이다. 그런데 'vijñapti'는 나누어 안다고 하더라도 대상을 전제하는 앎이다. 그래서 필자는 '어떤 대상

(artha)을 알게 하는 것', 즉 '인식작용'으로 번역한다. 앞에서도 언급하였지만 현장은 『유식삼십송』에서 'vijñāna'와 'vijñapti'를 구별하지 않고 단지 '식(識)'으로 한역하였다.

그리고 산스크리트본 경문(經文)의 '탐스 차(tāṃś ca)' 중에서, 'tāṃś'는 지시대명사 '탄(tān)'이 원형이며, 'tān'은 'tad(그것)'의 남성명사, 복수, 목적격이다. 'ca'는 접속사로 영어의 'and'의 의미이다. 'tān ca'가 'tāṃś ca'의 형태로 바뀐 것은 어말 'n' 다음에 ca행, ṭa행, t행의 무성음 사이에는 각각 그 행의 치찰음(ś, ṣ, s,)이 삽입되고, 'n'은 'ṃ'으로 변하는 자음의 연성법에 따른 것이다.

공(C: 空, SKT: svabhāva-śūnyān, E: own-being-empty)

'슌얀(śūnyān)'는 남성명사 '순야(śūnya)'의 복수, 목적격이다. 이 구절의 산스크리트본은 '스바바바 슌얀(svabhāva-śūnyān)'이다. 즉 '공'이 아니라 '자성공'〔자성(svabhāva)이 공(śūnya)이다〕이다. 다시 말해 오온은 그 자성이 공이라는 말이다. 이처럼 현장 역과 구마라집 역에서는 자성(svabhāva)을 생략하였다. 게다가 현장은 이 구절을 단순히 '개공(皆空)'[33]이라고 하였다. 한편 막스 뮐러는 법륭사 사본을 영역하면서

---

33) 이 부분을 구마라집은 공(空), 법월·시호·지혜륜은 자성공(自性空), 반야·이언(利言)은 개공(皆空)·성공(性空), 법성은 체성실유개공(體性悉皆是空)·체성개공(體性皆空)이라고 한역하였다.

이 구절을 'by their nature empty', 에드워드 콘즈는 'empty in their own being'이라고 영역하였다. 그리고 뮐러와 콘즈는 'śūnya'를 'empty'로 '순야타(śūnyatā, 空性)'를 'emptiness'로 번역하고 있다.

그렇다면 자성(自性)이란 어떤 의미인가? 먼저 자성은 'sva(自)'와 'bhāva(존재)'로 이루어진 명사로 보통 '사물의 본질'이라는 의미이다. 즉 자성이란 다른 것에 의존하지 않고 항상 불변하는 성질을 가진 것이라는 의미이다. 그래서 자성을 'own-being'으로 영역한다. 『반야심경』에서는 오온은 자성이 없다. 때문에 공이라고 하였다. '오온은 자성이 없다'는 말을 다른 말로 표현하면 모든 존재〔사물〕의 실체를 부정하는 '법무아(法無我)'이다. 물론 여기서 법무아는 '인무아(人無我)'를 포함한 법무아를 말한다.

계속해서 공의 의미에 대해서 살펴보자. 공(空), 즉 'śūnya(tā)'는 √śū라는 동사어근으로부터 만들어진 과거분사 '순나(śūna)'에서 파생된 형용사이다. 'śūna'는 중성명사화하여 허공, 결여, 부족을 의미한다. 그래서 'śūnya'는 무엇인가 결여된 상태, 즉 '~이 없는 상태'이다. 예를 들면 A〔방〕에는 'B〔의자〕가 존재하지 않는다'고 표현할 수 있다. 그래서 이것은 인도수학의 제로(○)를 의미하는 것이다.

불교에서는 어떤 존재이건 끊임없이 서로 관계하면서 변화하고 있기 때문에 현상으로 존재하여도, 실체〔자성〕로서 파악할 수 없는 연기적 존재로 파악한다. 이것을 '공'이라고 한다. 그래서 오온이 모두 공이라는 것은 '연기'의 다른 말이다. 예를 들어 현재 내 자신은 어떤 힘으로 구성되어 있는지 한번 살펴보자.

> "우선 내가 존재하기 위해서는 35억 년 전에 근원적인 생명체가 있었다. 이 생명체가 진화를 거듭하여 영장류—원숭이—원시인—크로마뇽인 … 단군—조상—할아버지가 되었다. 그리고 어떤 인연으로 인하여 내 아버지와 어머니가 만나 사랑을 나누어 아버지의 정자와 어머니의 난자가 결합하여 내가 생명을 가지게 되었다. 또한 어머니의 뱃속에서 태어나 부모의 교육과 학교 교육〔선생님, 친구〕을 받으며 또한 주변 사람들〔사회〕의 도움에 의해 생존하고 있다. 그리고 태초에 우주—태양—지구—주변의 무수한 사물〔책상, 집, 지하철 등〕의 도움으로 내 자신은 존재한다. 게다가 나는 신장, 신경, 가슴, 근육과 60조의 세포로 구성되어 있다. 이처럼 나는 다른 모든 것의 인연에 의지해서 존재한다. 따라서 모든 사물은 인연—간접적인 원인〔多緣〕과 직접적인 원인〔一因〕—으로 구성되어 있는 것이다."(『唯識 わが心の構造』, 横山紘一, 春秋社)

이처럼 다른 것에 의지하여 존재하는 나는 나의 본질이라고 할 수 있는 것이 있는가? 나는 연기적인 존재이고, 나라고 말할 수 있는 자성이 없다. 그래서 용수는 『중론』에서 이것을 연기이고, 무자성이며, 공이며, 중도라고 표현하였다. 또한 『대지도론』에서는 "일체의 법을 관찰하면 인연으로부터 생기한다. 즉 자성이 없다. 자성이 없기 때문에 필경 공이다. 필경 공 그것이 반야바라밀〔지혜의 완성〕이다"라고 하였다.

조견(C: 照見, SKT: paśyati sma, E: acknowlege, enlighten)

조견이란 사물을 있는 그대로 비추어 본다는 의미이다. 다시 말해 사물을 확실하게 보는 것을 말한다.

산스크리트 경문(經文)의 '파스야티(paśyati)'는 동사 √paś(보다)의 3인칭(ti), 단수, 현재형이다. 그리고 'sma'라는 과거형을 만드는 불변화사〔접미사〕가 붙어 있다. 따라서 '그〔관자재 보살〕는 조견하였다'는 의미가 된다.

도일체고액(度一切苦厄)

이 구절은 소본역인 현장 역과 구마라집 역에는 있지만, 대본의 한역본인 법월·반야·지혜륜·법성 역, 티베트역뿐만 아니라 소본과 대본의 산스크리트본에도 대응하는 구절이 없다. 그러나 현장의 제자 자은대사 규기의 『반야바라밀다심경유찬(般若波羅蜜多心經幽贊)』이나 원측의 『반야바라밀다심경찬(般若波羅蜜多心經贊)』에는 이 구절에 대한 주석이 있다. 따라서 구마라집과 현장의 한역에서 처음으로 등장하였다고 추측된다. 그렇다면 구마라집과 현장이 임의로 삽입한 것인가? 특히 원어에 충실한 번역자로 알려진 현장이 원어에도 없는 것을 임의적으로 삽입했다는 것을 생각하기는 어렵다. 그렇지만 현장이 원어에 있는 '성(聖)'이나 '자성(自性)' '사리자' '여기에(iha)' 등을 생략하는 것을 보면 임의로 삽입할 가능성도 충분히 있다고 할 것이다.

그렇다면 우리에게 괴로움〔고액〕은 왜 생기는가? 불교에서는 인간〔오온〕이 '공'임에도 불구하고 그것을 모르고 자기의 자성이 있다고 집착하기 때문에 괴로움이 생긴다고 한다. 그래서 '일체(一切)의 고뇌〔苦〕와 재앙〔厄〕을 건넜다〔度〕'는 의미는 정신적인 괴로움과 고뇌가 없어졌다는 것뿐만 아니라, 가령 있다고 해도 그것에 사로잡히지 않고 벗어났다는 것이다. 다시 말해 오온이 모두 자성이 없다는 것〔공〕을 조견하였을 때 일체의 괴로움과 재앙으로부터 벗어났다는 것이다.

V. 존재하는 모든 것은 공이다

iha Śāriputra rūpaṃ śūnyatā, śūnyatāiva rūpaṃ. rūpān na pṛthak śūnyatā, śūnyatāyā na pṛthag rūpaṃ. yad rūpaṃ sā śūnyatā, yā śūnyatā tad rūpam. evam eva vedanā-saṃjñā-saṃskāra-vijñānāni.

iha Śāriputra sarva-dharmāḥ śūnyatā-lakṣaṇā anutpannā aniruddhā amalāvimalā nonā na paripūrṇāḥ.

tasmāc Chāriputra śūnyatāyāṃ na rūpaṃ na vedanā na saṃjñā na saṃskāra na vijñānaṃ.

na cakṣuḥ-śrotra-ghrāṇa-jihvā-kāya-manāṃsi, na rūpa-śabda-gandha-rasa-spraṣṭavya-dharmaḥ, na cakṣur-dhātur yāvan na mano-vijñāna-dhātuḥ.

na vidyā nāvidya na vidyākṣyo nāvidyākṣayo yāvan na jarāmaraṇaṃ na jarāmaraṇakṣayo na duḥkha-samudaya-nirodha-mārga, na jñānaṃ na prāptih.

샤리푸트라여!이 세상에 존재하는 모든 것은 실체가 없는 특성이 있다. 〈존재하는 모든 것은 실체가 없기 때문에〉 생기하지도 않고 소멸하지도 않고 더러운 것도 아니고 청정한 것도 아니고 증가하지도 않고 줄어들지도 않는다.

따라서 샤리푸트라여! 실체가 없는 입장〔공〕에서는 물질적 현상도 없고, 감수작용도 없고, 표상작용도 없고, 의지적 형성력도 없고, 판단작용도 없다. 눈도 없고, 귀도 없고, 코도 없고, 혀도 없고, 몸도 없고, 마음도 없고, 형체도 없고, 소리도 없고, 향기도 없고, 맛도 없고, 접촉할 대상도 없고, 마음의 대상도 없다. 눈의 영역〔안계〕으로부터 의식의 영역〔의식계〕에 이르기까지 모두 없다.

〈깨달음이 없으면〉 미혹도 없고, 〈깨달음이 없어지면〉 미혹이 없어지는 것도 없다. 내지 늙음도 없고 죽음도 없고, 늙음과 죽음이 없어지는 것도 없다. 괴로움도, 괴로움의 원인도, 괴로움을 벗어난 이상의 경지도 없고, 괴로움을 벗어나기 위한 방법도 없다. 아는 것도 없고 얻는 것도 없다.

舍利子. 色不異空. 空不異色. 色卽是空. 空卽是色. 受想行識亦復如是. 舍利子. 是諸法空相. 不生不滅. 不垢不淨. 不增不減. 是故空中. 無色. 無受想行識. 無眼耳鼻舌身意. 無色聲香味觸法. 無眼界. 乃至 無意識界. 無無明. 亦無無明盡. 乃至無老死. 亦無老死盡. 無苦集滅道. 無智亦無得. 以無所得故.

사리자여! 색은 공과 다르지 않고, 공은 색과 다르지 않다. 색이 곧 공이요, 공이 곧 색이다. 수상행식도 또한 이와 같다.

사리자여! 제법〔존재하는 모든 것〕은 자성이 없기〔공〕 때문에 생기하지도 소멸하지도, 더러움도 깨끗함도, 증가하지도 줄어들지도 않는다. 그러므로 공에는 색·수·상·행·식〔오온〕도 없고, 안·이·비·설·신·의〔육근〕도 없고, 색·성·향·미·촉·법〔육경〕도 없고, 안계도 없고 내지 의식계〔육식〕도 없다. 무명도 없고 또한 무명이 다함도 없다. 내지 늙음도 죽음도 없다. 또한 늙음과 죽음이 다함이 없다. 고집멸도도 없다. 지(智)도 없고 또한 얻음도 없다. 얻어지는 것이 없기 때문이다.

1. 『반야심경』의 대고자 사리자

먼저 대고자(對告者)의 의미부터 설명하겠다. 경전은 붓다가 설법을 할 때 반드시 붓다에게 가르침을 청하거나 질문하는 사람이 있다. 이런 사람을 대고자라고 한다. 『금강경』의 대고자는 수보리〔수부티〕[34], 『반야심경』의 대고자는 사리자인 것처럼, 대고자는 붓다의 제자들이 대부분이다.

계속해서 산스크리트 경문을 살펴보자. '이하(iha)'는 부사로 '이 세상에서' 또는 '여기에서'라는 의미이다. '여기에서(iha)'라는 의미 때문에 우리들이 살고 있는 현상세계를 말하는 것이 아니다. '여기에서'라는 것은 어디까지나 '반야바라밀다〔지혜의 완성〕에서' 또는 '공의 입장에서'라는 뜻이다. 한역본〔현장 역과 구마라집 역〕에는 '이하(iha)'를 생략하고 있다.

---

34) 수보리를 현장은 『금강경』에서 '선현(善現)'이라고 번역하였으며, 의정은 '묘생(妙生)'이라고 의역하였다. 또한 선길(善吉), 공생(空生)으로 한역하기도 하며, 순야다(舜若多)로 음사하기도 한다.
수보리는 붓다의 10대 제자 중의 한 명으로 해공제일(解空第一)이라고 불린다. 그는 붓다의 제자가 되기 전에는 굉장히 난폭하고 화를 잘 내는 사람이었다. 그러나 붓다와 인연을 맺은 후에 과거의 난폭한 자신을 후회하고 누구와도 언쟁이나 싸움을 하지 않았기 때문에 '무쟁제일(無諍第一)'의 제자로서 불교도들에게 존경받기도 한다. 그 이외에도 수보리는 많은 사람들이 항상 따라다녔고 대접하기를 좋아했기 때문에 공양제일(供養第一)이라고도 불리며 또한 용모가 준수하고 총명하였기 때문에 색상제일(色像第一)이라는 칭호를 가지고 있다.
수보리는 사위성 장자의 아들로 태어나 기원정사에서 불교에 귀의했다고 하지만 『앙굿타라 니카야』에서는 기원정사를 기증한 수탓타 장자의 동생으로 기록되어 있기도 하다.

사리자(C: 舍利子 · 舍利弗, SKT: Śāriputra)

사리자는 '샤리푸트라(Śāriputra)'의 번역으로 그의 어머니 이름이 '샤리(Śārī)'이고, 그녀(Śārī)의 아들(putra)이라는 의미에서 샤리푸트라라는 이름이 붙여진 것 같다.

'Śāriputra'는 남성명사 'Śāriputra'의 단수, 호격(vocative)이다. 그래서 '사리자(샤리푸트라)여!' 라고 번역하였다. 사리자는 팔리어로 사리풋타(sāriputta)이며, 한역에서는 사리부다라(奢利富多羅), 사리보달라(奢利補怛羅) 등으로 음사하기도 한다.

그는 붓다의 십대제자 중에도 '지혜제일'이라고 불린다. 사리자는 붓다의 재세 당시 불교교단을 지탱하였던 중요한 인물로 그의 이름은 원시경전에 자주 등장한다. 그는 마가다국의 수도 왕사성〔라자그리하〕에서 그리 멀지 않은 나라다(nārada)라는 마을에서 태어났다. 그는 8형제 중에서 가장 총명하였으며, 일찍부터 베다 성전의 깊은 뜻을 이해하여 전통학문을 모두 습득하였다.

한편 근처의 콜리타(kolita)라는 마을에 바라문 출신의 '콜리타'라는 소년이 있었다. 이 소년이 바로 뒷날 신통제일(神通第一)의 대목건련(Maudgalyāyana), 즉 목련 존자이다. 둘은 죽마고우로 지냈는데, 이들의 우정은 죽을 때까지 이어진다.

그들은 성장하여 육사외도(六師外道) 중의 하나였던 산자야(saṃjāya)의 제자가 된다. 사리자는 스승 산자야의 가르침을 배우기 시작하여 7일 밤낮으로 정진하여 그의 사상을 전부 습득하여, 스승을 대신하여 강론할 정도로 깊은 경지를 얻었다. 그리고 둘은 라자그리하에서 250명의 수행자와 함께 수행하고 있었는데, 그들의 스승인 산자야는 극단적인 회의론자로서 '이 세상에는 그 어떤 진리도 존재하지 않으며, 가령 존재하더라도 그것은 인간과 어떤 관계도 없다'는 주장으로 제자들을 모았다.

그러나 사리자는 출가의 목적인 마음의 평안을 얻을 수가 없었다. 목련도 똑같은 마음이었다. 그래서 그들은 '산자야 선생 아래에서는 도저히 마음의 평안을 얻을 수 없다. 보다 뛰어난 스승을 구하자'라고 결의하였다. 그리고 만약에 회의론을 초월한 가르침을 설하는 스승을 만나면 서로 연락하여 함께 입문할 것을 약속하였다.

사리자와 목련은 교양이 풍부하고, 남다른 지성의 소유자였다. 그 때문에 모든 것에 대하여 회의적이고, 비판적인 생각을 하는 것이 그들의 마음을 이끌었는지 모른다. 그러나 두 사람의 삶의 방식을 결정적으로 전환시킨 것은 지성적인 것이 아니라, 붓다의 가르침을 실천하던 어느 제자의 조용하고 충실한 움직임이었다. 붓다는 있는 그대로 말하고, 있는 그대로 행동하였다. 철저한 언행일치의 인간이었다. 이러한 그의 모습은 제자들에게도 영향을 미쳤다고 볼 수 있다.

붓다의 2대 제자인 둘의 입신(入信)에는 선배제자의 고요한 모습이 중요한 역할을 하였다. 앗사지(Asajji, 馬勝)와 사리자의 만남을 『율장』 「대품」에 의거하여 정리하면 대략 다음과 같다.

> "앗사지는 붓다가 성도 후 바라나시 교외의 녹야원에서 최초로 설법한 5비구 중의 한 사람이었다. 어느 날 사리자는 한 수행자를 보았다. 그 수행자는 붓다의 제자인 앗사지였다. 그의 행동은 엄정하였으며, 탁발하는

모습도 안정되어 있었다. 이 조용한 수행자의 모습에 사리자의 마음이 움직였다. 당시에 탁발 중인 수행자에게 말을 거는 것은 대단한 실례였기 때문에 그는 수행자가 탁발을 마칠 때까지 계속해서 기다렸다. 그리고 이 사람이야말로 진정한 수행자라고 생각한 사리자는 가까이 가서 말을 걸었다. '스승이 누구입니까?'라는 물음에 앗사지는 붓다라고 대답했다. 여기서 사리자는 처음으로 붓다의 존재를 알게 된다. 그리고 계속해서 사리자는 질문을 했다. '가르침의 내용은 무엇입니까?' 이 물음에 앗사지는 아직 제자가 된 지 얼마 되지 않아서 상세하게 설명할 수 없다고 하였다. 그러나 다음과 같은 시를 암송하였다.

제법〔모든 것〕은 원인이 있어서 일어난다.
그 원인이 무엇인가를 붓다는 말씀하신다.
또한 그 원인이 멸하는 것이 무엇인가를
위대한 스승은 말씀하신다."

이것은 앗사지가 자신이 나름대로 이해한 붓다의 가르침인 연기이다. 앗사지는 연기야말로 불교의 핵심이라고 확신하였던 것이다. 붓다가 보리수 아래에서 무엇을 깨달아 '각자〔붓다〕'가 되었는가에 대해 원시경전에서는 다양하게 설명하고 있지만, 결국 귀착한 곳은 연기이다. 앗사지는 붓다의 깨달음의 내용인 연기를 4행의 시구로 표현한 것이다. 연기는 붓다가 세상에 나왔건, 나오지 않았건 관계없이 존재하는 영원한 진리이다. 무상(無常)·무아(無我)·고(苦) 등의 붓다의 가르침은 이 연기에 기초하여 설하였던 것이다. 이것을 사리자는 앗사지로

부터 들었다. 사리자는 이것을 듣고 연기의 진리를 얻은 것이다. 이때에 사리자는 이미 그의 사색이 앗사지와 같은 수준에 도달해 있었다는 것을 나타낸다.

다시 말해 앗사지의 시구는 괴로움의 원인을 바로 보고, 그 원인을 없애고, 그것의 해결을 시도하는 것이며, 이것은 붓다의 기본적인 가르침을 간결하게 표현한 문구였다. 이 문구를 들은 사리자는 오랜 동안 수행한 자신의 물음에 대한 해답이라고 생각하였다. 그리고 곧 목련에게 위대한 사문의 존재를 알리고 함께 붓다의 제자가 될 것을 맹세하였다. 붓다의 제자가 되기 전에 둘은 산자야에게 가서 불제자가 되자고 몇 번이고 간청하였지만, 그는 응하지 않았다. 그래서 둘은 지금까지의 스승인 산자야를 버리고 그의 제자 250명과 함께 붓다의 제자가 되었다. 이 사실을 안 산자야는 입에서 피를 토했다고 경전에는 전하고 있다. 그리고 붓다는 사리자, 목련과 250명의 수행자를 받아들이고 그들에게 고뇌를 소멸하기 위해 수행에 정진하라고 말씀하셨던 것이다.

사리자와 목련이 산자야의 제자들을 데리고 붓다에게 귀의한 것은 불교교단의 입장에서는 중대한 사건이었다. 원시경전에서 정형구처럼 말하고 있는 "붓다는 1250명의 수행자와 함께 계셨다"는 것은 삼가섭(三迦葉)의 제자 1000명과 사리자 및 목련과 함께 귀의한 250명의 제자를 합친 숫자를 가리킨다. 이 사람들이 당시 붓다 교단의 중심적인 인물이었다. 수적으로는 삼가섭의 제자들보다는 적었지만, 교단의 중심은 점차로 왕사성과 그 주변 출신에게로 옮겨 갔다.

특히 데바닷타(Devadatta)가 반역을 꾀하여 교단을 분열시키고자 하였을 때에도 두 사람의 노력으로 무사히 넘겼다. "언쟁이나 싸움이 일어났을 때에는 아난다와 함께 그것을 진정시켜라"고 붓다가 명령할 정도로 그를 신뢰하고 있었다.

> "원시경전의 기록을 볼 때 그들은 교단운영에 상당한 영향력을 가지고 있었으며, 또한 붓다를 대신하여 가르칠 정도로 신뢰를 받고 있었지만, 그의 성격 자체는 권력과는 거리가 멀었다. 어떤 단체에 두 사람의 지도자가 있으면 서로가 권력을 한 손에 넣으려고 싸움이 일어나지만, 사리자와 목련은 마지막까지 반목하지 않고 서로 존경하며 지냈다. 『법구경』의 주석에 의하면 사리자는 자신을 붓다에게로 인도하여 준 앗사지의 은혜를 잊지 않고, 언제나 앗사지가 있는 방향으로 예를 다하고, 그쪽으로 발을 두고 자는 법이 없었다. 이것을 본 사람들이 '사리자는 방향을 숭배하는 자'라고 비난하였다. 붓다는 그의 진심을 알고 있었기 때문에 제자들에게 진의를 밝히고 납득시켰다고 한다. 이처럼 사리자는 불교교단 내에서 붓다를 도와 교단을 유지하고, 운영하는 것에 힘을 쏟았지만 결국에는 병을 얻어 붓다보다 먼저 죽는다. 그리고 둘도 없는 친구이자, 존경하는 법우(法友)인 목련도 외도를 신봉하는 자에게 살해당한다."(『大法輪』, 1986)

두 사람의 입멸은 마가다국을 중심으로 한 북인도 일대에서 발전을 하고 있던 불교교단으로서는 커다란 손실이었다. 붓다 자신도 두 명의 사랑하는 제자를 잃은 후, 밧지족의 땅에서 두 제자의 높은 덕을 찬탄하며 "두 사람이 없는 교단은 쓸쓸하다"(『상응부경전』)고 가장 신뢰하는 제자를 잃은 심정을 토로하고 있다. 그러나 교단 내에서 누구보다도 사리자의 죽음을 슬퍼한 것은 붓다의 사촌동생 아난다였다. "사리자는 위대한 지혜를 가진 사람이다. 사리자는 광대한 지혜를 가진 사람이다……"라고 말하고 있는 것처럼, 아난다가 사리자를 찬사하는 말은 경전의 여러 곳에서 볼 수가 있다.

경전에 의하면 아난다가 사리자의 입멸을 들은 것은 사위성의 기원정사에서 붓다와 함께 머물고 있을 때였다. 나라카(nāraka) 마을에서 병든 사리자를 간병하고, 사리자의 죽음을 지켜 본 제자가 그의 유품인 의복과 발우를 가지고 오자, 아난다는 출가자 신분임을 잊고 사리자에 대한 흠모와 슬픔의 심정을 붓다에게 고백하면서 대성통곡한다. 붓다는 슬퍼하는 아난다에게 다음과 같은 가르침을 설한다.

"아난다여! 내가 이전부터 가르치지 않았던가. 모든 사랑스러운 것과 기쁜 것은 언젠가는 떠나고, 잃어버리고, 변할 때가 온다고. 아난다여! 태어나고 생기하여 부서지는 것을 부서지지 않게 하는 것, 그것이 어떻게 가능한가? 그것은 논리에 맞지 않다.

아난다여! 대목(大木)이 아무리 단단하여도, 그 큰 가지는 언젠가는 소멸한다. 그것과 같이 대비구집단이 아무리 튼튼하여도 사리자는 죽었다. 아난다여! 태어나고 생기하여 부서지는 것을 부서지지 않게 하는 것, 그것이 어떻게 가능한가? 그것은 논리에 맞지 않다.

자기를 등불로 하고, 자기를 의지처로 하여, 타인을 의지처로 하지 말라. 법〔진리〕을 등불로 하고, 법을 의지처로 하여, 그것 이외의 것을 의지처로 하지 말라. 내가 죽은 후에도 마찬가지다."(『Mahāparinibbana-sutta(대반열반경)』, 2, 26)

이처럼 무상의 가르침과 붓다 사후에 무엇을 의지하여 살아갈 것인가에 대해 가르친 붓다도 1년 후에 쿠시나가라에서 열반을 맞이한다. 그 때에도 아난다 혼자 슬프게 우는 모습이 경전에 기록되어 있다. 우리들은 지금도 붓다의 열반도에서 그가 혼자서 애타게 슬퍼하는 모습을 볼 수 있다.

그런데 대승경전 중에 유일하게 『유마경』에서는 베살리의 장자 유마거사가 대승의 공관을 체득한 거사로 등장하지만, 사리자는 아라한의 대표로서 취급하고 있다. 그러나 이 경우에도 사리자가 교단의 중심인물이었음을 알 수 있다.

그런데 근대에 들어와 사리자와 목련의 사리가 발견되었다. 비록 긴 인용문이지만, 그 기록을 소개하고자 한다.

"보팔의 산치 언덕에는 10기(基)의 사리탑이 있는데 그것은 지금까지 인도에 남아 있는 건축물 중 가장 오래된 것이다. 이 탑들은 그 축조 형태나 조각 양식으로 보아 불교 예술 전성시대에 제작된 것으로 인정되며 탑의 이곳저곳에 쓰여진 글자로 미루어 그 시기는 아쇼카 왕 시대인 기원전 3세기 중반쯤으로 간주되고 있다. 그 중에는 보존 상태가 좋은 것도 있지만 수백 년의 세월이 지나는 동안 흙 무더기나 돌 무더기로 되어 버린 것도 있다.

1851년에 알렉산더 커닝햄 경이 붓다의 상수제자인 샤리푸트라(사리자)와 마하목갈라나(목련)의 유골을 발굴한 것은 바로 이들 탑 중의 하나인 그 유명한 제삼 사리탑에서였다. 비슷한 시기에 산치에서 10km쯤

떨어진 사타다라에 있는 사리탑에서도 이 두 아라한의 사리가 더 발굴되었다.

커닝햄은 산치 언덕의 사리탑 한가운데에 버팀목을 박다가 길이 150cm가 넘는 넓은 석판이 남북으로 놓여 있는 것을 발견했다. 그 석판 밑에는 회색 사암으로 된 두 개의 상자가 있었는데 그 뚜껑에 각각 브라흐미 문자로 된 짧은 명문이 있었다. 남쪽의 상자 뚜껑에는 '샤리푸트라의 사리(Śāriputraśa)'라는 뜻의 글이 있었고 북쪽의 것에는 '마하목갈라나의 사리(Mahaa-Mogallānaśa)'라고 되어 있었다.

남쪽의 상자 안에는 너비 15cm에 높이가 7cm가 좀 넘는 동석(凍石)으로 된 넓고 납작한 함이 들어 있었다. 겉면은 단단하고 반들반들 닦여 있었고 선반작업으로 세공한 그 함은 아름다운 예술작품이었다. 함의 둘레에는 다비식에 쓰였던 것 같은 백단향 나뭇조각이 놓여 있었고 함 속에는 유골 하나와 여러 가지 보석들이 함께 있었다. 이 샤리푸트라 존자의 유골은 길이가 3cm가 채 안 되었다. 북쪽 상자 안에도 동석으로 된 함이 있었는데 샤리푸트라의 것보다 약간 작았고 겉면도 덜 단단했다. 그 안에는 마하목갈라나 존자의 사리가 두 개 있었는데 그 중 큰 것은 길이가 1.5cm가 채 못 되었다. 동석으로 된 두 개의 이들 함 뚜껑 안쪽에는 먹물로 글자가 써 있는데 남쪽 것에는 샤리푸트라를 가리키는 'Sa'가, 북쪽 것에는 마하목갈라나를 가리키는 'Ma'가 써 있었다. 커닝햄은 이렇게 말하고 있다. "샤리푸트라와 마하목갈라나는 부처님의 상수제자로서 흔히 그분의 오른쪽 제자, 왼쪽 제자라고 불리었다. 그들이 죽은 후 그 유골도 생전에 그들이 차지했던 위치대로 부처님의 오른쪽과 왼쪽의 자리를 지키고 있는 것이다."

관례상 부처님께서 동쪽을 향하여 앉으셨다는 사실을 미루어 보면 이 말은 옳다. 커닝햄은 사타다라에서 '불교 기념물(*Buddha Bhita*)'이라 불리던 탑들에 주목하고 있었는데 그중 하나에서 엷은 색 반점 무늬의 동석함 두 개를 발굴했다. 산치의 것과 마찬가지로 그 두 함에는 각각 '샤리푸트라의 것', '마하목갈라나의 것'이라고 새겨져 있었다. 이 사리탑은 도굴되었던 흔적이 있으나 유골은 온전하게 남아 있었다. 매우 유능한 고고학자였던 커닝햄은 그가 발굴했던 모든 사리탑에 관하여 세밀한 기록을 남겨 놓았다. 커닝햄에게 특히 감사할 일은 이 사리의 주인을 확실하게 밝혀 주었다는 점이다.

이 두 군데 사리탑에서 나온 사리들은 영국으로 옮겨져 빅토리아·알버트 박물관에 안치되었다. 그러나 커닝햄이 서술해 놓은 함의 생김새와 현재 사리들이 모셔져 있는 함의 생김새가 다소 일치하지 않는 점으로 미루어 보아 커닝햄 자신이나 다른 누군가가 산치의 사리를 사타다라에서 발굴된 함 속에 옮겨 담았을 것으로 추측된다. 산치에서 발굴된 동석함의 행방은 묘연하다.

이 성스러운 사리들은 빅토리아·알버트 박물관에 보존되어 왔는데 1939년 마하보디협회(Maha-Bodhi Society)가 그것을 인도에 돌려달라고 영국 정부에 요청했다. 이 청원이 즉각 받아들여졌으나 제2차 세계대전의 발발로 사리의 안전수송이 어려워 연기되어 오다가 1947년 2월 24일 빅토리아·알버트 박물관에서 마하보디협회 대표들의 손에 전해져 사리들은 본디 묻혀 있던 고향으로 돌아가는 여행길에 오르게 되었다. 사리들은 인도로 돌아가기 전에 먼저 스리랑카로 보내졌다. 스리랑카 국민들은 기쁨에 넘쳐 지극한 공경심으로 사리를 친견하였다. 1947년에 콜롬보

박물관에서 두 달 반 동안 대중에게 공개되었는데 2백만 명 이상이 참가하는 기록을 세웠다. 불자들은 물론 힌두교도, 기독교도, 회교도들도 이 사리 친견의 행렬에 참석했다. 이 사리를 산치에 재봉안하기 위해 조성되는 예배처에 안치하기 전에 사리가 두 번째로 옮겨진 곳은 캘커타였다. 인도 마하보디협회 본부가 있는 캘커타 다르마라지까 사원에서 대중들의 친견행사가 있었다. 이번에도 지난번과 같은 신심 어린 경배의 장면이 벌어졌다. 두 주일 동안 매일 아침부터 저녁 늦도록 길게 늘어선 친견 행렬이 끊일 줄을 몰랐다. 친견에 참여한 사람 대부분은 힌두교도였지만 그 중에는 이슬람교도들도 꽤 많았다. 공경심 어린 그들의 지극한 경배는 참으로 인상적이었다. 인도가 낳은 이 위대한 두 아들의 사리에 경의를 표하기 위하여 많은 사람들이 아주 먼 지방에서도 찾아왔던 것이다.

그 다음 미얀마 정부로부터 사리 친견행사를 열고 싶다는 청원이 들어왔고 그 요청은 즉시 받아들여졌다. 사리 친견행사는 미얀마 고대의 종교적 열정과 온갖 화려함을 되살리는 계기가 되었다. 모든 국민에게 사리 친견의 기회를 고루 베풀기 위해서 이 행사는 만달레이로부터 양곤에 이르기까지 이라와디 강을 따라 내려오는 강변축제의 형식으로 행해졌다. 사리를 봉송하는 배는 미얀마 전통 방식으로 장식된 여러 척의 작은 배들의 호위를 받았다. 사리가 강가의 마을에 도착할 때마다 사람들은 행렬을 지어 그 마을의 가장 중요한 탑으로 사리를 옮겨 모시고 친견행사를 가졌다. 이와 동시에 법회도 열어 이웃 마을로부터 수많은 사람들이 설법과 독경을 듣기 위해 모여들었고 이 의식은 대개 밤을 지새우며 계속되곤 했다.

이어서 사리는 네팔과 라다크 정부의 요청으로 또다시 옮겨졌다.

사리가 다시 인도로 돌아온 후, 미얀마 정부는 이 성스러운 사리의 일부를 모셔가야겠다고 청원했다. 인도 마하보디협회는 이에 동의했고 미얀마의 총리가 직접 사리를 받으러 캘커타로 갔다. 1950년 10월 20일 사리의 일부가 성대한 의식과 함께 총리에게 전해졌다. 미얀마로 가져온 사리는 후에 양곤 근처 제6차 불전결집의 사적지에 세워진 세계 평화탑 속에 봉안되었다. 사리를 봉안하고 탑의 상륜부를 얹는 다양한 의식절차가 1952년 3월 5일부터 11일까지 정성스럽게 진행되었다.

다른 일부의 사리는 스리랑카에 전해졌는데 그곳 마하보디협회는 그 사리를 봉안하기 위해 새로운 탑을 건립하였다.

남은 사리는 1952년 11월 30일에 산치에 새로 축조한 쩨띠야기리 예배처에 여법한 절차를 거쳐 봉안되었다. 신심 깊은 순례자들이 세계 곳곳으로부터 찾아와 경배하는 이 사리는 바로 거기에서 부처님의 가르침이 가장 훌륭하게 열매를 맺었던 이 두 분의 삶이 어떠했는가를 일깨워 주고 있다."[35]

그런데 필자는 독자들에게 사리(舍利)란 무엇인가라고 묻고 싶다. 우리들은 일반적으로 사리 하면 부처님의 진신사리나 성철 선사의 사리를 먼저 연상한다. 그렇다면 필자는 독자들에게 무엇이 부처님의 진신사리인지 되묻고 싶다.

---

35) Sāriputta The Marshal of the Dhamma, 냐나뽀니까 스님 지음, 이준승 옮김, The Wheel Publication No.90~92, BUDDHIST PUBLICATION SOCIETY, Kandy, Sri Lanka

사리란 본래 '사리라(śārīra)'라는 산스크리트를 중국인이 음사한 것이다. 다시 말해 '사리라'는 시신을 화장〔다비〕하고 남은 뼈, 즉 유골(遺骨)을 의미한다. 여기서 잠시 붓다의 입멸 후 붓다의 장례 절차에 대해 상세하게 기술한 『대반열반경』을 간략하게 인용하고자 한다.

> "붓다가 입멸하자 장례식을 주재한 것은 말라족(Malla)이었다. 왜냐하면 붓다는 당신 자신의 화장〔장례식〕에 출가자는 관여하지 말라고 유언했기 때문이다. 그리고 붓다의 유골〔사리〕은 바라문 두나의 중재 아래 8등분하여 유력 부족인 마가다국, 비데바국, 말라족, 릿차비족, 석가족, 부리족, 콜리야족[36]에게 공평하게 각각 분배되었다. 그리고 붓다의 유골 분배를 주도한 바라문 두나는 병을 가져와 유골을 조금 분배받았다. 또한 분배가 끝난 후에 모리야족이 붓다의 유골을 요구하였다. 그러나 유물의 분배가 이미 끝났기 때문에 모리야족은 유골 대신에 재〔炭〕를 분배받았다. 그리고 그들은 각자 수투파〔사리탑〕를 건립하여 분배받은 붓다의 유골을 모셨다."

그런데 1898년 영국의 주재원인 펫페(W·C·Peppé)가 석가족이 살았던 피프라흐(Piprāhwā)의 고탑에서 유골이 담겨 있던 단지 하나를 발견하였다. 그 단지의 표면에는 아쇼카 문자로 "이것은 석가족 〈출신의〉 붓다(세존)의 유골 용기이다. 명예 있는 형제 및 자매, 처자들이 〈봉납奉納〉한 것이다"는 기록이 있었다. 이것이 고고학자들에게 의해

---

36) 붓다의 생모인 마야 부인은 콜리야(koliyā)족 출신이다.

붓다의 진짜 유골로 판명되었다. 아마도 이것은 경전에 등장하는 것처럼 붓다의 유골을 8등분한 것 중에 석가족이 분배받았던 유골일 것이다. 그 단지는 현재 인도의 캘커타박물관에 안치되어 있고, 붓다의 유골은 태국에 모셔져 있다. 그리고 태국으로부터 유골 일부를 양도받아 일본의 나고야시 일태사에도 모셔져 있다.

앞에서 이미 언급하였지만, 붓다의 진신사리라는 것은 화장하고 남은 붓다의 뼈를 말한다. 그렇다면 현재 수많은 붓다의 진신사리는 도대체 무엇인가? 물론 스리랑카 역사서에 의하면 아쇼카 왕(Aśoka・阿育王, 재위 紀元前 268~232)[37]이 8등분한 유골을 다시 나누어 여러 곳

---

37) 기원전 327년 그리스의 알렉산더 대왕이 페르시아 제국을 멸망시키고, 인도에 침공하여 각지에 그리스 계통의 도시국가를 건설하였다. 그러나 대왕은 귀환 도중 328년에 바빌로니아에서 객사하였다. 그런데 기원전 317년 마가다에서 흥기한 찬드라굽타가 난다 왕조를 무너뜨리고, 계속해서 군소 국가를 통합하여 마우리야 왕조를 건설하였다. 또한 그는 서북 인도의 그리스 계통의 국가를 추방하고, 시리아군을 격퇴하여 전인도를 통일한 최초의 대제국을 건설하였다. 그의 손자 아쇼카 왕은 마지막 남은 동남 해안지방인 칼링가〔오딧사〕를 정벌하여 전인도를 통일하였다. 그런데 이 전쟁에서 10만 명이 죽거나 부상하였고, 많은 가축이 희생되었다. 특히 전쟁과 관계없는 많은 일반 백성이 희생되었다. 그는 전쟁의 비참을 직감하고 무력이나 전쟁인 아닌 보편적인 법으로 통치이념을 삼는다. 그리고 불교에 귀의하게 된다. 그러나 그가 불교에 귀의하였다고 해서 다른 종교를 무시하거나 탄압하지는 않았다. 그는 공평하게 바라문교, 자이나교, 아지비카교 등의 모든 종교를 보호하였다. 그는 불교에 귀의하여 힘의 정치보다 법의 정치를 실현하고자 점령지의 곳곳에 석주(石柱)나 바위에 불교를 바탕으로 한 인간으로서 지켜야 할 법칙문〔아쇼카 비문〕을 기록하여 관리나 전 국민에 법을 준수하도록 하였다. 법칙문의 내용을 대략 살펴보면 다음과 같다.

① 인간・동물의 불살생, 불상해
② 부모나 윗사람의 존경, 종교자에 대한 경외와 보시, 가난한 사람에 대한 보호 등 인간의 윤리
③ 노력, 힘써야 할 자제, 신앙, 다르마(법)에 대한 존경

불교가 인도에서 비약적으로 발전하게 된 중요한 요인 중에 하나가 마우리야〔공작〕 왕조의 성립과 제3대 아쇼카 왕의 역할이 중요했다. 그리고 마우리야 왕조의 확대에 따라서 불교도 점차로 넓은 지역으로 확대하기 시작한다. 특히 아쇼카 왕은 그의 아들인 마힌다 장로를 세일론〔스리랑카〕에 파견하여, 불교를 전파하여 남전불교(南傳佛敎)의 기초를 확립하였다. 그러

에 봉안했다는 기록은 남아 있지만, 그 유골은 발견되지 않고 있다.

이미 살펴본 바와 같이 사리는 화장하고 남은 붓다의 유골인 것이다. 이런 말을 하면 사리신앙이 강한 불교도들이 비난할지 모르지만, 진정한 불교도라면 역사적인 사실과 신앙적인 면을 구분할 필요는 있지 않을까?

그래서 필자는 현재 우리들이 사용하는 붓다의 진신사리라는 말을 '붓다의 유골'이나 '붓다의 사리라'라고 했으면 하는 의견을 제시한다. 그리고 선사들이 입적하여 화장〔다비〕 후에 나오는 구슬 같은 것, 다시 말하면 성철 선사의 사리나 만해 선사의 사리 등을 그냥 '사리'라고 하여 붓다의 사리〔유골〕와 구별했으면 하는 것이 필자의 생각이다.

2. 오온은 공이다

이 구절에서는 관자재보살이 오온은 자성공이라고 먼저 총론을 말하고 각론으로 색온을 가져와 색은 공성과 다르지 않고 공성은 색과 다르지 않다, 색이 공성이고 공성이 곧 색이라고 설한다.[38)]

므로 불교를 창시한 분은 붓다이지만, 불교를 세계적인 종교로 만든 것은 아쇼카 왕의 공로일 것이다. 그러나 아쇼카 왕의 스리랑카 전도에 대한 기록은 남전불전과 북전불전의 기록의 차이가 있으므로 역사적 사실인지 확인이 필요하다. 현재 남방불교〔스리랑카, 태국, 미안마, 라오스〕에서는 아쇼카 왕의 불교 전도를 역사적 사실로서 받아들이고 있다.

38) 필자는 '공(空)과 공성(空性)'이라는 말을 혼용하여 사용하였음을 밝힌다. 그러나 공(śūnya)은 형용사로 술어나 한정적 기능을 가진 단어이며, 공성(śūnyatā)은 독립된 형태로 '공한 상태'를 의미한다. 현장의 번역에는 이런 차이를 드러내지 않고 있다.

색불이공(C: 色不異空, SKT: rūpān na pṛthak śūnyatā, E: form does not differ from emptiness, K: 색〈의 자성〉은 공성과 다르지 않다)

먼저 산스크리트 경문 중의 '루판(rūpān)'은 '루파(rūpa)'의 중성명사, 단수, 주격에 격어미의 종격(從格)의 형태인 '루파트(rūpāt)'에서 파생한 단어이지만, 이어서 비음 'n'가 오기 때문에 규칙에 의해 't'가 'n'으로 바뀐 것이다. 'na'는 부정의 의미이며, '프리타크(pṛthak)'는 '~와 다르다'는 의미로 전치사이다.

'śūnyatā'는 'śūnya'의 여성명사, 단수, 주격이며, 'tā'를 붙여 추상명사화시킨 것으로 '공성〔공의 상태〕'이라고 한역한다. 산스크리트의 이 구절을 해석하면 '색과 다르지 않은 것이 공성이다'라고 할 것이다. 그런데 종격〔루파트(rūpāt)〕의 어미를 살려 이 구절을 해석하면 '색〈의 자성〉으로부터 별도로 색의 공성은 존재하지 않는다'는 의미이다. 그렇지만 한역에서는 단순히 '색불이공'이라고 하였다.

'색불이공'이란 눈에 보이는 현상〔색〕에는 실체가 없다〔자성공〕는 의미이다. 이 구절은 천태대사 지의(智顗)가 말한 '공가중(空假中)의 삼제(三諦)' 중에 공제(空諦)에 해당된다. 물질적 존재를 우리들은 현상으로 파악하지만, 현상은 무수한 원인과 조건에 의하여 끊임없이 변화하고 있기 때문에 변화하지 않는 실체는 없다는 의미이다. 또한 시시각각으로 변화하고 있기 때문에 현상으로써 나타난다. 이것을 우리들은 존재한다고 파악하는 것이다.

색불이공을 우리들의 세상살이에 비유해 보자. 서로 죽도록 사랑하는 사람이 있다고 하자. 그러나 언제까지나 그 사람이 자신 곁에 있다는 보장은 없다. 비록 서로 사랑한다 하더라도 원인과 조건이 변화하면 상대나 아니면 자신이 떠나갈 수 있고 또한 사랑이 미움으로 변화될 수도 있다. 이처럼 세상에 존재하는 것은 변하지 않는 것이 없고, 시시각각으로 변화해 간다. 이것을 『반야심경』에서는 '색불이공'으로 표현한 것이다.

공불이색(C: 空不異色, śūnyatāyā na pṛthag rūpaṃ, E: emptiness does not differ from form, K: 공성은 색과 다르지 않다)

'순냐타야(śūnyatāyā)'는 'śūnyatā'의 여성명사, 단수, 종격이다. 그래서 영역(英譯)에서는 종격의 의미를 살려 'from form'이라고 번역하였다. 그리고 'pṛthak(~와 다르다)'가 '프리타그(pṛthag)'로 변한 것은 'pṛthak' 뒤에 유성자음이 오면 'k'는 'g'로 변화하는 규칙이 적용된 것이다.[39]

---

39) * 자음의 연성

-k+모음, 반모음, 유성자음 = g+모음, 반모음, 유성자음
예) pṛtha**k** **r**ūpam → pṛtha**g** **r**ūpam

어말 't'의 변화
-t → -d, 예) tat rūpam=ta**d** **r**ūpam, tasmā**t** **a**prāptivād=tasmā**d** **a**prāptivād
그러나 이어지는 단어의 어두에 동화하는 경우도 있다.
예) tasmā**t** **j**ñātavyaṃ→tasmā**j** **j**ñātavyaṃ, rūpā**d** **n**a=rūpā**n** **n**a
-t+ś → c+ch, 예) tasmāt śāriputra = tasmāc chāriputra

어말 'n'의 변화
어말 'n' 다음에 ca행, ṭa행, t행의 무성음 사이에는 각각 그 행의 치찰음(ś, ṣ, s,)이 삽입된다.
그리고 'n'은 'ṃ'으로 변한다. 예) tā**n** **c**a = tā**ṃś** **c**a
'단모음+n, ñ, ṇ+모음'일 경우에는 그 비음(n, ñ, ṇ)은 중복된다.
예) tasmi**n** **a**tra = tasmin**n** **a**tra

어말 'm'의 변화

'rūpaṃ'는 'rūpa'의 중성명사, 단수, 주격이다. 따라서 '슌냐타냐 나 프리타그 루팜(śūnyatāyā na pṛthag rūpaṃ)'은 '공성과 다르지 않은 것이 색이다'라고 번역할 수 있다. 종격〔śūnyatāyā〕의 의미를 살려 해석하면 '색의 공성으로부터 별도로 색은 존재하지 않는다'는 의미이다. 그리고 한역에서는 단순히 '공불이색'이라고 번역하였다.

'공불이색'이란 이 세상에 존재하는 것은 실체가 없다고 하지만, 우리들이 살아가고 있는 한, 눈에 보이는 현상을 통해서만 그 실체가 보이지 않는다는 것을 알 수 있기 때문에, 현상은 불변하는 것이라고 가정(假定)하여 생각할 수밖에 없다. 이것은 천태대사가 설명한 '가제(假諦)'에 해당되는 것으로 눈에 보이는 현상을 임시적〔가설적〕으로 있다고 생각하는 견해이다.

색즉시공 공즉시색(C: 色卽是空. 空卽是色, SKT: yad rūpaṃ sā śūnyatā, yā śūnyatā tad rūpam, E: whatever is form, that is emptiness, whatever is emptiness, that is form, K: 색〈의 자성〉 그것이 공성이다. 공성인 그것이 색〈의 자성〉이다.)

먼저 영어의 what과 같은 의미인 '야드(yad)'는 관계대명사로 'yad'의 중성명사, 단수, 주격으로 바로 뒤에 오는 '**rūpaṃ**(중성명사, 단수, 주격)'과 대응시키기 위해서이다. 지시대명사 '사(sā)'는 관계대명사 'yad'에

-m+모음=변화가 없지만, -m+자음, 반모음→ṃ+자음, 반모음.
예) rūpa**ṃ ś**ūnyatā, śūnyatāyā**ṃ n**a

호응하는 것으로 바로 뒤에 오는 'śūnyatā'에 대응시킨 여성명사, 단수, 주격의 형태이다. 그리고 관계대명사 '야(yā)'는 여성명사, 단수, 주격의 형태이며, 'śūnyatā'(여성명사, 단수, 주격)에 대응시킨 것이다. 지시대명사 '타드(tad)'는 중성명사, 단수, 주격의 형태로, 'tat' 뒤에 유성자음이 오면 't'가 'd'로 변하는 문법 규칙에 따른 것이다. 또한 바로 뒤에 오는 'rūpam(중성명사, 단수, 주격)'에 대응시킨 것이다.

그래서 산스크리트 구문을 해석하면 '색인 그것이 공성이다. 공성인 그것이 색이다'라는 의미이다. 다시 말해 색은 자성이 공이다. 또는 색은 무자성이라는 것이다. 현장은 단순히 '색즉시공 공즉시색'이라고 한역하였다.

'색즉시공 공즉시색'이란 눈에 보이는 현상 그 자체에는 실체가 없고, 실체가 없는 것이 바로 눈에 보이는 현상 그 자체라는 의미이다. 따라서 둘은 다른 것이 아니다. 천태대사가 설명한 '중제(中諦)'에 해당된다. 현수대사 법장은 『심경약소』에서 '색즉시공을 보고 대지(大智)를 이루어 생사에 머물지 않고, 공즉시색을 보고 대비(大悲)를 이루어 열반에 머물지 않는다'고 설명하고 있지만, 눈에 보이는 현상이나 실체가 없는 것, 그 어느 쪽에도 사로잡히지 않고 그 양자를 근거로 하여 모든 존재를 있는 그대로 보는 불안(佛眼)을 갖추어야 한다는 것이다. 다시 말해 모든 존재〔색수상행식〕와 법은 독립된 실체나 보편적인 본질이 없다는 것〔색불이공〕이다. 이것을 용수는 절대적 진리인 승의제라고 하였다. 그러나 일상적인 차원〔세속제〕에서는 실체나 본질이 없는 모든 존재가 인과관계로서 서로 의존하여 나타난다.〔공불이색〕 이것을 용수는 세속적인 진리〔세속제〕라고 한다.

'색불이공 공불이색 색즉시공 공즉시색'을 구체적인 비유로 설명해 보자.

"호수가의 수면에 달의 모습이 비치고 있다고 가정해 보라. 수면 위에 비친 달은 색, 달은 색의 자성이라고 가정한다면 다음과 같은 4가지를 추론할 수 있다. 첫째, 수면 위에 달의 모습이 비쳐 나타나더라도 그곳에 달 그 자체가 있는 것은 아니다. 둘째, 달 그 자체가 없더라도 수면에 비친 달의 모습이 나타난 상황은 사라지지 않는다. 셋째, 수면 위에 달의 모습이 나타나는 것과 달 그 자체가 없는 것, 이 둘은 별개의 것이 아니다. 넷째, 달 그 자체의 존재방식을 알았다면 수면 위에 비친 달의 모습을 달이라고 생각하는 것은 자연스럽게 없어진다.

이 비유에 '색불이공 공불이색 색즉시공 공즉시색'을 대입해 보자. 첫째, 색 그 자체로 존재할 때 본래 색의 자성은 공이다. 이것이 색즉시공이다. 둘째, 본래 존재방식은 공성이라도 언설로서 색의 현현은 사라지지 않고 마음에 나타난다. 이것이 공즉시색이다. 셋째, 색으로서 현현하고 있는 것에 색의 자성은 없다. 이것을 떠나 색의 공성은 구할 수 없다. 이것이 색불이공이다. 또한 색의 자성이 없는 것에 색으로서 현현하고 있다. 이것을 떠나 색은 구할 수 없다. 이것이 공불이색이다. 그러므로 달의 존재방식을 안다면 수면 위의 달의 모습은 달 그 자체가 아니라는 것이 밝혀지듯이 색으로 현현하여도 색의 자성은 성립하지 않는다."(『チベットの般若心經』, 齊藤保高外)

그러므로 『반야심경』에서는 색 등의 공성을 정말로 확신한다면 모든 것[일체법]은 자성[실체]이 있다고 하는 구속으로부터 벗어나고, 무명 등의 번뇌를 모두 끊어 반야의 지혜에 들어갈 수 있다고 설파하고 있다는 것이다.[40)]

수상행식역부여시(C: 受想行識亦復如是, SKT: evam eva vedanā-saṃjñā-saṃskāra-vijñānāni, E: the same is true of feelings, perceptions, impulses and conciousness, K: 수상행식도 또한 이와 같다.)

먼저 '에밤(evam)'은 '이와 같다'는 의미이고, '에바(eva)'는 강조를 나

40) 이상으로 산스크리트본과 현장의 한역본을 중심으로 '색불이공 공불이색 색즉시공 공즉시색'에 대해 설명했지만, 여기서는 한역본과 산스크리트본의 차이점에 대해 설명하고자 한다. 현장은 '색불이공 공불이색' 및 '색즉시공 공즉시공'의 2단계로 설명하고 있다. 그러나 중인도의 마가다국 출신의 사문 법월(法月, Dharmacandra)이 번역한 『보편지장반야바라밀다심경』에는 (1) 色性是空 空性是色. (2) 色不異空 空不異色. (3) 色卽是空 空卽是色이라고 하여 3단계로 나누고 있나. 또한 당나라 시대의 시혜륜(智慧輪)이 번역한 『반야바라밀다심경』에서도 (1) 色空空性是色 (2) 色不異空 空不異色 (3) 色卽是空 空卽是色라고 하여 3단계로 나누어 설명하고 있다. 그리고 산스크리트 소본을 보면 다음과 같다.

(1) rūpaṃ śūnyatā, śūnyatāiva rūpaṃ. (2) rūpān na pṛthak śūnyatā, śūnyatāyā na pṛthag rūpaṃ. (3) yad rūpaṃ sā śūnyatā, yā śūnyatā tad rūpam.

이처럼 산스크리트본과 법월 역, 지혜륜 역에는 3단계로 나누고 있다. 따라서 현장은 첫 번째 단계인 'rūpaṃ śūnyatā, śūnyatāiva rūpaṃ'(색은 공성이고 공성이야말로 색이다)이라는 구절을 의도적으로 생략했다고 추측된다.

이처럼 현장은 '루팜 슌냐타 슌냐타 에바 루팜(rūpaṃ śūnyatā, śūnyatāiva rūpaṃ)'이라는 구절을 번역하지 않았기 때문에 지혜륜의 번역을 참조하여 한역하여 보면, '色空空性是色'이라고 할 수 있을 것이다. 따라서 산스크리트본을 참조하여 구분하면, 1단계는 '色空空性是色(rūpaṃ śūnyatā, śūnyatāiva rūpaṃ, 색은 공성이고 공성이야말로 색이다)'이고, 2단계는 '色不異空 空不異色(rūpān na pṛthak śūnyatā, śūnyatāyā na pṛthag rūpaṃ, 색은 공성과 다르지 않고 공성은 색과 다르지 않다)', 3단계는 '色卽是空 空卽是色(yad rūpaṃ sā śūnyatā, yā śūnyatā tad rūpam, 색 그것은 공성이고 공성 그것은 색이다)'이라고 할 것이다.(『般若心經 金剛般若經』, 中村 元・紀野一義譯註, 岩波文庫, 1962)

그리고 뮐러도 'form here is emptiness and emptiness indeed is form, Emptiness is not different from form, form is not different from emptiness, what is that is emptiness, what is emptiness that is form'라고 하여 3단계로 구분하여 영역하고 있다.

타내는 부사이다. 마지막 단어 '비쥬냐나니(vijñānāni)'는 중성명사 'vijñāna'의 복수, 주격이다. 그리고 4개의 단어(vedanā-saṃjñā-saṃskāra-vijñānāni)가 병렬적으로 등장했기 때문에 병렬복합어라고 한다. 그래서 마지막 단어 '비쥬냐나니(vijñānāni)'는 복수의 형태를 취했다.

'수상행식도 또한 이와 같다'라는 이 구절은 생략된 형태이다. 이 구절을 색과 공성의 관계처럼 종격의 의미를 살려 해석하면 '수상행식으로부터 별도로 공성은 존재하지 않는다. 수상행식의 공성으로부터 별도의 공성도 존재하지 않는다. 수상행식의 공성은 수상행식이다'라는 의미이다. 『반야심경』은 260자로 이루어진 아주 짧은 경전이다. 따라서 가능한 한 생략해도 되는 부분은 생략하고 있다. 이 구절을 생략하지 않고 그대로 옮긴다면 '색불이공 공불이색 색즉시공 공즉시색. 수불이공 공불이수 수즉시공 공즉시수. 상불이공 공불이상 상즉시공 공즉시상. 행불이공 공불이행 행즉시공 행즉시공. 식불이공 공불이식 식즉시공 공즉시식'일 것이다.

3. 공의 특질을 가진 것은 불생불멸이다

사리자여! 시제법공상(C: 舍利子 是諸法空相, SKT: iha Śāriputra sarva-dharmāḥ śūnyatā-lakṣaṇā, E: here, O sariputra, all dharmas are marked with emptiness,[41] K: 사리자여! 이 세상에 존재하는 모든 것은 공성을

41) 뮐러는 'here O Śāriputra, all things are have charater of emptiness'로 영역하고 있다.

특징으로 한다).

앞 구절에서 오온이 공이듯이 제법〔일체법〕도 자성이 공이라는 것이다. 앞에서도 언급하였지만 여기서 제법〔일체법〕은 유위법과 무위법을 포함하는 것이다. 앞 구절에서는 유위법인 오온을 공이라고 설파했지만, 여기서는 무위법도 공이라고 규정한다.

계속해서 경문(經文)을 살펴보자. 'iha Śāriputra'에 대해서는 앞에서 설명했기 때문에 생략하겠지만, 현장 역에서는 'iha'를 번역하지 않았다. 먼저 'sarva'는 '모두〔일체〕'라는 의미이며, 'dharmāḥ'는 남성명사 'dharma(法)'의 복수, 주격이다. 그래서 한역에서는 복수〔제법〕로 해석했다. 그리고 '슌냐타 락사나(śūnyatā-lakṣaṇā)'는 소유복합어〔Bahuvrīhi〕로 남성명사, 복수, 주격의 형태이다. 원래 형태는 'lakṣaṇāḥ'이지만, 'āḥ'+유성음이 오면 'ḥ'는 생략되는 규칙이 적용된 것이다. 'lakṣaṇa'는 '상(相)'이라고 한역하였지만, 여기서는 'śūnyatā- lakṣaṇā'가 소유복합어이기 때문에 '공성의 특질〔속성〕을 가진 것'으로 번역하였다. 그러므로 제법공상이란 일체법은 공이기 때문에 본래부터 실체가 없다는 것이다.

그런데 제법 중의 '법(dharma)'이란 어떤 의미인가? 불교에서 '법(法)'은 다양한 의미로 사용된다. 법이란 일반적으로 인간 존재를 보호하고 유지하며 인간을 참으로 인간이게끔 하는 것을 말한다. 법을 종교인이 사람들에게 설할 때는 가르침, 설법, 교법의 의미가 된다. 그리고 이러한 가르침에 따라 생활방법이 사회적으로 정착되면 윤리나 도덕으로 기능한다. 게다가 생활방법이 사회관행으로 고정되면 습관이나 관습이고, 이것이 더욱 강화되면 강제력을 갖는 법률이나 의무가 되는 것이다.

먼저 법이라는 글자에 따른 의미부터 살펴보자.

"법(法)은 삼수변(氵)에 거去가 붙은 자이다. 그런데 『설문해자』에서는 원래의 형태는 '거(去)'자 위에 해태를 뜻하는 '치(廌)'가 있었다고 한다. 해태는 옳고 그름을 가려내는 신령스러운 존재로 죄지은 자를 그 앞에 세우면 단번에 머리를 돌려 버렸다고 한다. 그렇다면 법의 구성요소인 거(去)자에는 선악 판별의 뜻이 들어 있음을 알 수 있다. 그리고 물수(水)는 수평, 공평, 즉 공평무사를 뜻한다. 따라서 법은 선악을 공평하게 가려내어 바른 쪽으로 행위를 이끄는 '본보기'를 뜻한다. 법고창신(法古創新, 옛것을 본받아 새로운 것을 만들어낸다)이란 말 속에 원래의 용례가 살아있음을 볼 수 있다. 이렇게 보면 법률이나 법령도 사회구성원을 통제하고 규제하기 위한 것으로 보기보다는 인간행위의 보편적 준칙을 일깨워 주는 쪽으로 그 역할을 채워 나가는 것이 법의 본뜻에 어울리는 일인 것 같다."(이종철, 2008, p.40)

한편 불교에서 사용하는 법(dharma), 즉 다르마(dharma)는 산스크리트의 동사 √dhṛ로부터 파생된 것으로 '보존하다·유지하다'의 의미이다. 불교에서 사용하는 일반적인 법의 의미는 첫째, 존재 또는 존재자 둘째, 행위의 규범·교설 셋째, 성질·속성의 세 가지 의미가 있다. 국어사전에는 보통 (1) 법칙·정의·규범, (2) 붓다의 교설, (3) 덕(德)·속성, (4) 인(因), (5) 사물의 다섯 종류를 들고 있다. 그리고 법에 대해 5세기경의 대주석가 붓다고사(Buddhaghosa, 불음)는 『청정도론(Visuddimagga)』에서 원시경전에 나타난 여러 가지의 법을 (1) 성전, (2) 인(因), (3) 덕(德), (4) 비정물(非情物), (5) 교설(教說)의 다섯 가지로 분류하고 있다. 그런데 국어사전에서 정의한 법의 의미와 붓다고사의 법에 대한 정의가 거의 일치한다는 것이다. 붓다고사가 말한 법의 정의를 간단하게 설명하면 다음과 같다.

첫째, 법은 교설〔교법〕이라는 것이다. 교법은 붓다가 일생을 통해 사람들을 위해 설한 가르침이다. 붓다가 설한 가르침은 '법(Dharma)'과 '율(Vinaya)'의 두 종류이지만, 그 중에 법(法)이 교법에 해당된다. 나중에 법은 '경장(經藏)', 율(律)은 '율장(律藏)'으로 발전한다.

둘째, 법은 인(因)이다. 인이란 현상세계의 생멸변화의 원인이며, 인과관계(因果關係)에 있어서는 인〔因〕을 의미한다. 즉 모든 현상 사이에 있어서 바른 인과관계를 나타낸 것이 법이다. 이 경우의 법은 원인과 결과가 정합(整合)한 합리성을 가진 것으로, 곧 진리를 의미한다.

셋째, 법은 덕(德)이다. 덕이란 윤리·도덕을 말한다. 즉 인륜에 부합하는 정의나 선을 말한다. 종교가 단지 자신의 마음을 만족시키는 주관적〔개인적〕인 것이라고 한다면 이곳에는 신앙이나 윤리는 반드시 필요하지 않다. 그러나 신앙을 가진 사람도 개인적인 생활만 하는 것이 아니다. 개인은 주변의 사회 환경과 함께 공동생활을 영위하기 때문에 사회 환경과 협력하고 조화하지 않으면 진정한 행복은 얻을 수 없는 존재이다. 따라서 개인이 공동생활을 하기 위해서는 합리성도 필요하지만, 인륜의 도(道)로서 윤리도덕성은 필수 불가결한 것이다.

넷째, 법은 비정물이다. 비정물이란 존재하는 모든 것, 즉 우리들이 지각이나 감각에 의해 경험하고, 인식할 수 있는 현상적 존재를 말한다.[42] 이것은 제법무아(諸法無我, 존재하는 모든 것은 자기의 본질을 가지고 있지 않다) 중의 법이나 앞에서 말한 '시제법공상' 중의 법이 이 비정물〔존재〕에 해당하는 말이다.

이처럼 불교에서 법은 다양한 의미를 포함하지만, 가장 일반적인 것은 '진리'나 '존재'라는 의미이다.

불생불멸(C: 不生不滅, SKT: an-utpannā, a-niruddhā, E: not produced or stopped, K: 〈공성을 특질로 하는 것은〉 생기하지도 소멸하지도 않는다.)

불생불멸이란 모든 존재(sarva-dharma)는 근원적으로 공성을 특질로 하는 것이기 때문에 생기하는 것도 소멸하는 것도 없다는 의미이다. 먼저 불생이란, 제법은 실체가 없기 때문에 본래부터 실체를 가지고 생기하지 않는다는 것이다. 즉 사물은 인연에 의해 존재하고 생기하지만 실체로서 존재하거나 생기하는 것이 아니라는 것이다. 『반야심경』에서는 자성〔실체〕의 생기를 부정한 것이지 인연에 의한 생기를 부정한 것이 아니기 때문에 인연에 의해 생기하는 것과 실체를 가지고 생기한다는 것은 구별할 필요가 있다는 것을 말하고 있다.

불멸이란 제법은 실체를 가지고 생기하는 것이 아니기 때문에 실체를 가지고 멸하는 것도 없다는 것이다. 즉 사물은 인연에 의해 멸하지만, 실체로서 멸하는 것이 아니라는 것이다. 그러나 만약 사물은 인연

42) 『佛教の基礎知識』, 水野弘元, 春秋社, 1971.

에 의해 소멸한다는 것마저도 부정해 버리면 사물은 영원히 소멸하지 않는 것이 된다.

이처럼 실체가 없다는 것(공성)은 상관적(相關的)·상의성(相依性)인 연기라는 것이다. 그래서 『중론』에서 용수는 사물은 불생불멸(不生不滅), 불상부단(不常不斷), 불일불이(不一不異), 불래불거(不來不去)라는 '팔불중도'의 연기를 서두에 기술하고 있을 정도이다. 다시 말해 연기, 즉 공의 입장에서는 모든 사물은 "소멸하지도 않으며 생기하는 일도 없고, 단절하지도 않으며 상주[항상]하지도 않고, 단일하지 않으며 다수도 아니고, 오는 것도 없으며 가는 것도 없다"고 단정하였던 것이다.

불구부정(C: 不垢不淨, SKT: a-malā a-vimalā, E: not difiled or inmaculate, K: 〈공성을 특질로 하는 것은〉 부정하지도 청정하지도 않다.)

불구(amalā)란 'malā(垢)'에 부정어인 'a'가 앞에 붙어 '더럽지 않다[不垢]'는 의미이다. 그리고 부정이란 'vimalā(淨)'에 부정어 'a'가 앞에 붙어 '청정하지 않다[不淨]'는 의미가 된 것이다. 다시 말해 존재하는 모든 것은 공성을 특질로 하기 때문에 본래 청정이라고도 부정이라고도 말할 수 없다는 의미이다. 공의 입장[승의제]에서는 더러움은 성립할 수 없다. 왜냐하면 제법은 공이기 때문에 비록 윤회하는 존재라도 공의 입장에서는 더러움은 없기 때문이다. 그리고 부정이란, 공의 입장에서는 제법은 청정이라는 것이 성립하지 않는다는 것이다. 그래서 공의 입장에서는 생사즉열반, 번뇌즉보리, 윤회즉열반이라고 하는 것이다.

우리들은 일상생활 속에서 깨끗한 것과 더러운 것, 아름다운 것과 추한 것 등을 구별하며 살아간다. 그러나 모든 사물은 연기적 존재, 즉 공성을 특질을 하는 것은 본래부터 청정이니 부정이니 하는 구별은 없다는 것이다. 그래서 붓다는 다음과 같은 가르침을 우리에게 주었다.

> "마가다국 빔비사라 왕의 왕비인 게야는 아름다운 미모를 지닌 여성이었다. 왕의 주선으로 마지못해 게야 왕비는 붓다를 만나게 되었다. 그러나 솔직히 붓다의 말씀을 듣기에는 자존심이 허락하지 않았다. 이 사실을 안 붓다는 마술을 사용하여 그녀보다 뛰어난 미모의 여인을 만들어 그녀에게 보였다. 그녀의 자존심은 여지없이 무너지고 상처를 받았다. 그리고 붓다는 미모의 여인을 중년의 여인으로 그리고 다시 노파로 변화시켰다. 그리고 마지막에는 정말로 보기 싫은 모습으로 죽어 가는 것을 보였다. 한 순간에 자기의 현실을 본 게야는 그 자리에서 재가신자가 되었다고 한다."

이처럼 우리들의 가치관으로 보면 아름다움과 추함, 깨끗함과 더러움이라는 것은 본래 연기적 속성을 지닌 것이다. 그럼에도 불구하고 이것〔연기적 존재〕에 집착하여 보다 아름다움이나 깨끗함을 욕망하기 때문에 우리들의 삶은 괴로운 것이다. 그래서 공의 입장에서 보면 '불구부정'인 것이다.

자본주의 사회는 모든 것을 구별(distinction)하는 사회, 즉 남과 다르게 보이고 싶다는 욕망이 분출하는 사회이다. 그래서 남과 다르다는 것을 보이기 위해 명품 가방을 사고 고급 승용차를 타고 싶어 한다. 이처럼 나는 남과 다르다는 것을 보이고 싶고, 인정받고 싶어 한다.

그러나 상대방이 이것을 인정해 주지 않으면 분노한다. 이런 인간의 욕망이 극명하게 드러난 하나의 사례를 소개하고자 한다.

> "1995년 충남 아산시 국도에서 볼보와 프레스토 승용차 사이에 속도 경쟁이 붙었다. 두 차는 앞서거니 뒤서거니 경쟁을 했지만, 결국 속도 경쟁에서 프레스토 승용차의 승리로 끝났다. 그러자 볼보 승용차의 차주는 트렁크에 있던 공기총으로 프레스토 승용차 차주를 쏘아 중상을 입혔다. 아마도 볼보 승용차 차주는 '프레스토 주제에 감히 볼보에게 덤벼'라는 심리였을 것이다. 볼보의 차주는 볼보를 인정해 주지 않은 프레스토 차주를 도저히 용서할 수 없었을 것이다."[43]

이처럼 인간은 구별〔구별짓기〕[44]을 통해 차별을 한다. 인종간의 구별, 남녀의 구별, 가진 자와 못 가진 자의 구별 등은 결국 차별을 낳는다. 차별은 또한 지배를 낳아 인간 사회를 불평등한 관계로 만든다. 인류의 역사를 되새겨 보면 결국 구별과 차별의 역사가 아닌가!

따라서 공의 실천은 이런 구별과 차별을 초월하는 삶을 지양하는 것이다.

부증불감(C: 不增不減, SKT: nonā na paripūrṇāḥ, E: not deficient or complete, 〈공성을 특질로 하는 것은〉 늘어나지도 줄어들지도 않는다.)

---

43) 『대중문화의 겉과 속 II』, 강준만, 인물과 사상사, 2003.

44) 강만준은 'distinction'을 '티내기'로 번역하고 있다. 적절한 번역이라고 생각한다.

부증불감이란, 공성을 특질로 하는 모든 것은 증가하지도 않고 줄어들지도 않는다는 의미이다. 즉 불감이란 공의 입장〔승의제〕에서는 감소나 쇠퇴는 성립하지 않는다는 것이다. 그리고 부증이란, 공의 입장에서 볼 때 공덕이 늘어난다〔증대〕는 것도 성립하지 않는다는 것이다. 이렇듯 공의 입장에서는 부증불감은 성립하지 않지만, 세속의 입장에서는 번뇌의 억제와 소멸, 그리고 공덕을 증대시키기 위해 노력 정진하는 것은 중요한 것이다. 이 구절에서는 세속 차원의 소멸과 증대마저 부정하는 것은 아니다. 즉 이 구절〔是諸法空相 不生不滅 不垢不淨 不增不減〕은 존재하는 모든 것〔제법〕이 '공'이라는 특질을 가졌기 때문에 '생멸구정증감'이 없다는 것이다.

우리들은 생기한다는 개념을 긍정하면 멸한다는 개념을 부정하려고 하고, 더럽다는 개념을 부정하면 청정하다는 개념을 긍정하고, 증가한다는 개념을 부정하면 줄어든다는 개념을 긍정한다. 또한 성(聖)을 긍정하면 속(俗)을 부정한다. 그러나 『반야심경』에서는 개념이나 언어에 의해 분별하는 두 개념을 공의 입장에서 부정한다.

계속해서 산스크리트 경문(經文)을 살펴보자.

'노나(nonā)'는 부정어 'na'+'ūnāḥ'가 결합된 것이다. 'ūrṇāḥ(줄다, 부족하다)'가 '우나(ūnā)'로 된 것은 'āḥ'+유성음이기 때문에 'ḥ'가 생략된 것이며, 형태는 남성명사, 복수, 주격이다. '파리푸루나하(paripūrṇāḥ)'는 동사어근 pari-√pṛ(충만하다, 증가하다)를 과거수동분사로 만든 것으로, 형태는 남성명사, 복수, 주격이다. 그리고 'na'라는 부정어가 앞에 각각 왔기 때문에 '줄어들지도 증가되지도 않는다'로 번역하였다. 그런데 산스크리트 원문에는 '불감부증'으로 순서가 바뀌어 있다.

또한 이 구절은 밑줄 친 것처럼 '아누트판나 아니루다 아말라 아비말라 노나 나 파리푸루나하(anutpannā aniruddhā amalā avimalā nonā na paripūrṇāḥ)'가 모두 남성명사, 복수, 주격의 형태를 취하고 있다.

4. 오온 · 12처 · 18계는 공이다

시고공중 무색 무수상행식(C: 是故空中 無色 無受想行識, SKT: tasmāc Chāriputra śūnyatāyāṃ na rūpaṃ na vedanā na saṃjñā na saṃskāra na vijñānaṃ, E: therefore Śāriputra! in emptiness there is no form, nor feeling, nor perception, nor impulse, nor consciousness, K: 그러므로 사리자여! 공성에는 색도 없고, 수도 없고, 상도 없고, 행도 없고, 식도 없다.)

먼저 공중(śūnyatāyāṃ)이라고 하여 '공의 입장'을 분명하게 밝히고 있다. 다시 말해 공의 입장에서 보면 색수상행식의 오온은 없다는 것이다. 그러나 세속의 입장에서는 오온은 존재한다. 물론 『반야심경』에서는 세속의 차원에서 오온의 존재를 논하고 있지는 않다. 만약 세속의 차원에서도 오온이 존재하지 않는다고 한다면 허무주의에 빠지는 것이다.

계속해서 산스크리트 경문(經文)의 내용을 살펴보자.

현장의 한역본에는 '시고(是故, tasmāt)' 다음에 'Śāriputra'가 생략되었다. '타스마트(tasmāt)'는 부사로 '그러므로'의 의미이다. 그리고 'tasmāt

Śāriputra'가 'tasmāc Chāriputra'로 된 것은 어말 't'에 치찰음 ś가 오면, 즉 't+ś'=c+ch'로 변하는 규정에 의한 것이다. 그리고 'śūnyatāyāṃ'는 여성명사 'śūnyatā'의 단수, 처격이다. 그래서 한역에서는 '공중'이라고 번역하였던 것이다. 앞에서도 언급했지만, 'na'는 부정의 의미이기 때문에 한역에서 '무(無)'라고 번역하였다. 그래서 한역에서는 '이런 까닭에 공에는 색도 없고, 수상행식도 없다'고 하였던 것이다. 다시 말해 세속의 입장에서 보면 오온은 존재한다. 그러나 공의 입장에서 보면 오온이 공이라는 것이다.

이처럼 오온을 부정한 후에 계속해서 육근과 육경, 즉 12처를 부정한다.

무안이비설신의(C: 無眼耳鼻舌身意, SKT: na cakṣuḥ -śrotra -ghrāṇa -jihvā -kāya -manāṃsi, E: no eye, ear, nose, tonge, body, mind, K: 안이비설신의도 없다.)

이 구절은 병렬복합어〔dvandva〕이다. 병렬복합어란 'A and B'처럼 병렬적으로 단어가 나열된 것을 말한다. 이 구절처럼 4개 단어가 병렬되었기 때문에 마지막 단어는 복수로 나타낸다. 그래서 마지막 단어인 '마남시(manāṃsi)'는 중성명사 '마나스(manas)'의 복수, 주격이 되는 것이다.

육근(六根, ṣaḍ-indriya)이란 6가지의 감각기관을 말한다. 우리들은 6가지의 감각기관을 통해 외계의 인식대상〔境〕을 인식한다. 그런데 이 구절에서는 공성의 입장에서 보면 우리들이 보고(cakṣus), 듣고(śrotra), 냄새 맡고(ghrāṇa), 맛보고(jihvā), 접촉하고(kāya), 의식함(manas)이 없다는 것이다. 이처럼 감각기관을 '근(根)'이라고 하는 것은 사물을 생성시키는 강력한 힘을 가지고 있기 때문이다. '근(根)'은 산스크리트로 '인드리야(indriya)'라고 하는데, 'indriya'는 인드라(indra)신의 강력한 힘을 형용화한 것이다.

④ **무색성향미촉법**(C: 無色聲香味觸法, SKT: na rūpa -śabda -gandha -rasa -spraṣṭavya -dharmāh, E: no forms, sounds, smells, tastes, touchables, or objects of mind, K: 색·성·향·미·촉·법도 없다.)

이 구절도 병렬복합문이다. 따라서 4개의 단어 중에 마지막인 남성명사 'dharma'는 복수(dharmāh), 주격의 형태를 취하고 있다.

불교에서는 '색성향미촉법'을 육경(六境, ṣaḍ-viṣaya) 또는 육진(六塵)이라고 한다. 여기서 'ṣaḍ'는 숫자 6, 경(境, viṣaya)은 인식대상이라는 의미이다. 구마라집이 '비사야(viṣaya)'를 진(塵)이라고 한역한 까닭은 우리의 깨끗한 마음에 더러운 미혹이 '색성향미촉법'을 통해 외부 세계에서 먼지처럼 들어오기 때문에 진(塵)이라고 번역하였다고 생각한다. 그래서 선종에서는 먼지〔번뇌〕가 쌓여 있는 거울〔마음〕을 닦아 내면, 즉 본래 모습인 깨끗한 거울〔마음〕로 되돌리는 것을 견성성불이라고 하는 것이다.

우리들은 감각기관을 통해 외부세계의 인식대상을 지각한다. 예를 들면 안근은 형체, 이근은 소리, 비근은 냄새, 설근은 맛, 신근은 촉의 인식대상을 지각한다. 그리고 마지막에 의근은 법경(法境), 즉 오감을 종합하는 기능을 담당한다. 이 육근과 육경을 합쳐서 12처(處)라고 한다. 12처란 안근(眼根, cakṣus-indriya)·이근(耳根, śrotra-indriya)·비근(鼻根, ghrāṇa-indriya)·설근(舌根, jihvā-indriya)·신근(身根, kāya-indriya)·의근(意根, manas-indriya)의 6개 감각기관(ṣaḍ-indriya)과 색경(色境, rūpa-viṣaya)·성경(聲境, śabda-viṣaya)·향경(香境, gandha-viṣaya)·미경(味境, rasa-viṣaya)·촉경(觸境, spraṣṭavya-viṣaya)·법경(法境, dharma-viṣaya)인 6개의 대상(ṣaḍ-viṣaya)을 말한다. 여기서 '처(āyatana)'는 접두사 'ā'에 동사√yat(나열하다, 배열하다)+명사어미 'ana'로 구성된 단어로 '장소'나 '생장'의 뜻이다. 그래서 한역에서는 '처(處)'로 번역하였다. 다시 말해 육근이 육경을 받아들여 의식을 만들고 발전시키는 '장소'라는 상징적인 표현이다.

이처럼 공성의 입장에서는 육근과 육경의 12처는 존재하지 않는다. 그렇지만 세속의 입장에서도 12처가 존재하지 않는다는 것은 아니다.

계속해서 6가지의 마음〔六識〕도 부정한다.

무안계 내지 무의식계(C: 無眼界. 乃至 無意識界, SKT: na cakṣur-dhātur yāvan na mano-vijñāna-dhātuḥ, E: no sight-organ, and so forth, until we come to no mind-consciousness element, K: 안계 내지 의식계도 없다.)

먼저 산스크리트 경문부터 설명하자. 'na'는 부정어이고, '야반(yāvan)'은 접속사로 '내지, ~에 이르기까지'라는 의미이며, '야바트(yāvat)'가 'yāvan'으로 된 것은 't+비음(n)'일 경우에는 't'가 뒤에 오는 비음에 순화

되기 때문이다. 그리고 '착슈르 타투르(cakṣur-dhātur)'의 두 단어 어미에 'r'이 된 것은 'uḥ'+'유성자'일 경우에는 'ḥ'가 'r'로 되는 규칙 때문이다. 한역에서는 '안계'로 번역하였다. '마노 비쥬냐냐 다투하(mano-vijñāna-dhātuḥ)'에서 'mano-vijñāna'는 '의식', 'dhātuḥ'는 남성명사 'dhātu'의 단수, 주격으로 '계(界) 또는 영역'의 의미이다. 그래서 한역에서는 '의식계'라고 하였다.

이 구절은 공의 입장에서 보면 안의비설신의 육근과 색성향미촉법의 육경, 그리고 안식 등의 육식(六識)이 더하여져 18계(界)가 없다는 것이다.

18계(dhātu)란 안근(眼根)・이근(耳根)・비근(鼻根)・설근(舌根)・신근(身根)・의근(意根)의 6개 감각기관(ṣaḍ-indriya)과 색경(色境)・성경(聲境)・향경(香境)・미경(味境)・촉경(觸境)・법경(法境)인 6개의 대상(ṣaḍ-viṣaya), 그리고 안식(眼識)・이식(耳識)・비식(鼻識)・설식(舌識)・신식(身識)・의식(意識)인 6개의 마음(ṣaḍ-vijñāna)을 말한다.

여기서 6가지의 마음〔識〕 중 대표적인 안식에 대해 알아보자. 안식이란 시각을 의지한 마음이다. 다시 말해 안식은 대상을 보는 작용이다. 예를 들어 우리들이 의자를 의자로 알기 위해서는 인식대상인 색경〔의자〕, 감각기관인 색근〔눈〕, 인식기능을 담당하는 안식의 3자가 반드시 접촉을 일으켜야 의자를 인식하는 것이다. 또한 이식, 비식, 설식, 신식도 동일하다. 그러므로 18계가 작용해야 우리들은 세계를 인식하는 것이다. 그러나 공의 입장에서는 18계는 성립하지 않는다. 이른바 불교의 세계관인 오온, 12처, 18계가 '공'이라는 것이다.

다음은 12연기도 부정한다.

5. 12연기는 공이다

무무명 역무무명진(C: 無無明. 亦無無明盡, SKT: na vidyā nāvidya na vidyā-kṣyo nāvidyā-kṣaya, E: there is no ignorance, no extinction of ignorance, K: 무명도 없고 무명이 다함도 없다.)

먼저 이 구절에서는 12연기의 첫 번째인 '무명'도 공이라고 한다. '비드야(vidyā)'는 여성명사로, '명(明)'이나 '깨달음'의 의미이다. 부정사인 'na'가 첨가되어 있기 때문에 '무명(無明)'으로 한역하였다. 'nāvidya'는 본래 'na+avidya'이지만, 모음 a+a=ā가 되는 모음의 연성법에 따른 것이다. 그리고 'na vidyā-kṣayo'에서 '크사요(kṣayo)'의 본래 형태는 'kṣayaḥ'이지만, 'aḥ'+유성자음일 경우에는 'o'로 변하는 규칙에 따른 것이며, 'kṣaya'는 '멸(滅)'의 의미이다. 그리고 'vidyā-kṣayo'는 격한정복합어(格限定複合語, tatpuruṣa)이다. 격한정복합어란 A+B 사이에 격(格)관계가 있는 복합어를 말한다.45)

그래서 산스크리트 경문을 번역하면 '깨달음도 없고(na vidyā) 무명도 없다(na avidyā). 깨달음이 없어짐도 없고(na vidya-kṣya), 무명이 없어지는 것도 없다(na avidya-kṣya)'는 의미이다. 그런데 한역에서는 '무명도 없고 또한 무명이 다함도 없다'고 번역하였다.

45) 그러므로 'vidyā-kṣayo'를 격한정복합어의 의미를 살리면 'vidyāyāh-kṣayo'로 바꿀 수 있다. 여기서 'vidyāyāh'는 여성명사 'vidyā'의 단수, 속격의 형태이다.

내지 무노사 역무노사진(C: 乃至無老死. 亦無老死盡. SKT: yāvan na jarā-maraṇaṃ na jarā-maraṇa-kṣayo, E: so forth, until we come to, there is no decay and death, no extinction of decay and death, K: 내지 〈행, 식, 명색 등〉 노사도 없고 또한 노사가 다함도 없다.)

이 구절도 12연기를 전부 '공'이라고 하지 않고 한역에서는 '내지'라는 말로 압축하여 표현하고 있다. '내지'란 '무명'과 '노사' 사이에 있는 '행, 식, 명색, 육입, 촉, 수, 애, 취, 유, 생을 포함하는 말이다.

'yāvan'은 'yāvat'가 변한 것으로 어말 't'가 오고, 다음 단어 어두(n)에 비음이 오면(t+비음) 't'가 동일계열의 비음으로 변하는 규칙에 따른 것이다. 앞에서도 언급하였지만 'yāvat'는 접속사로 '내지' 또는 '~에 이르기까지'라는 의미이다. 그리고 'jarā'는 여성명사, 단수, 주격의 형태로 '노(老)'라는 의미이고, 'maraṇaṃ'는 중성명사, 단수, 주격이며, 병렬복합어이다. 의미는 '사(死)'이다.

그렇다면 구체적으로 '12연기'에 대해서 살펴보자. 먼저 연기(緣起)란 '~에 의하여 생기하다, 즉 A에 의하여 B가 생기하다'라는 의미로 산스크리트로 '프라티트야 삼우트파다(pratītyasamutpāda)', 팔리어로는 '파티차 삼웃파다(paṭiccasamuppāda)'이다. '프라티트야(pratītya)'는 '~에 의하여〔緣〕', '삼우트파다(sam-utpāda)'는 '함께 생기하다'는 의미이다.

불교에서 말하는 연기〔인연생기〕는 다음과 같이 대략 3가지로 정리할 수 있다.

첫째, 원인이 있으면 반드시 그 결과가 있다. 모든 사물의 존재는 조건적이며 원인에 의존한다. 어떠한 것도 우연히 발생하는 것은 없다.

둘째 모든 사물은 이것이 있으므로 저것이 있고 이것이 일어나므로 저것이 일어난다. 이것이 없으면 저것도 없고 이것이 사라지면 저것도 사라진다(此有故彼有 此起故彼起 此無故彼無 此滅故彼滅).(『잡아함경』 335)

셋째, 모든 사물은 서로 의지하고 서로 관계하는 것〔相依相關〕에 의해 성립하는 존재이며, 동시에 타인에 의해 자기가 성립한다는 것이다.

연기는 불교의 핵심사상으로 한마디로 말하면 모든 사물의 성립 과정을 바르게 파악하려고 하는 태도이다. 그리고 이것은 인간에게 무관한 것을 대상으로 하는 것이 아니고, 인간이 태어나서, 살아가고, 죽어 가는 사이에 관계하는 인간세계의 모든 단계를 주시한 것이다. 연기의 출발점은 우리들의 편리대로 해석하는 것을 배제하고, 현실을 바르게 인식하는 눈〔眼〕으로서, 목적은 고뇌의 해결에 있다.

우리들에게는 갖가지 고뇌가 있다. 일부러 찾지 않아도 고뇌의 종자〔씨앗〕는 사방에 널려 있고, 끊임없이 다가온다. 연기는 이 괴로움을 괴로움으로 자각하고, 괴로움에 의해 다가오는 종자를 명확히 의식하며, 괴로움의 해결은 이 종자를 근절하는 것이라고 가르친다. 연기의 생각이 대상으로 하는 것은 인간의 고뇌 과정이다.

붓다는 깨달음의 한가운데서 인간의 고뇌는 생·노·병·사이고, 이 괴로움에 의하여 오는 원인과 이유를 직관적으로 파악하였다. 그것은 생(生)을 받아 살아가는 것, 삶에 대한 어쩔 수 없는 집착, 살아가고 있다는 것에 대한 확증으로서의 모든 사물에 대한 인식과 그것에 대한 반응, 그 위에 이것에 따라 움직이는 맹목적인 힘, 그리고 이것들을 꿰뚫는 근원적인 무지(無知)에로 되돌아가는 것이다. 그러면 12연기에 대해 구체적으로 살펴보자.

* **무명**(無明 · avidyā)[46)]

우리들의 인생에 고뇌나 불행이 일어나는 근본원인은 무명에 있다고 하는 것이 불교의 입장이다. 무명이란 무지(無知), 즉 진리(연기, 사성제)에 대한 무지로 과거의 생에서 일어난 온갖 번뇌를 말한다. 왜냐하면 모든 번뇌는 무명과 관계하여 일어나기 때문에 온갖 번뇌를 무명이라고 한다.

* **행**(行 · saṃskāra)

행의 산스크리트는 '삼스카라(saṃskāra)'이다. 이것은 제행무상(諸行無常)의 '행'과 5온의 '행'에 공통으로 쓰인다. 여기서 행은 업(業, 행위)과 같은 의미이다. 따라서 행이란 '형체를 형성하는 힘〔力〕'을 의미한다. 우리들은 무명에 의해 신체 · 입 · 생각의 행위〔이른바 身 · 口 · 意의 3가지 업〕를 행하며 이 3가지 업은 축척된다. 다시 말해 과거에 행한 선악의 모든 업〔행위〕이다. 그러나 과거의 업은 이미 '결과를 낳는 힘'으로만 존재하기 때문에 행〔잠재적인 힘〕으로 남는 것이다. 이것이 우리들의 인생〔마음이나 행동〕에 영향을 미치는 것이다.

---

46) '명(明)'이란 밝은 지혜를 의미한다.

현재의 삶에 기인하는 것

행에 의해 만들어진 과거의 무수한 업은 잠재적인 에너지로 남아 현재의 나의 삶 [식, 명색, 육입, 촉, 수, 애, 취]에 영향을 미친다.

＊ **식**(識 · vijñāna)

우리들의 인식작용 또는 인식 주체인 안식(眼識) · 이식(耳識) · 비식(鼻識) · 설식(舌識) · 신식(身識) · 의식(意識)을 말한다.

＊ **명색**(名色 · nāma-rūpa)

'명(nāma)'은 정신적인 것을 말하며, '색(rūpa)'은 물질적인 것을 말한다. 따라서 명과 색은 일체의 현상적 존재를 의미한다.

＊ **육입**(六入 · ṣaḍ-āyatana)

육처(六處)라고도 하며, 안근(眼根) · 이근(耳根) · 비근(鼻根) · 설근(舌根) · 신근(身根) · 의근(意根)의 6개의 '감각기관' 또는 '지각 능력'을 말한다. 즉 눈〔眼〕은 시각기관으로서의 시신경 또는 시각 능력을 의미하고, 귀〔耳〕는 청각기관 또는 청각 능력을 의미하며, 코〔鼻〕는 취각기관 또는 취각 능력을 의미하고, 혀〔舌〕는 미각기관 또는 미각 능력을 의미하며, 몸〔身〕은 피부가 아니고 촉각기관 또는 촉각 능력을 의미하고, 뜻〔意〕은 지각기관 또는 지각 능력을 의미한다.

그런데 식〔인식작용〕, 명색〔대상〕, 육입〔감각기관〕은 시간적 인과관계가 아니라 논리적 인과관계라는 사실이다. 다시 말해 식, 명색, 육입은 동시에 일어나는 것이다.

* **촉**(觸 · sparśa)

식〔인식작용, 주관〕과 명색〔대상, 객관〕과 육입〔감각기관〕이 모여 있는 곳에 접촉〔촉〕이 일어난다. 다시 말해 삼자〔인식작용, 대상, 감각기관〕의 접촉에 의해 감각이나 지각의 인식작용이 생기할 때를 촉〔접촉〕이라고 한다. 그러나 삼자의 접촉이 있더라도 괴로움이나 즐거움의 지각은 분명하지 않은 상태이다.

그런데 한역에서 '스파르샤(sparśa)'를 촉(觸)이라고 번역했기 때문에 촉을 영어의 'touch'로 오해하면 안 된다. 어디까지나 식, 육입, 명색의 3자가 서로 접촉하는 것을 촉이라고 한다.

* **수**(受 · vedanā)

수란 대상을 선택해서 받아들이는 것〔고수(苦受), 낙수(樂受), 불고불락수(不苦不樂受)〕을 말한다. 그런데 인간마다 개성이 다른 것은 대상을 선택해서 받아들이기 때문에 차이가 난다. 다시 말해 수의 작용에 의해 '개인적인 차이'가 생긴다. 이것은 육체적인 것과 정신적인 것이 있는데, 즉 피부나 감각으로 괴로움〔苦〕이나 즐거움〔樂〕을 느끼는 것〔육체적인 것〕과 걱정〔憂〕이나 기쁨〔喜〕을 느끼는 것〔정신적인 것〕으로 나눈다. 그리고 정신적인 것이기도 하고 육체적인 것이기도 한 것을 사(捨, 不苦不樂)라고 한다. 이것을 가치론적으로 설명하면 선(善), 불선(不善), 무기(無記) 중에서 무기에 해당된다. 그리고 '감수'는 괴로움 등의 지각은 있으나 아직 탐욕이 일어나지 않은 상태이다.

* 갈애가 생기는 것은 받아들이는 작용 때문이다.

*** 애**(愛 · tṛṣṇa)

애란 갈애(渴愛)라고도 한다. 갈애란 동사 √tṛṣ(목마르다)에서 파생한 명사로 마치 사막에서 목이 마를 때에 물을 갈구하듯이 애욕에 집착한다는 것이다. 이것은 '모든 번뇌의 근저에 있으면서 윤회를 반복하게 하는 원인으로 욕망의 총칭이다. 욕망이란 재산, 명예 등의 물질적, 정신적 욕망뿐만 아니라 사후에 고통 없는 천국에 태어나기를 바라는 것도 포함한다. 따라서 애욕의 집착 때문에 취(取)가 있다.

*** 취**(取 · upādāna)

취란 욕망하고 원하여 얻은 물질적인 것과 정신적인 것에 집착하는 것으로 4가지가 있다. 즉 욕취(欲取)는 물질적인 집착, 견취(見取)는 견해〔因果否定〕에 집착하는 것, 계금취(戒禁取)는 종교적 신조〔미신적 행위〕에 집착하는 것, 아취(我取)는 자아에 집착하는 것이다.

이것에 집착하는 것으로 말미암아 생존을 유지시킨다.

그런데 유식사상에서는 우리들의 견취(見取), 즉 악견을 다음과 같이 분류하고 있다. 견(見, dṛṣṭi)이란 잘못된 견해를 말한다. 다시 말해 악견이란 여러 진리에 대해서 잘못된 생각을 가지고 바른 견해에 대해 장애를 하고, 고를 초래하는 활동이다. 그래서 『성유식론』에는 "모든 진리와 도리에 대해서 전도(顚倒)되게 추구하는 염혜(染慧)를 본질로 하고, 능히 선견(善見)을 장애하고 고(苦)를 초래하는 것을 업〔작용〕으로 한다"[47]라고 주석하고 있다. 이른바 연기 · 공 · 무상(無相) · 무아 ·

무상(無常) 등을 이해하지 않는 자기중심적인 견해이다. '악견'은 구체적으로 5가지로 구분한다.

'살가야견(薩迦耶見)'은 산스크리트 사트카야 드리스티(satkāya-dṛṣṭi)의 음사어로, 유신견(有身見)·신견(身見)·아견(我見) 등으로 한역한다. 이것은 인간 존재, 즉 오온에 대해서 상주불변한다고 생각하는 자아가 존재한다거나 자아가 소유한 것에 애착하는 견해다. 그래서 『성유식론』에서는 "오취온에 대해서 나와 내 것이라고 집착하는 것을 말한다. 모든 견해의 의지처가 되는 것을 작용으로 한다"고 하였던 것이다.

'변집견(邊執見)'이란 극단적으로 생각하는 견해를 말한다. 예를 들면 미래세에 인간〔오온〕이 죽으면 모든 것은 사라진다〔斷滅論〕고 생각하거나 또는 미래세에 항상 불변하는 자아가 영원히 실재한다〔常見〕고 하는 등의 극단적인 것에 집착하는 견해이다. 그래서 『성유식론』에서는 "그것〔아견〕에 대해서 단멸하거나 상주한다고 집착하는 것을 말한다. 중도의 행과 출리[48]를 장애하는 것을 작용으로 한다"고 하였던 것이다.

'사견(邪見)'이란 연기의 도리와 인과의 도리〔원인과 결과〕가 없다고 하는 견해이다. 특히 '견(見)' 중에서도 사견은 가장 나쁜 것이다. 붓다의 핵심적인 가르침은 연기〔因緣生起〕이다. 다시 말해 연기란 존재하는 모든 것은 하나의 직접적인 원인〔一因〕과 수많은 간접적인 원인〔多

47) 여러 진리에 대해서 잘못된 생각을 가지고 바른 견해에 대해 장애를 하고, 고를 초래하는 활동이다.

48) 아견에 의해 집착된 오온에 대해 단멸론과 상주론에 집착하여, 중도〔非斷非常〕의 행〔도제〕과 출리〔멸제〕를 증득하는 것을 장애하는 것이다.

緣〕에서 생기한다고 한다. 한 가지 예를 들어 보겠다. 독자 여러분들은 오늘 아침에 아침밥을 먹었을 것이다. 그런데 아침밥이 나의 입으로 들어가기까지 어떤 과정을 거쳤는지 생각해 본 적이 있는가? 우선 아침밥이 되기 위해서는 '볍씨'라는 직접적인 원인이 필요하다. 그리고 여러 가지 간접적인 원인도 필요하다. 우선 농부가 농기구나 소의 도움으로 못자리를 만들어 볍씨를 뿌려야 한다. 못자리는 흙과 물이 반드시 필요하다. 그리고 농부가 볍씨를 못자리에 뿌리면 태양과 물의 도움으로 자란다. 볍씨가 적당히 자라면 농부는 모내기하고, 병충해를 방지하기 위해 농약도 뿌리고, 태풍으로 벼가 쓰러지지 않도록 여러 가지 작업을 한다. 그리고 가을이 되면 농부가 수확하여 농협에 출하를 한다. 출하된 쌀은 도매상인과 소매상인을 통해 우리들의 식탁으로 온다. 이처럼 모든 것은 다른 것의 인연 덕분에 생기한다. 사견은 이런 연기의 도리가 없다고 하는 것이다.

'견취견(見取見)'은 붓다의 가르침 이외의 견해나 사고방식을 올바르다고 생각하는 견해이다. 즉 잘못된 이데올로기나 주장을 바르다고 간주하여 그것에 집착하는 견해이다. 견취견에 대해 『성유식론』에서는 "모든 견해 및 의지처인 오온에 대하여 가장 뛰어나다고 집착해서 능히 청정함이나 해탈을 얻을 수 있다고 하는 것이다. 모든 투쟁의 의지처"라고 주석하고 있다. 따라서 견취견은 자신의 주장만이 절대적으로 옳다고 믿으며, 자신의 주장에 대해 반성하는 마음이 없게 된다. 이처럼 자신의 견해가 최고라고 생각하면 결국 타인과 대립하여 투쟁〔싸움〕으로 발전하게 되는 것이다.

'계금취견(戒禁取見)'은 잘못된 견해에 기초하여 잘못된 계율을 뛰어난 계율이라고 생각하고, 그것에 따라 살아가는 방식을 정당하다고 여기며, 그것에 의해 해탈에 도달할 수 있다고 집착하는 것이다. 그래서 『성유식론』에서는 "여러 견해에 수순하는 계율과 금욕 및 의지처인 오온에 대하여 가장 뛰어나다고 집착해서 능히 청정〔깨달음〕과 해탈을 얻을 수 있다고 하는 것이다. 이로움이 없이 근고(勤苦)[49]의 의지처〔무익한 고행의 의지처〕가 되는 것을 작용으로 한다"라고 하였던 것이다.[50]

붓다는 불교도에게 가장 보편적인 가치인 오계와 팔재계를 지킬 것을 요구했다. 계금취견은 이런 붓다의 가르침을 따르지 않고 다른 잘못된 계율을 지키고, 이것에 집착하는 마음의 작용이다.

미래의 삶에 기인하는 것

* **유**(有 · bhāva): '존재(생존)', 특히 윤회적 생존을 말한다. 생존이 있기 때문에 태어남이 있다.
* **생**(生 · jāti): 태어남
* **노**(老 · jarā): 태어남이 있기 때문에 늙음이 있다.
* **사**(死 · maraṇa): 늙음이 있기 때문에 죽음이 있다.

---

49) 외도〔자이나교〕에서는 수행의 완성을 위해 머리카락을 뽑는다든지 하는 고행을 강조한다. 이처럼 고〔고행〕를 권장하는 것을 말한다.

50) 악견에 관한 부분은 (『유식삼십송과 유식불교』, 김명우, 2009)에서 인용한 것이다.

붓다는 연기의 순관(順觀, 생노사－유－취－애)을 깨달았다고 한다. 우리들의 삶에 생로병사가 있는 것은 유(有)가 있기 때문이며, 유가 있는 것은 취가 있기 때문이다. 반대로 이것을 소멸하는 순서로 연기를 역관(逆觀, 무명－행－식－육입)으로 보는 방법도 있다. 우리들의 괴로움의 근원인 무명이 소멸하면 행도 소멸하고, 행이 소멸하면 식도 소멸한다.

계속해서 붓다가 초전법륜에서 5비구에게 설한 '사성제'도 부정한다.

6. 사성제도 공이다

④ **무고집멸도**(C: 無苦集滅道, SKT: na duḥkha-samudaya-nirodha-mārgā, E: there is no suffering, no origination, no stopping, no path, K: 고집멸도 〈의 사성제도〉 없다.)

이 구절에서도 역시 공의 입장에서는 사성제도 없다는 것이다.

우선 산스크리트 경문부터 살펴보자. 이 구절에서도 4개의 단어(duḥkha-samudaya-nirodha-mārga)가 병렬적인 순서로 나열되어 있기 때문에 병렬복합어의 형태를 나타내고 있다. 그래서 마지막 단어인 'mārgā(道)'는 남성명사 '마르가(mārga)'의 복수, 주격의 형식을 취했다. 한역에서는 '두카(duḥkha)'를 '고(苦)', '삼우다야(samudaya)'를 '집(集)', '니로다(nirodha)'를 '멸(滅)', '마가(mārga)'를 '도(道)'로 번역하였다.

여기서 붓다의 최초 설법 중의 하나인 '사성제'에 대해 살펴보겠다. 사성제는 인간에게 내재하는 근원적인 고뇌를 어떻게 하면 해결할 수 있을까? 라고 하는 큰 문제에 대한 해답을 제시하고 있다. 먼저 사성제(四聖諦, ārya-catvāri-satyāni)란 '네 가지의 성스러운 진리'라는 의미이다. 'ārya'는 형용사로 '성스러운'의 의미이며 뒤에 오는 사제(四諦)를 꾸민다. '차트바리(catvāri)'는 '차투르(catur)'의 복수형으로 숫자 '4'를 뜻한다. 그리고 '사트야니(satyāni)'는 중성명사 '사트야(satya)'의 주격, 복수형으로 '진리〔諦〕'라는 뜻이다. 그런데 산스크리트에는 '진리'라는 말에 두 단어가 존재한다. 하나는 'satya(諦)'이고, 또 다른 하나는 '타트바(tattva)'이다. 사성제(Ārya-catvāri-satyāni) 중의 '진리(諦·satya)'란 인간의 행위와 관계된 진리로, 예를 들면 선(kuśala), 악(akuśala) 등으로 실현되지 않으면 진리로서 인정받지 못하는 진리이다. 반면 'tattva(thatness)·tathātā(such-ness)'는 인간과 관계가 없는 진리, 진리 그 자체이다. 따라서 사상제의 진리는 인간에 관계하는 진리인 것이다.

이제 구체적으로 사성제에 대해 살펴보자.

첫째는 고성제(苦聖諦), 즉 '고에 관한 성스러운 진리'이다. 다시 말해 고성제란 일체의 모든 것〔현실적인 것〕은 괴로움〔苦〕[51)]이라는 뜻이다. 경전에서는 고성제에 대해 다음과 같이 설하고 있다.

---

51) 고(苦)란 정신적, 물리적 고통을 통틀어서 일컫는 말로, 한역에서는 두카(duḥkha)를 두거(豆佉), 낙거(諾佉), 납거(納佉)라고 음사하기도 한다. 고의 종류에는 내면적인 고〔마음에서 일어나는 괴로움〕, 외면적 고〔밖으로부터 받는 괴로움〕가 있다. 그리고 고고(苦苦), 괴고(壞苦), 행고(行苦)가 있다. 고고는 자기의 욕망이나 욕구를 거스르는 대상으로부터 받는 고통이며, 괴고는 애착하는 대상으로부터 받는 고통이다.(공간적) 행고는 모든 것이 무상하다는 것을 보고 느끼는 고통이다.(시간적) 또한 고의 종류에는 사성제에서 말하는 사고〔생노병사〕와 팔고(八苦)가 있다.

"수행자들이여! 이것이 고성제(苦聖諦, Duḥkha-ārya-satya)이다. 이른바 태어남[生]도 괴로움이고, 늙어 가는 것도 괴로움이고, 아픔[病]도 괴로움이고, 죽음[死]도 괴로움이고, 미워하는 사람과 만나는 것도 괴로움이고, 사랑하는 사람과 헤어짐도 괴로움이고, 바라는 것이 손에 들어오지 않는 것도 괴로움이다. 따라서 오취온(五取蘊)도 괴로움이다."

이처럼 인간의 괴로움을 붓다는 8가지로 규정하고 있다. 그렇지만 필자는 욕망의 확대재생산 시스템, 즉 자본주의 사회에 살고 있는 우리들에게 가장 큰 괴로움은 '구부득고(求不得苦)'라고 생각한다. 인간은 생물학적 본성을 가진 존재이기도 하지만 동시에 각자의 삶을 이상적으로 완성하기 위해 복잡한 사회관계를 맺는 사회적 존재이기도 하다. 이처럼 인간에게 있어서 사회적 관계맺음이 필연적인 것이라면 사회 구성원 모두가 각각 최선의 삶을 실현할 수 있는 사회를 만드는 것이 중요하다. 이러한 사회를 만들기 위해서는 개인의 인권이 존중되고 자유와 평등이 보장되는 법과 제도를 마련하는 것이 요구된다. 그러나 이에 못지않게 경제적 가치의 분배에 대한 정의를 실현하는 것도 매우 중요하다. 분배의 정의가 문제되는 것은 인간이 가지고 있는 욕망이 거의 무한한 데 반해 이를 충족시켜줄 수 있는 재화가 상대적으로 부족한 상황에서 이 재화에 대한 요구가 각 개인들에게 있어서 서로 상충될 여지가 상존하기 때문이다.

우리들은 많은 돈을 벌기를 원하고, 남들보다 높은 명예를 원하지만, 그것은 한정되어 있다. 그러므로 한정된 재화, 자원, 자리를 놓고 인간과 인간, 국가와 국가 간에 경쟁할 수밖에 없다. 다시 말해 인간의 욕망은 무한하지만, 지구상의 자원은 유한하기 때문에 욕망을 채우기 위해 경쟁할 수밖에 없는 존재이다. 경쟁에 패한 자는 갖지 못한 자로 전락하고, 경쟁에 이긴 승자는 자본주의 체제를 만족해 하면서 향유하고 있다. 그렇지만 갖지 못한 자와 가진 자 모두 만족하지는 못한다. 갖지 못한 자는 자기의 부족한 것을 가지려고 하고, 가진 자도 지금보다 더 많은 것을 원하기 때문이다. 그러므로 인간이 '소욕지족(少欲知足)'의 삶을 살아간다는 것은 자본주의 체제에서는 애초에 실현 불가능할지도 모른다.

인류사를 보면 이런 불평등한 체제를 개선하기 위해 부단한 노력을 해 왔다. 다시 말해 '분배'를 어떻게 할 것인가를 고민해 왔다. 그렇지만 완벽한 체제란 있을 수 없다. 그러므로 필자는 사회체제와 더불어 인간의 내부, 즉 마음공부를 통해 해결할 수밖에 없다고 생각한다. 따라서 자본주의가 발달한 선진국에서 마음공부를 중시하는 불교에 귀의하는 사람이 늘어나는 것은 당연한 결과인지도 모른다.

두 번째는 고집성제(苦集聖諦), 즉 '괴로움이 일어나는 원인에 관한 성스러운 진리'이다. 고집성제란 현실적인 괴로움이 일어나는 원인을 밝히고 있다. 붓다는 괴로움의 원인을 갈애(渴愛, tṛṣṇa, 인간 개개인에 존재하는 끊임없는 욕망)와 무명(無明, avidyā, 근본적인 무지) 때문이라고 했다. 이 갈애라는 욕망은 육체적·정신적 욕망을 포함하는 가장 넓은 범위의 개념이다. 붓다는 괴로움이 일어나는 원인, 즉 고집성제에 대해 경전에서 다음과 같이 말한다.

"수행자들(비구들)이여! 이것이 고집성제(苦集聖諦, Duḥkha-samudaya-ārya-satya)이다. 즉 재생(再生)의 괴로움에로 이끌려 기쁨과 성냄을 동반하고, 이것저것에 따라 마음이 춤추는 것에는 갈애(渴愛)가 있다."

이처럼 사성제에서는 괴로움의 원인을 갈애(渴愛, tṛṣṇa)라고 하였다. 트리스나(tṛṣṇa)는 √tṛṣ(목마르다)에서 파생한 명사로 갈애, 갈망, 욕망, 집착 등으로 번역한다. 붓다는 이 갈애가 괴로움을 일으키는 원인이고, 윤회를 반복하게 하는 원인이라고 하였다. 그런데 불교에서는 인간의 욕망을 아주 구체적으로 세분한다. 욕망에 대한 대표적인 용례들은 바람(chanda), 탐욕(rāga), 감각적 욕망(kāma)과 앞에서 언급한 욕망(tṛṣṇa) 등이다.

먼저 '카마(kāma)'는 √kam(바라다)에서 파생한 명사로 욕망 중에서도 '감각'을 바탕으로 생긴 욕망이다. 그래서 고대 인도의 경전 중에 인간의 성행위에 대해 기록을 담고 있는 『카마수트라(kāma-sūtra)』처럼 'kāma'를 육체적 욕망에 한정시켜 '성욕(性欲)'으로 번역하는 경우도 있다. 그런데 불교에서는 이런 성적인 욕망을 완전히 부정하는 것은 아니다. 감각적 욕망은 인간이 살아가는 동안 필수적으로 동반되는 것이다. 단지 감각적 욕망으로 인해 초래된 잘못된 결과를 계율이나 수행을 통해 절제할 것을 요구하는 것이다. 왜냐하면 인간은 욕망을 통해 바람, 희망, 성취욕, 삶의 목적 등을 실현해 가는 존재이기 때문이다. 만약 인간에게 이 욕망이 없다면 개인적인 일상생활은 무기력하게 될 것이며, 인류의 발전도 기대할 수 없을 것이다. 이처럼 욕망(kāma)은 인간이 일상생활을 영위하는 데 있어서 강력한 삶의 원동력이 되지만, 동시에 불교도의 궁극적 목표인 열반의 성취를 방해하는 최대의 장애물이기도 하다.

'찬다(chanda)'는 "√chad(원하다)에서 파생한 것으로 인간이 가지고 있는 의욕, 자극, 의지, 욕망, 집착 등의 의미를 지닌다. 구체적으로 말하면 찬다는 행위를 하기 위한 의지나 욕구 등 대상을 향하여 나아가기 위한 원인이 되는 심리적 현상을 말한다."[52] 그래서 유식사상에서는 자아중심적인 사고를 하는 말나식과 함께하는 마음의 작용으로 특히 '좋아하는 대상〔所樂境〕에 대해서 희망(希望)'하는 마음의 작용이라고 하였다. 즉 예쁜 여자, 좋은 영화를 보려고 하는 것이나 맛있는 음식을 먹으려고 하는 것, 명품을 사려고 하는 것 등에 대한 바람이다. 그런데 산스크리트 'chanda'를 삼장법사 현장이 '욕(欲)'이라고 한역했기 때문에 인간이 버려야 할 욕망이나 욕구로 생각하기 쉬울 것이다. 그렇지만 『유식삼십송』의 주석서인 『성유식론』에서도 주석하고 있듯이 'chanda'를 희망〔바람〕으로 번역하는 것이 오해의 소지가 없을 것 같다.

우리들의 일상생활은 나쁜 바람과 좋은 바람이 동시에 공존하고 있다. 나쁜 쪽으로 바란다면 이것은 욕망이나 탐욕이 될 것이다. 반면 붓다의 가르침이나 진리를 알고자 바란다면 이것은 좋은 바람이 되는 것〔善法欲〕이다. 예를 들어 보자. 사격을 좋아하는 사람이 있다고 하자. 그가 총알이 과녁에 명중하기를 바란다면 그것은 선한 찬다〔바람〕이다. 그러나 만약 그가 사람을 죽이기 위한 것이라면 그것은 나쁜 찬다〔바람〕가 되는 것이다. 이처럼 찬다는 대상에 따라 선과 악 어느 쪽으로도

52) 『욕망 삶의 원동력인가 괴로움의 뿌리인가』, 정준영 외, 운주사, p.40.

작용할 수 있다는 것이다. 따라서 바람〔희망〕 그 자체는 선도 악도 아니다. 그런데 『성유식론』에서는 욕의 심소는 노력하고자 하는 마음의 작용, 즉 "근(勤)의 의지처〔依〕"[53]라고 주석하고 있다. '근(vīrya)'이란 '정진(精進)' 또는 '노력'의 의미이기 때문에 노력하는 그 자체는 선악 어느 쪽도 아니다. 그러나 그 노력을 붓다의 가르침이나 진리 추구로 향해야 한다는 것을 말하고 있다.[54] 따라서 찬다〔욕〕는 용맹하게 노력하는 실천수행의 근거가 되는 마음의 작용〔심소〕이다.

탐욕(貪 raga)은 진(瞋 dveṣa)과 치(癡 moha)와 더불어 깨달음을 방해하는 근본적인 번뇌로 삼독(三毒)이라고 한다. 유식사상에서는 '탐욕'을 번뇌의 심소〔마음작용〕에 포함시키고 있다. 먼저 유식사상에서 말하는 탐욕과 더불어 진과 치에 대해 먼저 설명하겠다.

진이란 자신의 마음에 들지 않는 것에 분노하는 마음의 작용이다. 그래서 『성유식론』에서는 자신의 마음에 들지 않는 것, 즉 "고(苦)와 고구(苦具, 괴로움을 생기게 하는 원인)를 증에(憎恚, 성내고 미워함)하는 것을 본성으로 하고 능히 무진을 장애하여 불안과 악행의 의지처가 되는 것을 업으로 한다"라고 주석하고 있다. 우리들은 자기 마음에 드는 것을 욕구하면서 집착하고 탐낸다. 그러나 그것이 충족되지 않으면 괴로움에 빠진다. 그래서 그 괴로움에 대해 분노하는 것이다. 그리고 그 분노는 결국 자신의 마음을 우울하고 불안하게 만들어 번뇌에 빠지게 되는 것이다. 그래서 분노하는 마음〔진〕은 신심을 괴롭혀서 모든 악업

53) 『대정장』 31, 28a21.

54) 『대정장』 31, 28a21-28b10.

을 일으키게 하는 기능을 가진 마음의 작용이다.

'치'란 어리석은 마음의 작용이다. 치에 대해 『성유식론』에서는 "도리〔진리〕와 사실〔제법〕에 대해 미혹하고 어두운 것을 본질로 하고 능히 무치를 장애하여 일체 잡염〔유루법〕의 의지처〔원인〕가 되는 것을 업으로 한다"라고 주석하고 있다.[55] 다시 말해 치란 공·무상·무아 등의 진리를 이해하거나 납득할 수 없는 어리석은 마음의 작용이다.

'탐(raga)'이란 √raj(채색하다)에서 파생한 명사로 욕망이나 탐욕으로 번역한다. 그래서 『성유식론』에서는 "유와 유구에 염착(染着)하여 능히 무탐을 장애하여 괴로움〔苦〕을 생기시키는 것을 작용으로 한다"고 주석하였다. 먼저 유란 자기의 존재를 말한다. 그리고 유구란 자기를 존재하게 해 주는 원인 즉 중유나 기세간 등의 자연계뿐만 아니라 번뇌나 업 등을 말한다.[56]

그런데 왜 우리들은 이런 욕망이 생겨날까? 유식에서는 이런 욕망을 일으키는 근원적인 욕망의 마음이 우리의 심층에 존재한다고 한다. 그것은 바로 탐이다. 이처럼 탐이란 무시이래의 선천적인 것과 후천적인 것에 대한 인간의 끝없는 집착이며, 이 집착이 탐욕으로 나타나는 것이다. 그래서 우리들은 매일 살아가면서 본능적인 욕망인 수면욕·식욕·성욕 등을 일으키고, 또한 후천적으로 재산욕, 출세욕, 명예욕 등을 일으킨다.

1951년에 개봉한 비비안리와 마론 브란도 주연의 '욕망이라는 이름

---

55) 『대정장』 31, 31b23-24).

56) 탐진치의 세 가지 번뇌는 가장 근원적인 번뇌이기 때문에 근본번뇌라고도 한다. 그리고 무탐, 무진, 무치의 삼선근(三善根)과는 반대이기 때문에 '삼불선근(三不善根)'이라고도 한다.

의 전차(A streetcar named diesire)'라는 영화가 있었다. 이 영화의 제목을 떠올릴 때마다 필자는 영화 제목을 너무 잘 붙였다고 생각한다. 전차나 기차는 처음에 서서히 움직이기 시작하여 점점 속도를 올린다. 우리들의 욕망이 바로 이와 같다는 것이다. 처음에는 아주 미미하게 시작하지만 나중에는 고속으로 질주하는 전차처럼 욕망도 점점 극대화되어 조정하기 힘들게 되는 속성을 갖고 있는 것이다. 경전에서는 탐욕을 원숭이의 덫에 비유하고 있다.

"옛날 인도에서는 원숭이를 잡을 때 나무 구멍에 송진을 담아 두었다고 한다. 그러면 호기심 많은 원숭이는 손을 넣었다가 손이 빠지지 않자 다른 한 손을 마저 집어넣게 된다. 그래도 손이 빠지지 않으면 이번에는 발을 집어넣는다. 그래도 손과 발이 빠지지 않으면 마지막에는 입마저 집어넣어 결국 꼼짝 못하게 된다. 이처럼 탐욕은 미미하게 시작하지만 점점 커져 제거하기 힘든 상태가 되는 것이다."(앞의 책, 정준영)

이와 같이 욕망은 전차와 원숭이의 덫처럼 아주 미미하게 그리고 아주 천천히 시작하지만 결국 욕망이라는 속도와 덫에 걸려 헤어나지 못하는 원숭이처럼 인간을 파멸의 길로 이끌어 가는 것이다.

그런데 프랑스의 철학자 라캉은 인간의 욕망을 'need'와 'desire'로 구분한다. 여기서 인간의 '욕구(need)'와 '욕망(desire)'에 대해 현대 자본주의와 관련시켜 간단하게 설명하고자 한다.

우리들은 욕구(欲求)와 욕망(欲望)을 비슷한 말로 사용하고 있다. 욕구의 사전적 의미는 '무엇을 하거나 무슨 일을 하고자 바라고 원하는 것'이며, 욕망을 '무엇을 하거나 가지고 싶어 간절히 바라고 원함 혹은 그렇게 원하는 마음'이라고 규정하고 있듯이 둘은 크게 차이가 나지 않는다.

그러나 한자로 분석해 보면 양자의 차이가 분명해진다. 욕구와 욕망은 각각 바랄 욕(欲) 자에 찾을 구(求) 자와 바랄 망(望) 자가 합쳐져서 이루어진 말이다. 이 두 낱말의 차이는 구(求) 자와 망(望) 자의 차이일 것이다. 구(求)는 나에게 필요한 것을 내가 적극적으로 구한다는 의미이다. '추구'(끈기 있게 뒤쫓아 구함), '요구'(받아야 할 것을 달라고 함) 등과 같은 말에서 그 의미가 잘 나타난다. 반면 망(望)은 '바라다'는 의미와 더불어 '바라보다'라는 의미도 있으므로 내가 바라는 것을 적극적으로 구하기보다는 추이를 관망하면서 소극적으로 기다린다는 의미가 함축되어 있다.(『철학적 리터러시 연습을 위한 에세이들』, 김명우 외)

그리고 욕구와 욕망으로 번역되는 'need'와 'desire'도 그 사전적 의미나 용법상 엄밀하게 구별하기 힘들지만, 'need'의 근원적 의미는 결여이고 결여되어 있는 것을 반드시 채우고자 하는 필요의 의미를 함축하고 있다. 그래서 '욕구'는 기본적으로 동물적인 생존 본능을 의미한다. 인간은 배가 고프면 음식을 한 그릇 내지 두 그릇을 먹으면 만족한다. 이른바 최소치가 충족되면, 다시 말해 배가 부르면 더 이상 요구하지 않는다. 그리고 이 욕구는 절대적인 것으로 시대나 장소에 따라 변화되는 것이 아니다. 또한 욕구는 사물의 사용가치〔기능, 쓰임새〕를 중시한다.

반면 'desire'는 원하는 것, 하고 싶은 것 등 주관적 소원을 나타낸다고 할 것이다. 그러므로 '욕망'이란 사회적·문화적 바람이다. 예를 들어 음식을 먹을 때 양적인 만족보다는 질적인 만족, 즉 맛있는 음식을 먹고 싶어 하는 것이다. 그리고 욕망은 상대방과의 비교를 통해 좀 더 예뻐지고 싶다는 최대치를 기준으로 삼는다. 왜냐하면 인간은 끝없는 새로운 욕망으로 이루어진 존재이기 때문이다. 다시 말해 좀 더 맛있는 것, 좀 더 예뻐지고, 좀 더 고급스런 제품 등을 끊임없이 갈망하는 것이다. 이러한 욕망은 상대적이라 시간이나 장소에 따라 변화할 수 있다.

게다가 상품의 사용가치보다는 미적인 가치〔디자인, 맛〕, 기호적 가치〔메이커, 브랜드〕를 추구하기 때문에, 상품에 사용가치가 남아 있어도 폐기처분하고 현재 유행하는 새로운 상품을 구입하게 한다. 그리고 욕망은 메이커나 브랜드에 치중하기 때문에 가짜 상품을 유행하게 만드는 것이다. 이처럼 욕구와 욕망은 분명한 차이를 가진 낱말이다.

세 번째는 고멸성제(苦滅聖諦), 즉 '괴로움의 소멸에 관한 성스러운 진리'이다. 괴로움을 소멸한 상태를 해탈(mokṣa) 또는 열반(nirvāṇa)이라고 하며, 열반은 괴로움의 원인을 없애서 얻어지는 이상(理想)이고 목적이다. '니로다(Nirodha, 滅)'란 해소나 해결의 의미로 괴로움이 없어진 상태, 즉 괴로움을 제압〔제어〕할 수 있는 힘이 있는 것이다. 이른바 감각기관을 제압한 위에 정신을 집중하는 것이다. 붓다는 경전에서 고멸성제에 대해 다음과 같이 말한다.

> "비구들이여! 이것이 고멸성제(Duḥkha-nirodha-ārya-satya)이다. 즉 바로 이와 같은 갈애를 완전히 떠나 지멸〔제어〕하고, 그것으로부터 해방되어, 그것이 힘을 가지지 못하는 것이다."

네 번째는 고멸도성제(苦滅道聖諦), 즉 '괴로움을 멸할 수 있는 방법에 관한 성스러운 진리'이다. 여기서 도(道, mārga)는 이상을 실현하기 위한 수단이나 실천 방법을 말한다. 그 구체적인 실천 방법은 팔정도이다.

"비구들이여! 이것이 고멸도성제(Duḥkha-nirodha-mārga-ārya-satya)이다. 즉 팔성도(八聖道)인 정견(正見)·정사유(正思惟)·정어(正語)·정업(正業)·정명(正命)·정정진(正精進)·정념(正念)·정정(正定)이다."(『律藏』「大品」1, 19-20)

이처럼 붓다는 현실을 괴로움으로 파악한 다음, 그 원인이 무엇인가를 차례로 밝히고 있다. 그리고 현실의 괴로움이 없어진 이상과 목적을 내걸고, 그것에로 이르기 위한 수단〔방법〕을 우리들에게 가르쳐 주고 있다. 그런데 경전에서는 사성제를 의사와 환자의 비유로 곧잘 설명한다.

첫째, 괴로움으로 가득 찬 현실〔고통〕이 있다는 것이다. 즉 질병〔고성제〕이 있다. 둘째, 괴로움이 일어나는 원인이 있다는 것이다. 즉 질병의 원인〔고집성제〕이 있다. 예를 들어 괴로움이 있다면 괴로운 원인이 있을 것이고, 감기에 걸렸으면 감기에 걸릴 만한 이유가 있다는 것이다. 그리고 셋째는 괴로움의 원인을 없애서 얻어지는 이상적인 상태〔극복될 수 있다는 것〕이다. 즉 건강을 회복한 상태이다. 넷째는 이상을 실현하기 위한 실천〔이것을 극복하는 방법〕이 있다는 것이다. 즉 질병의 치료방법〔고멸도성제〕이 있다는 것이다.

거듭 설명하자면, 의사가 환자의 병을 낫게 하기 위해서는 먼저 병의 상태를 잘 관찰한 다음, 병의 상태로부터 원인이 무엇인가를 찾아서 그 원인을 제거하기 위해 투약, 수술 등의 모든 수단을 강구한다. 이때 질병을 치료하기 위해서는 의사와 환자 사이에 신뢰가 중요하다. 환자가 의사를 신뢰하지 않고 자기 마음대로 한다면 병을 치료할 수 없다. 또한 의사도 환자의 병을 치료하기 위해 최선을 다하지 않으면 안 된다. 이처럼 의사와 환자가 서로 신뢰하면 병〔괴로움〕은 낫는 것이다. 여기서 의사는 붓다, 환자는 비구들 또는 우리들이고, 고쳐야 할 병은 인간의 괴로움이다.

이제 고멸도성제 '괴로움을 없애는 방법에 관한 진리'의 구체적인 실천 방법인 팔정도에 대해 알아보자. 팔정도(八正道, SKT: Āryāṣṭāṅgo-mārga, P: Aṭṭhaṅgiko-maggo), 즉 '8가지 항목으로 된 성스러운 길〔방법〕'은 다음과 같다.

1. 정견(正見[57], 바른 감각적인 파악 또는 관점, 진실의 인식)
2. 정사(正思[58], 고찰, 감정에 지배되지 않는 바른 사고)
3. 정어(正語[59], 거짓말 등 남을 나쁘게 말하지 않는 바른 언어적인 표현 또는 행위)
4. 정업(正業[60], 바른 신체적 행위)

---

57) SKT: samyagdṛṣṭi, P: sammādiṭṭhi
58) SKT: samyaksaṃkalpa, P: sammāsaṃkappa
59) SKT: samyagvāk, P: sammāvācā
60) SKT: samyakkarmāta, P: sammākammamta

5. 정명(正命[61], 바른 생활)

6. 정정진(正精進[62], 진리 추구에 대한 끊임없는 바른 노력)

7. 정념(正念[63], 산란하지 않는 바른 주의력, 집중력)

8. 정정(正定[64], 삼매,〈samādhi〉[65], 선정〈dhyāna〉, 바른 정신집중, 정신통일)[66]

그런데 이 여덟 가지 항목〔팔정도〕을 보고 독자 여러분은 어떤 느낌이 드는가? 용어 자체가 조금 어렵지만, 아마도 독자들 중에는 도덕적인 생활 덕목을 열거한 지극히 당연한 것이 아닌가라고 느꼈을지도 모른다. 바른 견해를 몸에 익히고, 이것을 기초로 하여 바르게 생각하고, 말하고, 행동하고, 일상생활에서 부정(不正)하지 않고, 노력 정진하여, 이곳저곳에 마음을 뺏기지 않는다. 이렇게 한다면 인간으로서 바른 삶의 방식이라고 말할 수 있다. 따라서 특별한 것이 없다고 말할 수 있을 것이다.

이와 같은 인상을 받았다고 한다면, 그 인상은 어느 정도는 타당하다. 그리고 '일상생활에서는 실천하기 어려운 것'이라고 생각했다면, 앞의 생각보다 앞선 이해라고 할 것이다. 왜냐하면 보통의 일상생활 속에서 실현된다고 한다면 파탄이 없는 삶을 보낼 수 있다고 생각되기

61) SKT: samyagājīva, P: sammājīva

62) SKT: samyagvyāyāma, P: sammāvāyāma

63) SKT: samyaksmṛti, P: sammāsati

64) 三昧(samādhi), 禪定(dhyāna).

65) 위의 일곱 가지의 항목은 정정(正定)하기 위한 준비단계이다.

66) 중부경전(Majjhima-nikāya), 141, 3권, 249-252.

때문이다. 일상생활에 한정시켜 보아도 이 여덟 가지 항목은 충분히 일상생활의 지침이 될 수 있다.

그러나 여기에서 보다 중요한 것은, 이 여덟 가지 항목〔팔정도〕은 단순히 일상생활의 차원에 머물고 있지 않다. 이것보다 높은 곳을 목표로 하고 있다는 것이다. 그 이유는 다음과 같다.

여섯 번째에 '정정진(正精進)'이라는 항목이 있다. 문자 그대로의 의미는 '바른 노력'이고, 이것은 나머지 일곱 가지 항목 전체를 받쳐 주고 있는 것으로 필자는 생각한다. 예를 들어 바른 견해〔正見〕가 이미 우리들의 몸에 배어 있다면 괜찮지만, 지금 나의 견해가 바르다는 보증은 없고 또한 바르지 않다고 한다면 개정하여 보다 바른 견해를 갖기 위해 '노력'하지 않으면 안 된다.

바른 사고〔正思〕 등도 마찬가지이다. 그것들을 실현하기 위해서는 '노력'을 필요로 한다. 노력이 있고 난 후에 처음으로 바른 것이 얻어지고, 바른 것으로부터 보다 바른 것에로 나아갈 수 있는 것이다. '바른 노력'의 항목이 있는 것은 가능성을 나타낸 것이다. 이것은 궁극적인 목적이 달성될 때까지 계속 지녀야 할 것이다.

또 하나의 중요한 점은, 여덟 가지 항목 전체가 '바른〔正〕'이라는 표현〔글자〕이 붙어 있다는 사실이다. '바르다〔正〕'라는 것의 언어적 의미는 '바르지 않다〔不正〕'의 반대어에 지나지 않지만, 어떤 견해나 사고방식 등이 바른가, 바르지 않은가라고 어떻게 말할 수 있는가? 어떤 것을 기준으로 하여 정(正)과 부정(不正), 진(眞)과 위(僞), 선(善)과 악(惡)을 판정할 수 있는가? 이것은 큰 문제이다. 옛날부터 철학자들이 이 문제로 고민하였을 뿐만 아니라, 심지어 사리분별이 생기기 시작하는 어린 아이에게도 이 문제는 고민의 대상이다. 어린이는 부모가 좋다고 하거나, 좋지 않다고 말하는 것을 선악의 판단기준으로 삼는다. 그런데 이 기준을 부모 자신이 깨는 경우가 오히려 많다. '친구들과 사이좋게 지내야 한다'고 아이에게 말하지만 입에 침이 마르기도 전에 부모들은 서로 말싸움〔언쟁〕을 하기도 한다. 이것을 본 어린 가슴에 어른들은 종종 상처를 남긴다. 무엇이 좋은 것〔바른 것〕인가를 알 수 없기 때문이다. 어른들의 사회가 되면 보다 복잡하고 심각한 양상을 띤다. 다양한 가치관이 병존하는 현대사회에서 우리들은 무엇을 의지해야 좋을까? 모든 것이 혼란스러울 뿐이다.

붓다가 살았던 시대에도 다양한 가치관이 병존하고 있었다는 점에서 현대의 혼란스러움과 닮았다고 해도 좋을 것이다. 전통에 맹종(盲從)하려고 해도 그 전통은 이미 힘을 잃었고, 게다가 인간의 고뇌를 해결한다는 깃발 아래 쾌락주의에서 금욕주의에 이르기까지 다양한 사상이 유행하고 있었다. 그러면 붓다 자신이 달성한 길〔道〕은 무엇인가? 그것은 인간의 근원적인 고뇌를 해소할 수 있는 길〔道〕의 추구였다. 단지 말로만이 아니라, 그 방법을 살아 있는 육체로서 나타낼 수 있는 삶의 방식, 즉 인간 고뇌의 해결이 현실적이지 않은 사고방식은 무의미하다는 입장에 서 있다. 그리고 붓다에게 있어 인간 고뇌의 해결은 깨달음에 의하여 이미 실현되었다. '팔정도'는 붓다가 실천하여, 깨달음이라는 이상에로 나아가는 방법이었고, 그리고 깨달음을 얻은 지금 붓다는 5비구에게 그 내용을 제시하였다. 아직 깨달음을 얻지 못한 5비구 또는 우리들에게, 이 여덟 가지 항목은 인간의 근원적인 고뇌에 대한 해결 가능성을 제시한 동시에 고뇌 해결을 위한 도정(道程)

을 가르쳐 주는 것이다. 따라서 '바른'이라는 표현은, 그것이 고뇌의 해결에로 향하는가, 그렇지 않은가를 판단의 기준으로 하는 입장을 의미한다.

그런데 여덟 가지 항목을 받아들이는 쪽은 아직 고뇌의 한가운데에서 배회하고 있기 때문에 하나하나의 행위가 바른가, 그른가를 판단하기는 어렵다. 그렇기 때문에 우리들은 붓다가 깨달음에 의해서 이상을 달성하였다는 사실을 인정하고, 믿고, 하나하나 자신이 확인하여 나아가는 수밖에 없다. 무반성적인 맹신이나 맹종은 허락하지 않는다. 무반성적이거나 무비판적이 되어 버리면, 우리들은 극단적인 쾌락주의나 금욕주의에 빠질 위험성을 가지고 있기 때문이다.

'팔성도'가 극단으로 달리지 않는 '중도'[67]의 내용이라는 것은, 이와 같은 무반성이나 무비판적인 삶의 방식을 경계해야 한다는 목적을 가지고 있다. '팔성도'와 '중도'는 흐림이 없는 '눈을 열게 하고' '깊은 지(知)를 낳는다'고 한다. 이 지혜의 눈은 우리들의 살아가는 방법〔모습〕을 끝까지 지켜보고, 안일에 빠져 자신의 삶을 멋대로 하지 않고, 자기의 육체와 정신을 부단히 고통스럽게 하지 않도록 언제나 이상에로 향하게 하고, 그 방향의 수정을 측정하는 지표이다. '중도'의 '중'은 결코 '중간'이 아니며, '어정쩡한 상태'를 의미하는 것은 더더욱 아니다. 또한 대립하는 여러 가지의 사고방식이나 삶의 방식의 중간에 서는 절충주의도 아니다. 양극단을 충분히 응시하여 양쪽으로부터 독립해서 주

---

67) 중용(中庸)이란 변함없이〔庸〕 집중하다〔中〕는 의미이다. 또한『중용』에서는 중용을 '때에 알맞게 한다〔時中〕'라고 하였다. 따라서 '중용'과 '중도'를 구별할 필요가 있다.

체성을 잃지 않는 것이 '중도'의 가르침이다.

5비구는 고행을 포기한 붓다를 처음에는 무시하였지만, 붓다에게서 '중도'와 '팔성도'의 가르침을 듣고, 고행지상주의에 따랐던 것을 반성하였음에 틀림없다. 5명의 비구는 쾌락주의, 찰나주의, 형편주의 등에 몸을 맡겨 벼랑에 선 빛바래고 무의미한 삶의 방식을 취하고 있었다. 그리고 이와 같은 삶의 방식에, 언젠가 우리 자신도 빨려들 것이라는 피해의식이 있다. 이와 같은 생각은 필자뿐만이 아닐 것이다. 근본적으로 자기를 돌아볼 필요가 있다. 그리고 이 반성에로 나아감에 있어서 모범이 되는 것이 붓다의 최초 설법인 '사성제'이다.

7. 공이란 소득이 없는 것이다

무지역무득 이무소득고(C: 無智亦無得 以無所得故, SKT: na jñānaṃ na prāptiḥ/tasmād aprāptitvād, E: there is no cognition, no attainment and no non-attainment, K: 아는 것도 없고 또한 얻는 것도 없다. 얻어지는 것이 없기 때문이다.)

먼저 산스크리트 경문부터 살펴보자. 'na'는 부정어이며, '쥬냐남(jñānaṃ)'은 중성명사 '쥬냐냐(jñāna)'의 단수, 주격의 형태로 '지식'이나 '지(智)'로 해석한다.

'프라프티히(prāptiḥ)'는 여성명사 '프라프티(prāpti)'의 단수, 주격의 형태로 '획득'이나 '득'의 의미이다. 그리고 '타스마드(tasmād)'의 어말 'd'는

't'+유성음이 오면 'd'로 변화하는 규격에 따른 것이며, '그러므로, 그런 까닭에'로 해석한다. '아프라프티트바드(a-prāptitvād)'는 부정어 'a'+prāpti〔得〕에 중성명사화시키는 어미인 'tva'가 온 것이다. 그리고 'tva'를 '종격'으로 만든 것(tvāt)이다. '종격'은 '~로부터(from)' 또는 '~까닭에'로 해석하기 때문에 한역에서 '고(故)'로 해석한 것 같다. 그래서 한역에서는 무소득고(無所得故)라고 한 것이다.

'모든 존재는 공의 상태'이다. 따라서 붓다의 가르침인 오온도 없고, 12처도 없고, 18계도 없고, 12연기도 없고, 4성제도 없다고 이해하면 '일체는 공이다'라는 것을 알게 된다. 그런데 모든 존재가 공(空)이라고 깨닫는 것이 '반야의 지혜'를 체득한 것이라고 생각하여 곧바로 우리들은 그 지혜에 사로잡혀 버린다. 그러나 처음부터 그러한 지혜라는 것은 없다. 지혜뿐만이 아니다. 이러한 체험을 얻으면 필시 무언가 '소득(所得)'이 있거나 이익이나 공덕이 있다고 생각하는 사람이 있을지도 모르지만, 그것도 결국은 없다는 것이 '무지역무득(無智亦無得)'이다. 다시 말해 '모든 것은 인연으로 생기하는 것이다. 따라서 인연에 의해〔인연생〕 생기한 모두 것은 무자성이고 공이라는 것이다. 그리고 이 경지를 알았다고 하더라도 무자성〔공〕이기 때문에 아무 이득도 없는 것이다.

우리들은 불사를 하고 출가자를 위해 공양하거나 보시[68]를 하면 그

---

68) 보시(布施, dāna)란 남에게 베푸는 것으로 일반적으로 3종류로 구분한다.
－재시(財施): 자신의 물건을 베푸는 것으로 남의 신체를 이익되게 하는 것이다.
－무외시(無畏施): 두려움을 없게 해주는 것으로 타인의 마음을 이익되게 하는 것이다.
－법시(法施): 진실의 가르침을 주는 것으로 타인의 선한 인생을 도와 이익되게 하는 것이다.
그러나 진정한 보시란 보시하는 자, 보시를 받는 자, 보시물의 3자를 초월하는 것이다. 다시 말해 보시는 공의 입장을 가져야 한다는 것이다.

보답으로 소득〔공덕〕이 있다고 생각한다. 그러나 그런 '공덕은 전혀 없다'는 것이 『반야심경』의 가르침이다. 그래서 『육조단경』에서는 "절을 짓고 승려를 공양하고 보시를 하고 재회를 연 것은, 그것이 복을 바라는 행위였으니, 복덕이 그대로 공덕이라고 생각해서는 안 된다. 공덕은 자기 법신 속에 있는 것이지, 복덕을 행하는 그것 속에는 없는 것이다"라고 하였던 것이다. 그래서 『금강경』에서도 가장 큰 공덕으로 아무 보답도 없는 '무주상보시'를 강조하였던 것이다.

무주상보시란 상〔잘못된 관념〕에 머물지 않는〔無住〕 보시라는 뜻이다. 이 상에 머물지 않는 보시를 실천할 때에 참다운 수행과 한량없는 공덕을 얻어 아뇩다라삼먁삼보리〔무상정등각〕라는 최고의 깨달음을 성취할 수 있다는 것이다.

그런데 상(相)이란 무엇인가? 『금강경』에서는 상을 아상(자아, ātman-saṃjñā)과 인상(개아, pudgala-saṃjñā)과 중생상(sattva-saṃjñā)과 수자상(jīva-saṃjñā)의 네 가지로 나누어 설명한다. 먼저 아상이란 '나'라는 실체가 존재한다는 생각〔想〕이다. 인도 정통사상(Astika)에서는 초월적 실재자를 브라흐만(Brahman), 내재적 자아를 아트만(ātman)이라고 한다. 그래서 브라흐만과 아트만의 궁극적 합일을 깨달음이라고 한다, 즉 '범아일여(梵我一如, tat tvam asi)'를 강조하고 있다. '타트(tat)'는 영어의 지시대명사 'it(그것)'의 의미이다. 구체적으로 말하면 'tat'는 우주의 보편 법칙인 '브라흐만(brahman)'을 의미한다. '트밤(tvam)'은 영어의 2인칭 어미 당신(you)과 같은 의미이며, 구체적으로는 '아트만(ātman)'이다. 그리고 '아시(asi)'는 √as의 3인칭 단수로 영어의 be동사와 같은 의미이다. 따라서 'tat tvam asi'를 직역하면 '너(tvam, 아트만)는 그것(tat, 브라흐만)이다

(asi)'라는 의미이다. 그래서 'tat tvam asi'를 일본에서는 범아일여사상(梵我一如思想)으로 번역하였던 것이다. 반면 불교에서는 '제법무아(諸法無我)'라고 하여 존재하는 모든 것에 초월적·내재적·불변의 실체적 자아를 인정하지 않는다.

인상(pudgala)이란 '인간'이라는 실체가 존재한다는 생각을 말한다. '푸드갈라〔인상〕'란 부파불교 중의 하나인 독자부에서 주장한 것으로 윤회의 주체로 상정한 것이다. 불교는 인도정통사상으로부터 윤회를 받아들였다. 그러면서도 '무아'를 주장하게 되어 윤회와 무아의 모순 해결에 고민하게 되었다. 이 모순점을 해결하기 위해 독자부에서 윤회의 주체로 주장하였던 것이 푸드갈라였다.

중생상이란 '살아 있는 생명체〔식물은 제외〕가 존재한다는 생각'이다.

수자상이란 자기는 '영혼'을 가진 고귀한 존재라는 생각을 말한다. 수자(영혼)는 일반적으로 자이나교에서 주장한 것이다. 자이나교에서는 '영혼(jīva)'을 실체로서 인정하며 그것은 업〔물질적 존재〕에 구속을 받는다고 하였다. 그리고 윤회의 고통에서 벗어나기 위해서는 과거에 지은 업과 새롭게 유입(流入)하는 업을 제어해야 한다고 한다. 업을 제어하는 방법으로는 무소유, 고행 등을 실천하는 것이다. 이런 업(karman)을 없애서 최후에 지멸(止滅)시키는 것이 해탈(mokṣa)이라고 하였다. 불교에서는 이 네 가지 상의 실재를 부정한다. 이처럼 『금강경』에서 말하는 아(자아, ātman)와 인(개아, pudgala)과 중생(sattva)과 수자(jīva)라는 것은 결국 무아를 주장하기 위한 다른 표현에 불과한 것이다. 이것이 『금강경』의 근본사상이라고 할 것이다.

그런데 구마라집은 '삼쥬냐(saṃjñā)'를 상(相), 즉 아상(我相), 인상

(人相), 중생상(衆生相), 수자상(壽者相)이라고 한역하였지만, 현장은 상(想), 즉 '생각〔取像, 取相〕'으로 번역하였다. 필자는 현장의 번역을 취하였다.

Ⅵ. 최고의 깨달음, 무상정등각

bodhisattvāvāṃ prajñāparamitām āśritya viharaty acittavaraṇaḥ cittāvaraṉa-nāstitvād atrasto viparyātikrānto niṣṭhanirvāṇḥ try-adhva-vyavasthitāḥ sarva-buddhāḥ prajñāpāramitām āśrityānuttarāṃ samyaksambodhiṃ abhisambuddhāḥ.

〈따라서 얻어지는 것이 없기 때문에〉 모든 보살의 반야바라밀다에 의지하여 그〔인간〕는 마음을 구애하는 것도 없이 안주하고 있다. 마음에 구애됨이 없기 때문에 두려움도 없고 전도된 마음을 멀리 떠나 영원한 평안에 들어간다. 〈과거·현재·미래의〉 삼세에 머물러 계시는 붓다는 모두 반야바라밀다〔지혜의 완성〕에 안주하여 최상의 깨달음〔무상정등각〕을 완전하게 이루셨다.

菩提薩唾. 依般若波羅蜜多故. 心無罣礙. 無罣礙故. 無有恐怖. 遠離顚倒夢想. 究竟涅槃. 三世諸佛. 依般若波羅蜜多故. 得阿耨多羅三藐三菩提.

보살은 반야바라밀[69]에 의지하기 때문에 마음에 가애가 없다. 가애

69) 현장의 한역본에는 '보리살타'가 주어로 되어 있지만, 산스크리트본에는 속격으로 되어 있다.

가 없기 때문에 두려움도 없고, 전도몽상도 멀리하여 최상의 열반에 들었다. 삼세의 모든 부처도 완전한 지혜〔반야바라밀〕에 의지하기 때문에 최고의 깨달음〔무상정등각〕을 얻었다.

보리살타 의반야바라밀다고 심무가애(C: 菩提薩埵 依般若波羅蜜多故心無罣礙, SKT: bodhisattvāvāṃ prajñāpāramitām āśritya viharaty acitta-āvaraṇaḥ, E: A man, through having relied on prajñāpāramitā(the perfection of wisdom) of bodhisattva, dwells without thought-coverings, K: 모든 보살의 반야바라밀다에 의지하여 그(인간)는 마음의 구애[장애]도 없이 안주하고 있다.)

먼저 '보디사트밤(bodhisattvāvāṃ)'은 남성명사 'bodhisattva'의 복수, 소유격(genetive)으로, 중국인은 '보리살타'로 음사하였다. 'prajñāpāramitām'은 여성명사 'prajñāpāramitā'의 단수, 목적격이며, '도피안' 또는 '지혜의 완성'이라는 뜻이다.

인도는 강이나 하천이 많은 나라로서 특히 우기 때 강을 건너는 것은 무척 힘들고 대단히 위험하였다. 이런 이유 때문인지 붓다의 가르침에는 강이나 뗏목의 비유[70]가 많다. 그래서 『반야심경』 경문에도 등

---

70) "수행자여! 어떤 사람이 길을 가다가 커다란 강을 만났다고 하자. 이쪽의 강변은 위험하고 두려운 곳이지만, 저쪽의 강변은 안전하고 두려운 곳이 없다. 그러나 이쪽 강변으로부터 저쪽 강변으로 갈 배도 다리도 없다. 그래서 그는 나무들을 모아, 줄로 연결하여 뗏목을 만들었다. 그리고 안전하게 저쪽 강변으로 건너갈 수가 있었다. 강을 건넌 후에 그는 생각하였다. '이 뗏목은 나의 커다란 은인이다. 이 뗏목 때문에 나는 무사히 강을 건널 수가 있었다. 나는 이 뗏목을 머리 위에 얹고, 또는 어깨에 걸쳐, 내가 가고자 하는 곳에 가자'라고 생각하였다. 수행자들이여 너희들은 이것을 어떻게 생각하는가! 이 사람의 행동은 뗏목에 대해 바른 취급을 하고 있는 것인가!"
"아닙니다. 붓다여! 바르지 않습니다."
"이 뗏목은 나의 커다란 은인이다. 이 뗏목 때문에 나는 무사히 강을 건널 수가 있었다. 나는 이 뗏목을 땅에 놓아 두고 또는 물에 띄워 놓고 내가 가고 싶은 곳에 가자'라고 생각하였다면, 그것은 뗏목에 대한 바른 취급이라고 말할 수 있을 것이다. 이와 같이 수행자여! 구제(救濟)를 위해, 집착을 떠나기 위해, 뗏목의 비유의 교법을 나는 설하였다. 수행자여! 뗏목과 같이 교법을 이해한 너희들은 교법이라도 버려야 하는 것이다."(「사유경(蛇喩經) 22」 『중부경전』,

장하는 pāra(저쪽 강 언덕)를 정신적인 이상세계로 비유하고 차안(이쪽 강 언덕)을 우리들이 사는 현실세계로 비유하고 있다.

'아스리트야(āśritya)'는 동사어근 'ā-√śri(의존하다)'에 절대분사(tya)를 첨가하여 만들어진 단어이다. 절대분사란 '~한 후' 또는 '~을 해버리다'로 해석되기 때문에 'āśritya'를 '의지하여'라고 번역하였다. '비하라티(viharaty)'는 동사어근 vi-√hṛ(안주하다)의 3인칭, 단수, 현재형이다. 그러므로 '그는 안주하고 있다'는 의미이다. 'a-citta-āvaraṇaḥ'에서 'a'는 부정(not, without)이며, '치타(citta)'는 마음〔心〕을 뜻한다. 'āvaraṇaḥ'는 부정어 'ā'+동사어근 √vṛ(장애하다)+명사어미(ana)로 만들어진 것이며, 남성명사 아바라나(āvaraṇa)의 단수, 주격으로 '장애'·'방해'라는 뜻이다. 그리고 두 단어(acitta- āvaraṇa)는 소유격복합어 관계이다.

그래서 해석하면 '모든 보살의 반야바라밀다에 의지하여 그〔인간〕는 마음의 구애〔장애〕도 없이 안주하고 있다'는 의미이다. 그런데 필자는 'viharati'에서 3인칭을 나타내는 'ti(he)'를 인간으로 번역하였다. 그러나 한역에서는 보리살타는 반야바라밀다에 의지하는 까닭에 마음에 가애〔장애〕가 없다고 하였다.[71]

『남전대장경 9』 p.247 이하)

71) 뮐러는 이 구절을 'A man who has approached the prajñāparamitā of the bodhisattva dwells envelped in consciousness'라고 하였으며, 나카무라(中村)는 '모든 구도자의 지혜의 완성에 의지하여, 사람은 마음에 장애 없이 안주하고 있다'라고 번역하였다.

무가애고 무유공포 (C: 無罣礙故 無有恐怖 SKT: acitta-āvaraṇa-nāstitvād atrasto, E: in the absence of thought-coverings he has not been made to treble, K: 〈마음에〉 구애됨이 없기 때문에 두려움도 없다.)

앞 구절에서는 보살〔인간〕은 반야바라밀에 의지하기 때문에 마음에 장애가 없다고 한다. 그리고 이 구절에서는 마음에 장애가 없기 때문에 두려움이 없다고 한다.

계속해서 산스크리트 경문을 살펴보자. 'acitta-āvaraṇa〔心無罣礙〕'에 대해서는 앞에서 설명하였으므로 생략하겠다. 그런데 한역에서는 'citta(心)'를 생략하고 있다. 아마도 현장은 앞 구절에서 'citta(心)'가 등장하기 때문에 생략한 것 같다.

'nāstitvād'는 연성법을 무시하고 구분하여 보면 '나 아스티 트바드(na-asti-tvād)'이다. 'na'는 부정, 'asti'는 동사어근 √as(~이다, 존재하다)의 3인칭(ti), 단수, 현재형이다. 그래서 '그는 존재한다'는 의미이다. 'tvād'는 중성명사를 만드는 어미인 'tva'를 종격(tvād)의 형태로 만든 것이다. 그래서 '그는 마음의 장애가 없기 때문에'라는 뜻이다.

'아트라스타(a-trasta)'는 부정어 'a'+동사어근 √tras(두려워하다)+과거수동분사(ta)로 이루어진 단어로, 형태는 남성명사, 단수, 주격 형태이다. 'trasta'에 부정어 'a'가 앞에 왔기 때문에 '두려움이 없다'는 뜻이다. 또한 'trasto'는 어말 aḥ+이어지는 단어 어말에 유성자음이 오면 'aḥ'는 'o'로 변하는 규칙의 적용을 받은 것이다. 그래서 '두려움이 없다'라고 해석하였다.

따라서 이 구절을 직역하면 '그〔보살, 인간〕는 마음의 장애가 없기 때문에 두려움이 없다'는 뜻이다. 즉 보살들의 반야바라밀다에 의지하여 그는 마음을 덮는 장애〔번뇌장과 소지장〕가 없기 때문에 두려움〔윤회의 고통에 대한 두려움〕이 없다는 것이다.

그런데 현장 역에서 '가(罣)'라는 글자는 '고기를 잡는 그물'을 가리킨다. '애(礙)'라는 글자는 '장애물'이라는 의미이다. 따라서 '가애 없다'라는 것은 '아무 걸림 없이 움직일 수 있다'는 것이다. 이른바 어떠한 것에도 구속되지 않고 사로잡히지 않는, 순조롭고 자유롭게 움직일 수 있는 것이다. 금전을 구하고, 명예를 구하고, 권세를 구하는 사람은 아무래도 가애가 없다고 말할 수 없다. 구함이 없는 사람이야말로 '무애의 사람'이라고 할 수 있다. 따라서 걸림이 없고, 자유롭게 움직일 수 있는 것은 구함이 없는 사람에 의해서만 가능하다. 이런 사람을 우리는 대자유인이라고 하기도 하고, 대도무문(大道無門)하는 사람이라고도 한다.

이런 걸림 없는 삶을 실천한 대표적인 사람이 원효대사이다. 원효대사는 아무 걸림 없는 노래인 무애가를 부르며 서라벌을 돌아다녔으며, 아무 걸림 없이 행동한다는 무애박을 실천했다고 한다.

필자는 이 구절을 암송할 때마다, 『법구경(dhammapada)』의 "홀로 걸어가고 게으르지 않으며, 비난과 칭찬에도 흔들리지 않고, 소리에 놀라지 않는 사자처럼, 그물에 걸리지 않는 바람처럼, 진흙에 더럽히지 않는 연꽃처럼, 남에게 이끌리지 않고 남을 이끄는 사람"이라는 붓다의 가르침을 되새기며, 내 삶의 지침서로 삼고 있다. 아마도 불교도 중에는 붓다의 이 가르침을 좋아하거나 애독하는 분이 많을 줄 안다. 그렇지만 우리들은 코뿔소처럼 친구나 가족도 없이 홀로 평생을 살아가기는 힘들다. 게다가 홀로 살면서 열심히 사는 것은 더욱 힘든 일이다. 또한 우리들은 일상생활 속에서 남의 말 한마디에 울고 웃는 주체성 없는 삶을 영위하고 있기에, 남의 칭찬에는 쉽게 기분이 좋아지며, 남이 나를 비난하면 금방 화를 내는 존재이다. 그리고 자기에게 조금만 손해가 가면 아무리 사소한 일에도 민감하게 반응하며, 절대로 손해를 보지 않으려고 한다. 그렇기 때문에 삶에 여유가 없으며, 바람과 같이 유유자적한 삶은 애초에 기대할 수도 없다. 특히 세상 모든 사람들은 욕망에 사로잡혀 질주하는 자동차같이 앞만 보고 달리고 있는데, 자기 혼자 연꽃처럼 고고한 척 살아갈 수는 더더욱 없다. 그래서 세상과 적당히 타협하며 나의 실리를 챙기면서 살아가는 것이 현명한 삶이라고 스스로 자위하면서 살아간다. 또한 내 자식도 그런 삶을 살기를 바란다.

게다가 동서고금을 통해 자기 생각, 자기 종교만이 소중하고, 남의 생각이나 종교를 무시하거나 틀렸다는 우상〔선입견, 편견〕에 사로잡힌 사람이 많다. 그래서 타인의 생각〔가치관〕을 가치 없는 것으로 치부하거나 남의 종교를 함부로 비난하는 사람이나 종교인이 득세하고 있다. 붓다는 이런 편협한 생각을 경계하라고 경전에서 수없이 되풀이하여 말하고 있다.

"만약 불교가 다른 사람으로부터 비방받아도 그것에 대해 성내거나 슬퍼할 필요가 없다. 또한 다른 사람으로부터 칭찬받아도 너희들은 기뻐해서도 안 된다. 타인의 의견에 감정이 따라 움직이게 되면 냉정하고 바른 판단을 내릴 수 없다. 우리들은 언제나 냉정하게 사물을 관찰하고, 무엇 때문에 바르고, 그른가? 그 이유를 바르게 검토하여 진실한 모습을 파악 할 필요가 있다."[72]

그러므로 우리들은 붓다의 가르침을 거울로 삼아 그런 행위를 경계하고 또 경계하여, 자기 종교만이 옳다고 하는 편협한 생각에서 벗어나야 할 것이다.

영국의 경험주의 철학자인 프란시스 베이컨은 일상생활에서 보통 사람들이 갖고 있는 선입견이나 편견을 우상(Idola)이라고 하였다. 그는 인간은 4가지의 우상에 사로잡혀 있는데, 이런 우상으로부터 벗어나는 것을 참다운 자유라고 하였다.

첫째, 종족의 우상으로부터 벗어나야 한다. 종족의 우상이란 모든 사물을 인간 본위〔인간종족, 자기 민족〕로 해석하려는 선입관, 편견으로 자연을 의인화하는 우상이다. 예를 들면 '새가 노래하고, 나비가 춤춘다' 라든지 '파도는 분노하고 석양은 피를 토한다'와 같은 것이다. 인류의 역사를 되돌아보면 이와 같은 편견에 사로잡혀 얼마나 잔혹한 짓을 반복했는지 알 수 있다. 히틀러는 게르만 민족의 순수성을 지킨다는

---

72) 이 내용은 『범망경』에 수록된 가르침이다. 범망이란 범천〔梵〕의 그물〔網〕이라는 의미로 숙련된 어부가 연못에 그물을 던져 모든 물고기를 잡는 것처럼, 붓다는 당시 사상계의 바다에 범천의 그물을 던져 모든 사상, 즉 62견의 사상을 불교의 입장에서 비판하고 오류를 설하는 경전이다.
어느 날 붓다가 왕사성에 계실 때에 유행자 선념(善念)은 삼보를 비방하고, 그의 제자 브라흐마달다〔범마달〕은 불교를 극도로 칭찬하여 서로의 주장을 굽히지 않았다. 이 이야기를 들은 비구들이 붓다에게 둘 사이의 논쟁에 대해 전하였다. 그러자 붓다가 제자들에게 설법한 내용이다. 이 가르침을 읽어 보면 붓다가 얼마나 비판적이고 합리적이었는가를 여실하게 보여주는 것이다. 이처럼 붓다의 합리적이고 비판적인 정신은 원시경전 여러 곳에서 발견할 수 있다.

명목 아래 유태인뿐만 아니라 정신병자나 신체적으로 장애가 있는 독일인 30만 명을 살해하기도 했다. 이 이외에도 백인종의 노예사냥, 일본제국주의자의 인체실험, 유고인의 인종 청소 등등 수많은 잔혹의 역사는 이러한 자기 종족, 자기 민족이라는 종족의 우상에 사로잡혀 저질러진 과오이다.

둘째, 동굴의 우상으로부터 벗어나야 한다. 동굴의 우상이란 개인의 특수한 습성이나 환경에서 유래되는 선입견, 편견이다. 예를 들면 '우물 안 개구리'이나 '하룻강아지 범 무서운 줄 모른다' 등과 같은 것이다. 특히 플라톤의 '동굴의 우상'[73]은 가장 적절한 비유일 것이다.

셋째, 시장의 우상으로부터 벗어나야 한다. 시장의 우상이란 언어, 문자의 그릇된 사용에서 유래되는 선입견, 편견이다. 예를 들면 증권가의 악성루머나 존재하지 않는 귀신이나 도깨비, 천사나 악마 등이 있다고 믿는 것이다.

넷째, 극장의 우상으로부터 벗어나야 한다. 극장의 우상이란 그릇

---

73) 지하 동굴에 죄수[인간]들이 태어나면서부터 동굴의 안쪽 벽면에 얼굴을 맞대고 있다. 게다가 손과 발은 움직일 수 없는 쇠사슬로 묶여 있다고 하자. 그들은 햇빛이나 동굴 바깥을 본 적이 없다. 죄인들의 뒤에는 등불이 있으며, 그리고 등불과 죄인 사이에는 오르막길이 있다. 오르막길 위에는 벽돌담이 세워져 마치 인형극과 같은 장치가 되어, 오르막길을 따라 사람들이 나르는 물건이나 모습의 그림자가 죄인들이 마주보는 벽에 비치게 되어 있었다. 그들은 오로지 그림자만을 보면서 자랐다. 따라서 죄인들은 비치는 그림자를 실물이라고 생각하고, 동굴 밖의 실제 세계가 있다는 것을 알지 못하고 있다.
그런데 한 죄인[소크라테스]이 속박을 풀고 등불 쪽을 바라보게 된다면, 등불의 강한 불빛에 눈부셔 고통스러울 것이다. 그는 단지 강력한 불빛 때문에 처음에는 그림자의 세계를 그리워할 것이다. 그러나 눈부심에 익숙해져, 동굴 밖의 세계[이데아 세계]를 보게 되어 그림자의 세계를 실물의 세계라고 생각하지 않게 되었고, 있는 그대로의 모습을 보게 되었다. 여기서 죄인은 동굴로 되돌아가 연민의 마음에서 남아 있는 죄인들에게 너희들이 보는 것은 그림자이고 실제 세계가 아니라고 설득하였다. 그러나 죄인들은 도리어 그를 불신과 조롱으로 대하고 심지어 신체적 공격을 가했다.

된 원칙, 학설, 전통, 위대한 철학자 등에서 유래되는 선입견, 편견이다. 예를 들면 중세시대에 천동설을 신봉한 것이나, 유명인의 말은 무조건 옳다고 믿는 선입견이나 편견이다.

유럽의 중세시대에 300년 동안 마녀로 몰려 50만 명이 화형당했다고 한다. 그러나 마녀는 실재하지 않았다. 게다가 지동설을 주장한 수많은 사람들도 종교재판을 통해 화형당했다. 이런 잔혹한 역사도 결국 그릇된 원리나 교설, 즉 극장의 우상에 기인한 것이다.

이처럼 베이컨은 이러한 일상적 편견으로부터 벗어나는 것을 '자유로움'이라고 하였다. 필자는 4가지 우상으로부터 벗어나는 것은 '가애 없는 마음'의 또 다른 표현이라고 생각한다.

결국 어떤 삶을 살 것인가는 자신의 선택 문제이다. 어떤 선택을 하건 그 결과는 고스란히 자기에게 돌아온다는 붓다의 가르침을 잊지 않는다면 우리들의 삶의 방향은 이미 정해져 있는지도 모른다.

원리〈일체〉전도몽상(C: 遠離〈一切〉顚倒夢想, SKT: viparya-atikrānto, E: he has overcome what can upset, K: 전도한 마음을 멀리 떠나)

먼저 산스크리트 경문부터 살펴보자. '비파르야(viparya)'는 '전도〔거꾸로 된 것〕' 또는 '몽상'이라는 의미의 남성명사이다. 그리고 '아티그란타(atikrānta)'는 'ati-√kram(초월하다)'에서 파생한 남성명사, 단수, 주격의 형태에 과거수동분사(ta)로 만든 것이다. 두 합성어의 원래 형태는 'viparya-atikrāntaḥ'이지만, 'a+a=ā'가 된 것은 모음의 연성 규칙에 따른 것이며, 어말이 'o'로 된 것은 어말 'aḥ'에 유성자음이 오면 'aḥ'는

'o'가 되는 규칙에 따른 것이다. 그래서 산스크리트 원문을 해석하면 '전도를 초월하다'는 의미이다. 즉 〈마음에 장애〔가애〕가 없기 때문에〉 두려움이 없고, 바르게 사물을 볼 수 없는 일체의 미혹〔전도몽상〕을 멀리했다는 것이다.

불교에서 말하는 대표적인 전도(顚倒)는 상락아정(常樂我淨)이다. 즉 존재하는 모든 것은 무상함〔제행무상〕에도 불구하고 영원하다고 하고, 인간은 괴로운 존재임에도 불구하고 즐겁다고 생각하고, 존재하는 모든 것은 자기의 본질이 없음〔제법무아〕에도 불구하고 자아가 있다고 생각하고, 부정과 정은 불이(不二)임에도 불구하고 정에 집착하고 부정에 집착하는 것이다. 이 상락아정을 전도라고 한다. 또한 전도(顚倒)라는 것은 '일체 사물을 거꾸로 본다'는 의미도 있다. 따라서 존재하지 않는 사물을 마치 존재하는 것처럼 보는 것도 전도이다.

그리고 한역에서 말하는 몽상(夢想)이란 꿈이나 망상이다. 이른바 없는 것을 있다고 생각하는 미혹이다. 오늘날의 말로 하면 일종의 환각・착각이다. 예를 들면 어두운 밤에 유령을 보았다고 하지만, 사실은 바람에 움직이는 마른 억새풀을 유령으로 착각하는 경우가 종종 있다. 이런 착각은 유령이라고 생각한 것이 마른 억새풀이라는 것을 알지 못했기 때문에 일어나는 일종의 환각이다. 그러나 자세히 보면 유령이 아니라, 마른 억새풀이라는 것을 알게 된다. 이처럼 이 구절은 이런 전도몽상에서 벗어났다는 것이다.

그런데 산스크리트 원본이나 티베트역, 다른 한역에는 '일체(一切)'라는 글자가 없다. 그렇지만 현재 우리들은 '일체'라는 말을 넣어 『반야심경』을 독송하는 경우도 있다. '일체'라는 말을 삽입한다고 해서 원래의 의미를 손상하는 것은 아니다.

◉ 구경열반(C: 究竟涅槃, SKT: niṣṭha-nirvāṇa, E: in the end he attains to nirvāṇa, K: 열반에 들어가다.)

앞의 경문에서 무소득한 보살은 반야바라밀을 체득하기 때문에 마음에 가애가 없고, 두려움도 없고, 일체의 전도몽상에서 벗어났다고 했다. 이와 같다면 불교의 궁극적 목적인 열반에 도달한다고 이 구절에서는 말하고 있다.

먼저 '니스타(niṣṭha)'는 형용사로 '들어간' 또는 '구경'의 의미이다. 구경이란 '최상(最上)'·'궁극'·'종극(終極)'·'최후'라는 뜻이다.

열반은 번뇌의 불을 끈 깨달음의 상태를 말한다. 그러므로 구경열반이란 일체의 모든 미혹으로부터 벗어난 경지를 말한다. 한역에는 '열반을 구경하다'라고 했지만, 산스크리트본에서는 '열반에 들어가다'라고 하였다.

'열반(nirvāṇa)'이라고 하면 우리들은 '성철 큰스님이 열반에 드셨다'고 하여 곧바로 '죽음'을 생각하지만, 불교에서는 번뇌를 완전하게 끊은 '깨달음의 세계'를 열반이라고 한다. 열반이란 산스크리트로 '니르바나(nirvāṇa)'라고 하는데, 부정의 접두어 'nir'(사라지다, 없어지다)+동사어근 √vā(불타다)+명사화시킨 'ana'로 구성된 단어이다. 그래서 '불이 꺼진 상태' 또는 '열이 내려서 건강이 회복된 상태'라는 의미이다. 불은 장작이 없으면 꺼져 버리지만, 인간의 경우는 장작에 해당되는 것이 욕망〔貪〕·분노〔瞋〕·어리석음〔痴〕으로 대표되는 번뇌이고, 불은 괴로움〔번뇌〕을 상징한다. 따라서 열반이란 번뇌가 사라져 괴로움이 없어진 상태이다. 인간에게 있어서는 근원적인 고뇌로부터 해방되어 자유자재한 경지이고, 그 경지는 '적정(寂靜)' 이른바 평화 그 자체이다. 그래서 '니르바나'를 '적멸'·'원멸(原滅)'·'적정' 등으로 한역하기도 한다. 구체적으로는 우리들의 미혹된 마음, 즉 '망상'·'번뇌'의 불을 끈 '대안락(大安樂)의 경지(境地)'를 말한다.

그리고 열반은 나중에 유여열반과 무여열반으로 구분하였다. 유여열반이란 '일체의 번뇌를 없애고 미래의 생사 원인을 없앤 자이지만, 육체는 가지고 있다. 반면 무여열반은 모든 번뇌를 끊고 육체도 없앤 상태를 말한다. 다른 말로 하면 번뇌를 완전하게 없앤 죽음을 의미하며, 진리와 완전하게 일체가 되었다는 것이다. 그래서 붓다의 죽음을 완전한 열반(parinirvāṇa, 반열반) 또는 무여열반이라고 한다.

삼세제불(C: 三世諸佛, SKT: try-adhva-vyavasthitāḥ sarva-buddhāḥ, E: all buddhas of the past, present and future, K: 삼세〈과거·현재·미래〉의 모든 부처)

삼세제불, 즉 과거·현재·미래에 있는 무수한 부처들을 가리킨다. '트리(tri)'는 숫자 3을 뜻이며, 'tri'가 'try'로 된 것은 연성법(i+모음=y+모음)에 따른 것이다. '아드반(adhvan)'은 '세(世), 시(時)'의 의미이며, 복합어〔수사한정복합어 Dvigu〕가 될 때는 'adhva'[74]로 변화한다.

---

74) '-an'으로 끝나는 단어는 복합어를 만들 때 '-a'가 되는 규칙이 적용된 것이다.

불교에서 세계〔loka〕란 수미산[75]을 중심으로 펼쳐진 삼천대천세계[76]를 말한다. 이른바 사바세계를 말한다. '사바'란 '사하(sahā)'를 음사한 것으로 '참다'는 뜻이므로 사바세계란 '고통을 참는 세계〔忍土〕'라는 의미이다.

'브야바스티타하(vyavasthitāḥ)'는 vi-ava-√sthā(머물다, 안주하다)를 과거수동분사(ta)로 만든 것이다. 형태는 남성명사, 복수, 주격이며, 'try-adhva+vyavasthitāḥ'는 소유복합어 형태를 취하고 있다. 그리고 'sarva'는

---

75) 수미산의 '수미'라는 것은 산스크리트의 '수메르(sumeru)' 또는 '슈메르(śumeru)'의 음사이며, 소미려(蘇迷盧)라고 음사하기도 한다. 수미산이란 불교의 우주관에 나오는 상상의 산이다. 불교의 우주관에 따르면 허공중에 풍륜(風輪)이라는 것이 떠 있다. 형태는 원반형이고, 주변의 길이는 '무수(無數, asaṃkhya)'이고, 두께는 160만 유순(由旬)이다. 1유순(一由旬)의 길이는 여러 가지 설이 있기 때문에 확실하지 않지만, 대략 7km 내지 10km이다. 앞에서 말한 '무수'라는 것은 무한을 의미하는 것이 아니고, 거대한 수의 한 단위이다. 따라서 풍륜(風輪)의 원주(圓周)의 길이는 무수(無數)의 유순이다. 즉 10^{59}유순이 된다. 그리고 풍륜의 원주와 직경(直徑)의 비율은 3대 1이다. 풍륜 위에는 수륜(水輪)이 있다. 형태는 수미산과 같이 원반형이고, 크기는 직경이 120만 3,450유순, 두께는 80만 유순이다. 수륜 위에는 다시 금륜(金輪)이 있다. 모양은 원반형이고 크기는 직경 120만 3,450유순, 두께는 32만 유순이다.
그리고 금륜 위에 9개의 산이 있는데 중앙에 우뚝 솟은 것이 수미산이다. 수미산을 둘러싸고 중심이 같은 사각형의 산이 일곱 개가 있다. 산 사이는 8개의 바다로 이루어져 있다. 안쪽으로부터 산의 이름을 말하면 다음과 같다. 지쌍(持双)·지축(持軸)·담목(擔木)·선견(善見)·마이(馬耳)·상이(象耳)·니민달라산(尼民達羅山)이다. 니민달라산(Nimandhara)의 바깥에는 네 개의 주(洲, 섬 또는 대륙)가 있다. 수미산의 동쪽에는 승신주(勝身洲, Videha), 남쪽에는 섬부주(贍部洲, Jamba), 서쪽에는 우화주(牛貨洲, Godāniya), 북쪽에는 구로주(俱盧洲, Kuru)가 있다. 그리고 금륜의 가장 바깥에 있는 둥근 산맥이 철위산(鐵圍山)이다. 이것이 철위산이라고 불리는 것은 철로 되어 있기 때문이다. 다른 일곱 개의 산맥은 금으로 되어 있고, 중앙의 수미산은 네 가지의 보배〔四寶〕, 즉 금(金)·은(銀)·유리(瑠璃, vaiḍūrya 에메랄드)·파려(玻瓈, sphaṭikā의 음사, 본래는 수정을 의미하였지만, '그라스'로 의미가 변하였다)로 구성되어 있다. 이 산들이나 섬들은 넘칠 듯이 가득한 물 위에 떠 있다. 인간이 사는 세계는 '섬부주'이며, 이 섬부주에 이른바 '지옥'도 존재한다.

76) 삼천대천세계(trisāhasramahāsāhasra-lokadhātu): 삼천세계란 세계를 천 개 모은 것이 소천세계이고, 소천세계를 천 개 모은 것이 중천세계, 중천세계를 천 개 모은 것이 대천세계이다. 그래서 삼천대천세계란 대천(千)이 3번이라는 말이다. 세계란 'loka'의 번역이다. 불교가 중국에 들어오기 전에 중국에서는 세계라는 말 대신에 '우주'라는 말을 사용하였다. 이것은 현대말로 번역하면 '헤아릴 수 없는 무한한 크기'라는 의미이다.

'일체'라는 뜻이고, 'buddhāḥ'는 남성명사 '붓다(buddha)'의 복수, 주격이며, 'sarva+buddhāḥ'는 동격한정복합어(Karmadhāraya)의 형태를 취하고 있다. 그래서 '삼계에 거주하고 있는 일체의 부처들'이라고 번역할 수 있다.

의반야바라밀다고(C: 依般若波羅蜜多故, SKT: prajñāpāramitām āśritya, E: because they have relied on the perfection of wisdom, K: 반야바라밀다에 의지해서)

'prajñāpāramitām(반야바라밀다)'은 여성명사 'prajñāpāramitā'의 단수, 목적격이다. 'āśritya'는 접두사 ā+동사어근 '√śri(의존하다)'에 절대분사(tya)를 첨가하여 만들어진 단어이다. 그래서 '반야바라밀다에 의존해서'라는 뜻이 된다.

득아뇩다라삼먁삼보리(C: 得阿耨多羅三藐三菩提, SKT: anuttarāṃ-samyaksambodhim-abhisambuddhāḥ, E: have awake to the utmost, right and perfect enlightenment, K: 무상정등각에 완전하게 도달하다.)

'아누타람(anuttarāṃ)'은 여성명사 '아누타라(anuttarā)'의 단수, 목적격으로 'an(無)-uttara(上)', 즉 무상(無上)의 의미로 더 이상 위에 있는 것이 없다는 뜻이다. 여기서는 음사하여 '아뇩다라'라고 하였다. '삼야크(samyak)'는 '바르다·올바르다'는 뜻으로 한역에서는 정(正)이라고 하였다. 여기서는 음사하여 '삼먁'이라고 한다.

'삼보디(sambodhi)'에서 접두어 'sam'은 '완전한, 함께, 등(等)'의 의미이며, '보딤(bodhiṃ)'은 '깨달음〔覺〕이라는 뜻으로 '여성명사 '보디(bodhi)'의 단수, 목적격이다. 그런데 한역에서 '삼보리(三菩提)'라고 음사했기 때문에 '3의 깨달음'으로 번역하면 안 된다. 삼보리(sambodhi)란 모든 지혜가 모여 있다는 의미로 '두루 알다 · 한결 같이 깨닫다'로 번역해야 한다. 그래서 삼보리를 '변지(徧知)' · '등각(等覺)' 등으로 한역하기도 한다. 이런 의미에서 아뇩다라삼먁삼보리는 무상정변지(無上正徧知) · 무상정등각(無上正等覺)이라고 한다. 즉 '가장 최상의 진실한 깨달음'이라는 의미가 '아뇩다라삼먁삼보리'이다. 또한 보리수 나무 아래에서 진리를 체득한 붓다의 깨달음〔成道〕을 'abhisambuddhi'라고도 한다.

그리고 '아비삼붓다(abhi-sam-buddhāḥ)'는 abhi(이르다) +sam-√budh(완전하게 깨닫다)에서 파생한 남성명사, 복수, 주격이다. 그런데 한역에서는 'abhisambuddha'를 '득(得)'으로 번역하였지만, 산스크리트본의 의미를 살려서 '완전하게 이르다〔도달하다〕'로 필자는 번역하였다.

VII. 주문에 대한 해설

tasmāj jñātavyaṃ prajñāpāramitā-mahāmantro mahāvidyāmantro ' nuttaramantro 'samasama-mantraḥ sarvaduḥkhapraśamanaḥ satyam amithyatvāt prajñāpāramitāyām ukto mantraḥ, tad yathā:

따라서 〈사람들은〉 알아야 한다.

반야바라밀다의 커다란 진언, 커다란 깨달음의 진언, 무상(無上)의 진언, 무비(無比)의 진언은 모든 괴로움을 제거하고 헛됨이 없기 때문에 진실이다. 반야바라밀다에서 그 진언이 다음과 같이 설해졌다.

故知般若波羅蜜多. 是大神呪. 是大明呪. 是無上呪. 是無等等呪. 能除一切苦. 眞實不虛故. 說般若波羅蜜多呪. 卽說呪曰

때문에 알아야 한다. 반야바라밀다는 대신주이고, 대명주이고, 무상주이고, 무등등주이다. 일체의 괴로움을 제거하여 진실하며 헛됨이 없기 때문이다. 반야바라밀다의 진언을 설한다. 즉 주문을 설한다.

1. 반야바라밀다는 대신주이다

우선 『반야심경』의 본문에 등장하는 '주(呪)'에 대해 먼저 설명하겠다. '주(呪)'란 보통 '주술 · 주문' · '저주'라는 의미를 갖는다. 그래서 일반적으로 '주'는 '저주하다 · 원망하다' 등과 같이 그다지 좋은 의미로 사용되지 않는다. 동시에 '주'는 '주문을 외우다 · 주금(呪禁)을 하다'라는 것처럼 '주술'의 의미로 해석하기도 한다.

요즈음 신문의 사회면 기사를 읽어 보면 주술을 이용하여 황당한 짓을 하는 사람을 자주 접한다. 불교를 공부하는 사람으로서 한없는 비애를 느낀다. 이상한 주술이나 기도로 의사나 약을 멀리하여 병을 더욱 악화시킨다든지, 미신 등을 조장하여 평범한 사람들을 미혹시키는 무책임한 행동을 하는 자칭 종교가들을 불교의 이름으로 배격해야 할 것이다. 이처럼 요즘의 세상에는 '주문'이나 '진언' 등의 간판을 내걸고 괴상한 수행법을 하고 있는 사람들이 있지만, 진언의 기도는 천박한 미신을 선동하는 것이 결코 아니다. 이와 같은 행위를 하는 사람은 신성한 진언의 가르침을 모독하는 것이다.(『반야바라밀다심경』, 김명우)

그러나 '주'라는 글자가 주는 이미지 때문에, '주'라고 하면 보통 미신을 연상하여 멀리하려는 경향이 있는 것도 사실이다. 그렇지만 불교의 전문용어로 진언을 사용될 때에는 심오하고 존귀한 의미를 가진다.

고지(故知, tasmāj jñātavyaṃ, E: therefore one should know, K: 때문에 알아야 한다.)

'tasmāt'가 'tasmāj'로 된 것은 '어말 t+어두 j'가 결합하면 't'는 'j'로 동화하는 규칙이다. 품사는 부사이고, 뜻은 '그러므로'이다. 그리고 '쥬냐타브얌(jñātavyaṃ)'은 동사어근 √jñā+tavya(미래수동분사)의 결합 형태로, 중성명사, 단수, 주격이다. 그래서 '알아야만 한다'라고 번역하였다.

그런데 '누가' 알아야만 하는가? 'jñātavyaṃ'이 단수, 주격의 형태를 나타내고 있기 때문에 지금 『반야심경』을 읽고 있는 내 자신이라고 추측할 수 있다. 그리고 무엇을 알아야 하는가? 그것은 다음에 등장하는 경문이다.

반야바라밀다 시대신주(C: 般若波羅蜜多 是大神呪, SKT: prajñāpāramitā-mahā-mantro, E: The prajñāpāramitā as the great spell, K: 반야바라밀다는 커다란 진언이고〔현장 역〕)

'마하만트로(mahā-mantro)'의 본래 형태는 남성명사 'mahāmantraḥ'의 단수, 주격이다. 'aḥ'+유성자음이 결합하면 'aḥ'는 'o'로 변화되는 규칙이다. 그리고 'mantraḥ'는 모두 남성명사, 단수, 주격의 형태이다.

그런데 한역에서는 '반야바라밀'이 주어이고, 대신주, 대명주 등이 술어로 해석하고 있다. 그러나 산스크리트에서는 'prajñāpāramitā'와 'mahā-mantro'는 복합어로 '반야바라밀의 커다란 진언'이라는 의미이다. 그리고 한역본에는 '신(神)'을 임의적으로 삽입하였는데, '신'이란 불가사의한 영력(靈力)을 말한다.

만트라(mantra)는 '주(呪)'나 '진언'을 의미하는 것으로, 불교 이전의 리그베다(Ṛg-veda)에서는 종교적 의식에 사용되는 신들의 노래〔神歌〕였다. 만트라는 바라문 출신의 수행자들에 의해 불교 교단에 처음 도입되었다고 한다. 붓다는 처음에 만트라를 금지시켰지만, 치통(齒痛), 복통(腹痛) 등의 치료를 위한 진언은 허가하였다고 한다. 대승불교에서도 진언을 다라니와 함께 널리 사용하였지만, 특히 밀교에서는 진언 또는 다라니는 진리 그 자체라고 하여 대단히 존중하였으며, 번역하지 않고 독송만 했다. 왜냐하면 진언을 독송하면 진리와 합치된다고 생각하였기 때문이다.

시대명주(C: 是大明呪, SKT: mahā-vidyā-mantra, E: The spell of great knowlegde, K: 커다란 깨달음의 진언)

대(mahā)는 '커다란', '명(明, vidyā)'이란 광명(光明)의 명(明)으로서 반야의 진언이야말로 영원히 빛나는 부처님의 신성한 말씀이라는 뜻이다. 그러나 '명(明)'은 지혜나 지식 또는 깨달음, 주문의 의미도 있다. 그래서 '커다란 깨달음의 진언'이라고 번역하는 것이 타당할 것 같다. 이처럼 진언은 마음의 어둠을 부수고, 사방을 밝게 비추는 활동을 하는 것이다.

그리고 'mahā-vidyā-mantr<u>o ʹn</u>uttara-mantr<u>o ʹs</u>amasama'에서 밑줄 친 부분의 형태를 취한 것은 'as'+'a'='o'+'a'로 변하는 규칙 때문이다. 'ʹ' 부호는 아바그라하(avagraha)라고 하며, 'a'가 소멸한 것을 나타낸 것이다.

시무상주(C: 是無上[77]呪, SKT: anuttara-mantra, E: The utmost spell, K:최상의 주문)

무상주란 진언(주문)은 더 이상의 위가 없는(an-uttara) 최상의 '주문(mantra)'이라는 의미이다.

시무등등주(C: 是無等等[78]呪, SKT: asamasama-mantra, E: The unequalled spell, K: 가장 뛰어난 주문)

무등등주란 진언(주문)은 더 이상 비슷한 종류〔比類〕가 없다는 것, 이른바 그 어떤 것과도 비교할 수 없는 가장 뛰어난 주문이라는 것이다. 'a-sama-sama'에서 'a'는 부정, 'sama'는 '같다〔等〕'는 의미이다. 그래서 한역에서는 '무등등(無等等)'이라고 하였다.

능제일체고 진실불허고 설반야바라밀다주(C: 能除一切苦. 眞實不虛故. 說般若波羅蜜多呪. SKT: sarva-duḥkha-praśamanaḥ satyam amithyatvāt prajñāpāramitāyām ukto mantraḥ, E: allayer of all suffering, it is truth because it is false, by the prajñāpāramitā has this spell been delivered, K: 일체의 괴로움을 제거하여 진실하며 헛됨이 없기 때문이다. 반야바라밀다의 진언을 설한다.)

---

77) 구마라집은 '명(明)'을 삽입하였다.
78) 구마라집은 '명(明)'을 삽입하였다.

'sarva'는 '일체', 'duḥkha'는 고〔괴로움〕라는 뜻이며, 'praśamanaḥ'는 '가라앉는 것'이라는 뜻으로 남성명사 '프라샤마나(praśamana)'의 단수, 주격이다. 'satyam'는 '진실 또는 진리'라는 뜻으로 중성명사 'satya'의 단수, 주격이다.

'아미트야트바트(amithyatvāt)'는 'a-mithya-tvāt'로 구성된 단어로, 'a'는 부정어, '미트야(mithya)'는 '거짓'이라는 의미이며, 'tvāt'는 중성명사를 만드는 어미(tva)에 격어미 변화인 종격으로 만든 형태이다. 그래서 한역에서는 '불허고(不虛故)'로 번역하였다.

그리고 'prajñāpāramitāyām'는 여성명사 'prajñāpāramitā'의 단수, 처격이다. 산스크리트 문법에서 처격이란 시간이나 장소를 나타낼 때 사용하는 형태이다. 그래서 '진언은 반야바라밀다에 대해서 설한다' 또는 '반야바라밀다로서 진언을 설한다'라고도 번역 가능하다.

'욱토(ukto)'는 동사어근 √vac(말하다)의 과거수동분사(ta)로 '말해졌다'는 의미이다. 'uktaḥ'가 'ukto'로 변한 것은 어말 'aḥ'+유성자음이 결합하면 'aḥ'는 'o'로 되는 규칙이다.

'mantraḥ'는 남성명사 '만트라(mantra)'의 단수, 주격의 형태로 '진언(眞言)' 또는 '주문(呪文)'이라는 뜻이다.

2. 가테 가테 파라가테 파라상가테 보디 스바하

즉설주왈(C: 卽說呪曰, SKT: tad yathā, E: it runs like this)

'tad'는 지시대명사 'tat'의 중성명사, 단수, 주격으로 '그것'이라는 뜻이다.

'yathā'는 접속사로 '~와 같다'는 의미이다. 번역하자면 '그것(mantra)은 이와 같다'는 의미이다.

아제 아제 바라아제 바라승아제 보디스바하(C: 揭帝 揭帝 般羅揭帝 般羅僧揭帝 菩提僧莎訶, SKT: gate gate pāragate pārasaṃgate bodhi svāhā. E: Gone, gone, gone beyond, gone altogether beyond, O what an awakening, all hail!, K: 가는 자여! 가는 자여! 저쪽으로 가는 자여! 완전하게 저쪽으로 가는 자여! 깨달음이여 행복이 있으라.)

'진언'은 문법적으로 정상적인 산스크리트가 아니라, 속어적(俗語的)인 용법이라서 여러 가지로 번역할 수 있기 때문에 정확한 번역은 할 수 없다. 그리고 이 진언은 『반야심경』 본문의 내용을 총괄하고, 신비적으로 나타낸 것이기 때문에 예로부터 번역하지 않는다〔不譯〕. 이처럼 중국인이 한자로 진언을 번역하지 않은 가장 큰 이유는 '진언'을 문법 체계가 전혀 다른 한자로 충분히 그 의미를 살릴 수 없기 때문이었을 것이다. 따라서 한역에서도 티베트역에서도 진언은 음사만 하고 내용은 번역하지 않았다. 한국불교에서도 옛날부터 이 진언은 그 자체로 큰 공덕이 있다고 믿어 번역하지 않고 암송하였다.

삼장법사 현장은 '오종불번(五種不飜, 다섯 종류는 〈한자로〉 번역하지 않는다)'이라고 하여 중국말로 번역할 수 없는 것을 다섯 종류로 구분하였다. 예를 들면 인도에는 있지만 중국에는 없는 사물,[79] 하나의 말 속에 많은 의미를 포함하고 있다든지,[80] 비밀(秘密)이라든가,[81] 옛날부터의 습관이라든가,[82] 번역하면 원어가 가지고 있는 본래 가치를 잃어버린다든지 하는[83] 5가지 이유 때문에 번역하지 않고 음사하였다. 지금부터 이야기하고자 하는 반야의 주문도 '비밀'이라는 이유 때문에 삼장법사 현장은 번역하지 않고 산스크리트를 발음대로 적었을 뿐이다. 따라서 아무리 한자의 의미를 조사하여도 주문이기 때문에 '주(呪)'의 의미를 이해할 수 없다.

여기서는 단지 필자가 독자들의 이해를 돕기 위해 번역해 본다.

'gate(揭帝)' 'gate(揭帝)'는 동사어근 √gam(가다)에서 파생한 것이며, 여기에 과거수동분사 형태인 'gata(갔다)'로 만들어진 것이다. 그리고 'gata'를 여성명사로 만든 것(gatā)이다. 'gatā'는 'gatā'의 단수·호격'으로 '가는 자여! 가는 자여!'라는 의미이다.

그런데 'gate'에서 어미 'te'에 대해 다른 주장이 있다. 만약 'te'를 'gata'의 처격(locative)으로 보면 '갈 때에'라는 의미가 된다. 즉 'gate'를 'gata'의 처격으로 해석하면 '갔을 때에, 갔을 때에, 저쪽에 갔을 때에, 완전하게 저쪽으로 갔을 때에, 깨달음이여! 행복이 있으라'라는 의미

79) 잠부(jambu)나무는 중국에 없는 나무이다. 그래서 염부수(閻浮樹)로 음사하였다.

80) 바가바트(bhagvat)는 자재(自在), 치성(熾盛), 단엄(端嚴), 명문(名聞), 길상(吉祥), 귀존(貴尊), 세존(世尊) 등의 여러 의미가 있다. 구마라집은 세존, 현장은 『금강경』에서 음사하여 박가범(薄伽梵)이라고 하였다.

81) 다라니〔진언〕와 같은 비밀스러운 어휘는 번역하지 않았다.

82) 현장 이전에 음역이 정착화되어 굳어진 어휘는 번역하지 않았다. 예를 들면 아눗타라보디(anuttarabodhi)는 '아뇩다라'로 차용하였다.

83) 프라쥬냐(prajñā)와 같은 심오한 의미는 번역하지 않았다.

가 된다.

또한 'gate'를 단순히 동사어근 √gam의 과거수동분사로 해석하면 '도달했다'는 의미가 된다. 그래서 'gate'를 단순히 과거수동분사로 취급하여 주문을 해석하면 '도달했다, 도달했다, 저쪽에 도달했다, 완전하게 저쪽에 도달했다. 깨달음이여! 행복이 있으라'는 의미가 된다. 막스 뮐러[84]뿐만 아니라 에드워드 콘즈도 'gate'를 'gone'으로 영역하여, 'gam'의 과거수동분사로 해석하고 있다.

그런데 대본 한역〔지혜륜 역과 시호 역〕에는 '아제' 앞에 '옴(唵)'을 삽입하고 있다. 아마도 진언에는 성스러운 문자인 옴(oṃ)을 삽입하는 관례에 따른 것으로 보인다.

'pāragate'(般羅揭帝)는 'pāra-(저쪽)√gam(가다)에서 파생한 것이며, 여기에 과거수동분사의 'gata'로 만든 형태이다. 그리고 'gata'를 여성명사로 만든 것(gatā)이다. '파라가테(pāragate)'는 여성명사 'pāragatā'의 단수·호격'이며, '저쪽(피안)으로 가는 자여!'라는 의미로 '피안', 즉 '깨달음의 세계로 간다'는 의미이다.

'pāra-saṃ-gate'(般羅僧揭帝)는 여성명사 '프라삼가타(pārasaṃgatā)'의 단수·호격'으로, 'pāra'는 '저쪽(피안)', 접두사 'saṃ'은 '완전히', 'gate'는 '가는 자'라는 뜻이다. 그래서 'pāra-saṃ-gate'를 해석하면 '피안으로 완전히 가는 자여!'라는 의미이다. 즉 범부가 부처의 세계에 도달하여

---

84) 'Oh! wisdom, Gone, Gone, Gone to the other shore, landed at the other shore, svāhā'

'부처가 된다'는 것이다.

그리고 'bodhi svāhā'(菩提僧莎訶) 중의 '보디(bodhi)'는 여성명사 'bodhī'의 단수·호격으로, '깨달음이여!'라는 의미이다. '스바하(svāhā)'는 모든 진언〔다라니〕의 마지막에 반드시 붙는 것으로 소원 성취를 기원하는 기도의 말이다. 번역하자면 '행복이 있어라!' 또는 '영원하여라!'는 의미이다.

iti prajñāpāramitā-hṛdayaṃ samāptam(E this complete the heart of perfect wisdom, K: 라는 반야바라밀다심〈경〉을 완결하였다.)

'iti'는 앞의 문장이나 글을 정리할 때 사용하는 말이다. 그래서 '~라는'으로 해석했다.

'prajñāpāramitā'와 'hṛdayaṃ'에 대해서는 이미 앞에서 설명하였기에 생략한다.

'사마프탐(samāptam)'은 동사어근 sam-√āp(완결하다)에 과거수동분사(ta)로 만든 것으로, 중성명사, 단수, 주격이다. 그래서 '완결하였다'로 해석하였다.

그런데 원래 산스크리트본에는 『반야심경』이라는 경전의 제목이 없다. 아마도 한역자가 경전 말미의 이 구절을 가져와 경전의 이름으로 채택한 것 같다.

제3장

경전이란 무엇인가

Ⅰ. 초기경전

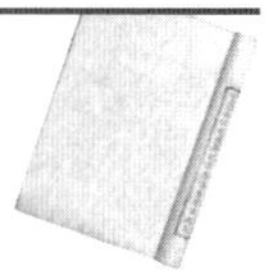

이 장에서는 불교경전에 대해서 기술하고자 한다. 경전에 대한 전반적인 지식을 습득하면 『반야심경』을 이해하는 데 도움이 될 것이기 때문이다.

그렇다면 도대체 경전(經典)이란 무엇인가? 경전이란 한마디로 말하면 '불교의 성전'이다. 기독교의 『성경』이나 이슬람교의 『코란』처럼 불교도를 위한 성전[1]이 경전이다. 다시 말해 경〔경전〕이란 붓다가 직접 설하고〔가르침〕 행한 것〔실천〕을 직제자가 기록한 문헌이다. 경에 대응하는 말은 산스크리트의 '수트라(sūtra)'이지만, 그 이외에도 수트라 안타(sūtrānta, 契經), 아가마(āgama, 阿含), 다르마 파르야야(dharma-paryāya, 法門), 니카야(nikāya, 部)라고도 한다.

그런데 기독교나 이슬람교와 비교하여 불교의 경전은 그 수가 방대하다. 왜냐하면 불교는 시대, 지역, 교리, 역사적으로 다양하게 전개되었기 때문이다. 먼저 불교의 역사적 전개를 보면, 인도(Bharata)에서 스리랑카를 걸쳐·태국·미얀마·라오스·캄보디아 등의 동남아시아에 전래된 '테라바다(Theravāda·장로파)'가 있다. 이것은 지역적으로

---

1) 엄밀하게 말하면 성전과 경전은 범위가 다르다. 성전은 경전뿐만 아니라 불교의 모든 문헌〔경, 논, 율, 논서, 소, 어록 등〕을 포함하는 넓은 개념이다. 반면 경전은 성전의 일부분으로 붓다의 가르침에 한정해서 사용한다.

인도보다 아래쪽〔스리랑카〕에 위치하기 때문에 '남방불교(南方佛敎)'라고도 한다. 남방불교는 주로 팔리어 경전이 중심 문헌인데, 이 팔리어 경전을 일본에서는 『남전대장경』이라고 하며, 서양에서는 「니카야(nikāya)」라고 한다.

현재 대승불교권인 일본에서는 남방불교를 '남방상좌부'라는 명칭을 사용하고 있지만, 한국에서는 '소승불교(Hināyāna)'라고 자의적으로 부르고 있다. 그런데 소승불교라는 말은 대승불교 입장에서 폄하해서 부르는 차별적인 명칭이다. 남방불교에서는 오히려 자기들이 붓다 가르침의 진수를 계승하고 있다고 생각한다.

호칭이나 명칭은 고유명사이기 때문에 상대방이 원하는 호칭이나 명칭을 불러 주는 것이 예의라고 생각한다. 그러나 현재 우리들은 상대방의 의견을 무시하고 일방적으로 부르는 호칭이나 명칭이 많다. 예를 들면 우리들은 '라마승' '라마교'라는 말을 자주 사용한다. 라마(lha ma)라는 말은 '스승'이라는 티베트 말인데, '스승교〔라마교〕' 나 '스승출가자〔라마승〕'라는 말은 티베트에 존재하지 않는다. 그래서 달라이 라마 14세도 한국 정부에 '라마교'나 '라마승'이라는 말 대신에 자기들의 공식 명칭인 '티베트 불교', '티베트 승려'라는 용어를 사용해 달라고 공식적으로 요청한 바가 있다. 그렇지만 한국 정부는 달라이 라마 14세의 공식 요청을 무시하고 중고등학교 교과서에 여전히 '라마승'이나 '라마교'라는 말을 사용하고 있다. 심지어 한국 불교계도 '라마승'이나 '라마교'라는 말을 사용하고 있다. 한국 정부는 중국 정부의 압력때문이라고 변명할 수 있겠지만 한국 불교계는 무엇 때문에 여전히 차별적인 말을 사용하는지 이유를 모르겠다. 스스로 대승이라고 자처한다면 대승으로서의 넓은 마음을 가져야 하는 것이 진정한 대승불교도의 자세가 아닌가?

만약 독자 여러분들이 부모님으로부터 받은 철수나 영희라는 이름 대신에 어떤 사람이 자기의 이름을 '꼬맹이'나 '바보' 등으로 계속해서 부르면 가만히 있겠는가? 우리들은 일본이 '조센징'이라고 하면 한국인을 차별한다고 분노하면서 타인〔남방불교, 티베트인〕의 요청에는 무시로 일관하고 있다. 남에게 요구를 하려면 우선 자기부터 고치는 것이 도리가 아닌가! 그러므로 '소승불교' 대신에 '테라바다' 또는 '남방불교', '라마교'나 '라마승'보다는 '티베트 불교'나 '티베트 승려'로 불러주는 것이 타당하다고 생각한다.

한편 또 하나의 역사적 흐름은 인도에 걸쳐 중국·한국·일본·베트남·티베트에 전파된 '대승불교(Mahāyāna)'이다. 이 대승불교는 지역적으로 인도보다 북쪽에 위치하기 때문에 '북방불교(北方佛教)'라고도 한다. 이 중에서 중국·한국·일본은 주로 산스크리트에서 중국어로 번역된 한역경전이 중심이다. 이것을 한역대장경 또는 북전대장경이라고 한다. 한편 티베트·네팔·부탄 등은 산스크리트에서 티베트어로 번역한 티베트대장경이 중요한 문헌이다. 그런데 지역적으로 동남아시아에 위치하면서 대승불교를 받아들인 유일한 나라가 베트남이다. 이것은 아마도 일찍부터 베트남〔안남〕과 중국의 교류가 활발했기 때문일 것이다.

최근 유럽〔프랑스와 독일〕에서 베트남 출신의 틱낫한 스님과 티베트 불교의 정신적인 지주인 달라이 라마 14세의 노력으로 프랑스에는 잠재적인 불교신자가 200만, 독일에는 잠재적 신자가 100만에 육박한다고 한다. 이런 현상은 물질보다는 인간의 내면을 중시하는 불교의 가르침에 기인한 것이지만, 필자는 자비[2)]와 비폭력〔불살생〕을 강조하는 두 분의 가르침 때문이라고 생각한다.

필자는 개인적으로 인도인이 인류에게 준 가장 위대한 선물은 불해(不害) 내지 불살생(不殺生)의 가르침이라고 생각한다. 불해의 실천은 살아 있는 모든 생물에게 무한한 자비심을 가질 때만 가능한 것이다. 인간의 삶은 다른 생물을 해쳐야만 존재할 수 있기 때문에 불해〔불살생〕의 가르침을 온전하게 실천할 수는 없다. 그렇지만 최소한 인간에게라도 자비심을 가진다면 함부로 살해하거나 상해를 가하지는 않을 것이다.

불교는 '불해'의 역사라고 말할 수 있을 것이다. 불교는 기본적으로

---

2) 이 인용문은 불교의 기본 정신을 가장 잘 나타내고 있다고 필자가 생각하여 인용해 본다.
"불교는 인도의 바라나시〔베나레스〕 근처의 사르나트에서 탄생하였다. 처음에는 겨우 다섯의 제자와 더불어 시작됐지만 해가 지나면서 수많은 나라로 전파되었고 오늘날에는 6억이 넘는 인류가 신봉하는 대종교가 되었다. 이렇듯 불교가 발전을 이룰 수 있었던 것은 그것이 본래 지니고 있는 가치와 합리적 정신에 호소하는 설득력 때문이었다. 그러나 그 밖에도 불교의 발전을 도운 여러 가지 요인들이 있었다. 법을 전하는 사람들이 불교를 폄에 있어서 결코 삿된 방법을 사용한 적이 없었다는 점도 그 요인 중의 하나이다. 그들이 사용한 유일한 무기는 바로 보편적인 사랑〔慈〕과 연민〔悲〕이었다. 또 다른 나라에 전파되는 과정에서 기존의 신앙을 깨뜨리지 않고 평화롭게 전해졌다는 점도 한 요인이라 할 수 있다. 종교사상 유례가 드문 대대적 전교사업을 펴면서도 무력이나 강제적 수법, 그밖에 어떤 비난받을 방법도 쓴 적이 없었던 것이다. 강제에 의한 개종은 불교도들에게는 낯선 얘기이며, 붓다나 그 제자들이 지극히 못마땅하게 여겼던 일이었다. 불교가 다른 종교를 헐뜯는 일은 일찍이 없었다. 그처럼 평화로웠기 때문에 불교는 문명세계의 다양한 문화권 속으로 널리 전파될 수 있었다. 영국의 유명한 불교학자 리스 데이비즈(T.W. Rhys Davids) 박사는 말한다.
'내가 알기로는, 불교의 긴 역사를 통틀어, 불교도들이 아무리 장기간에 걸쳐 득세를 한 곳에서 일지라도 타종교인을 박해한 기록은 찾아볼 수 없다.'(THE BUDDHAHIS LIFE AND TEACHING, 피야다시 지음, 정원 옮김)"

다른 종교나 교단을 파괴하는 짓은 하지 않았다. 불교는 관용과 포용력의 사상이며 또한 그런 역사를 가지고 있다. 이런 정신적 태도가 인도나 불교사상에는 복류수(伏流水)[3)]처럼 흐르고 있다. 필자는 인도의 위대한 정신적 지도자인 마하트마 간디(1869~1946)의 무저항 운동, 비폭력 운동이나 자이나교(Jaina)[4)]의 철저한 불살생계도 불해의 심소〔마음의 작용〕가 구체적으로 드러난 행위라고 생각한다.

그렇다면 같은 대승불교권인 한국 불교는 도대체 무엇을 하고 있는

---

3) 복류수란 산간지방의 지면에 내린 비나 서리 등이 강을 통하여 지하수가 된 후에, 비교적 얕은 장소로 흐르는 현상을 말한다.
즉 지면으로 흐르는 물처럼 우리에게 보이지는 않지만 계속해서 흘러가는 물을 말한다.
이처럼 전면에 드러나지 않지만, 이면에서 작용하는 사물이나 사상을 비유적으로 표현한 말이다.

4) 자이나교의 창시자는 니간타 나타풋타(Nigaṇṭha nāthaputta)이다. 니간타 나타풋타란 '나타족 출신인 니간타파의 사람'이라는 의미이며, 본명은 '바르다마나(Vardhamṇa)'였다. 깨달음을 얻은 후에는 마하비라(Mahāvīra 444-373BC, 위대한 영혼) 또는 지나(Jina, 勝者)라고 하였다. 그는 붓다보다 10년 연하로 도시를 중심으로 생활하였다. 그가 창시한 자이나교는 단식과 고행을 철저히 지키는데, 심지어 단식과 고행 중에 죽는 것을 전혀 문제시하지 않았다. 오히려 자살을 권장하고 있다. 자이나교에서는 특히 5대계(五大戒), 즉 무소유·불살생·불도(不盜, 도둑질하지 말 것)·불사음(방탕한 성생활), 거짓말하지 말 것을 대단히 중시하였다. 그 중에서 불살생계는 출가자와 재가자의 구별 없이 엄격하게 지킬 것을 요구하였다. 다시 말해 생명 있는 모든 존재를 살해하거나 상처내지 말라는 가르침이다. 따라서 재가자는 땅 속의 벌레 등을 살해할 가능성이 있기 때문에 농사에 종사하지 않고, 대부분이 상공업에 종사하고 있다. 또한 상공업에 종사하면서 거짓말을 하지 않기 때문에 자이나교도는 상당한 신용을 얻어 부자가 많다. 출가자가 철저히 지키는 것은 무소유의 가르침이다. 출가자는 나체로 수행하며, 마지막에는 자이나교의 성전도 버리는데, 이 파를 공의파라고 부른다. 반편 실오라기 하나를 거치고 수행하는 파를 백의파라고 한다.
마하비라(Mahāvīra, 위대한 영혼)는 업(karman)을 인정하지만, 업을 물질적인 것으로 생각하였다. 윤회의 고통에서 벗어나기 위해서는 과거에 지은 업과 새롭게 유입(流入)하는 업을 제어해야 한다. 제어하는 방법으로는 무소유, 고행 등을 실천하는 것이다. 그래서 업(karman)을 없애서 최후에 지멸(止滅)시키는 것이 해탈(mokṣa)이라고 하였다.
그리고 마하비라(Mahāvīra)는 '붓다는 일체지자(C: 一切知者, SKI: sarvajña, P: sabbaññа)인가 아닌가?'라는 질문에 대해, '붓다는 일체지자가 아니다'라고 대답하였다. 왜냐하면 14무기(avyākata, avyākṛta, 또는 10무기)에 관해서 대답하지 않았고, 샤카족의 멸망, 데바닷타(devadatta)의 배신을 예견하지 못했기 때문이라고 주장하였다.

지 자문하고 싶어지는 것은 무엇 때문일까? 진정으로 한국 불교도는 대승이념(붓다의 가르침)을 잘 실천하고 있는가?

또한 불교는 교리적 전개에 의해 원시불교, 부파불교, 대승불교, 그리고 대승불교의 새로운 형태인 밀교로 구분하기도 한다. 첫째, 원시불교는 붓다의 멸후 100년까지를 말한다. 이것은 초기불교 또는 근본불교라고도 한다. 둘째는 불교의 교단이 붓다의 입멸 후 교리와 계율 등의 의견 차이에 따라 혁신적인 대중부와 보수적인 상좌부〔장로파〕로 분열하고〔근본분열〕, 또다시 두 파 사이에도 분열을 거듭하여 18~20부로 분열한 시기이다.〔지말분열〕 이 시대를 부파불교라고 한다. 그리고 셋째는 새로운 불교운동인 대승불교이다. 넷째는 인도 정통사상과 결합하여 발생한 밀교이다. 밀교는 대승불교이지만, 특히 신비적 경향을 보다 선명하게 드러낸 가르침이다.

이처럼 불교의 발전과 더불어 경전도 다양한 형태로 나타난다. 불교경전은 초기경전과 대승경전으로 크게 나눈다. 초기경전은 『법구경』 등을 포함하는 아함경〔니카야〕이며, 대승경전은 『반야심경』이나 『금강경』, 『화엄경』, 『법화경』 등의 초기 대승경전, 그리고 『해심밀경』, 『승만경』 등의 중기 대승경전, 밀교 계통의 후기 대승경전으로 나눌 수 있다. 그렇다면 이런 불교경전은 어떻게 편찬되었으며 또한 어떻게 전승되었는가?

1. 경전의 성립과 편찬

인도인은 모든 것을 문자화하지 않고 암송〔구전〕으로 전하였다. 인도 정통학파(astika)뿐만 아니라 불교를 포함한 비정통학파(nāstika)에서도 자기 성전을 문자로 남기지 않았다. 왜냐하면 인도인은 성전을 문자로 기록하면 성스러운 것이 천박하게 되거나 성전의 신비로운 힘이 사라진다고 믿었기 때문이다. 그래서 붓다의 가르침도 수세기에 걸쳐 제자들의 입에서 입으로 전승〔口傳〕되었다. 이른바 '사자상전(師資相傳)'의 전승법이었다. 사(師)는 스승, 자(資)는 제자, 상전(相傳)은 서로 이어 받아 전한다는 의미이다. 이처럼 붓다 입멸 후 제자들은 붓다의 가르침인 경전〔경장〕과 율장을 부분적으로 분담해서 음률(śloka)로써 암송하여 전승하였다.

그런데 붓다의 가르침을 모아 기록한 경전은 어떻게 결집되었을까? 붓다가 입멸한 지 4개월이 지난 후에 두타제일(頭陀第一)의 제자였던 마하가섭(Mahākāśyapa)의 주도 아래 500명의 비구[5]들이 왕사성 근처 영취산(靈鷲山)[6] 칠엽굴에 모였다. 이른바 제1차 결집〔第1結集, saṃgīti:

---

5) 비구란 '걸식하는 남자'라는 뜻의 팔리어 'bhikkhu'(SKT: bhikṣu)를 음사한 것이다. 현장은 비구를 『금강경』에서 필추(苾芻)로 음사하고 있다. 반면 비구니는 'bhikkhunī'(걸식하는 여자)의 음사이다. 다시 말해 비구란 오로지 유행하면서 걸식하는 자를 가리킨다. 붓다도 깨달음을 얻은 후 입멸하시기 전까지 55년간 오로지 유행하면서 걸식하였으며 또한 붓다의 직제자들도 붓다와 마찬가지로 걸식하면서 평생을 보냈다.
한편 중국에서는 비구를 걸사, 포마라고도 한다. 걸사(乞士)란 모든 생업을 끊고, 오로지 탁발로 몸을 유지하며, 법을 이어간다는 의미이다. 포마(怖魔)는 마왕과 마구니〔māra〕를 두렵게 한다는 뜻이다.
그런데 오늘날 한국에서 붓다의 가르침을 믿고 따르는 자들이 붓다의 이런 삶을 진정으로 따르고 실천하는 자가 과연 몇 명이나 있을까? 부처님의 가르침을 실천하기보다는 오히려 부처님의 이름을 팔아 자기의 생계를 유지하고 있는 자가 더 많다는 느낌을 지울 수가 없다.

함께 암송하다)이 열렸다. 경장(sūtra)은 다문제일(多聞第一)의 제자였던 아난다(Ānanda)[7]가 암송하고, 율장(vinaya)은 지율제일(持律第一)의 제자였던 우팔리(Upāli, 優波離)[8]가 암송하여 각각 참석 비구의 확인 작업을 거쳤다. 그래서 경전〔경장〕의 첫 구에 등장하는 여시아문(如是我聞, evam mayā śrutam, 이와 같이 나에게 들렸습니다)의 나〔我〕는 다문제일의

---

6) 영취산(Gṛdhrakūtā parvata)의 영(靈)은 존경의 의미로 붙인 말이며, 취는 독수리를 뜻한다. 한역에서는 기사굴산(耆闍崛山)이라고 음사하기도 한다. 영취산은 붓다의 설법지(說法地)로 유명한 곳으로 마가다국 왕사성 동북에 있는 유적지 중의 하나이다. 영취산이라는 이름의 유래에는 두 가지 설이 있다. 첫째는 산 정상에 독수리가 살고 있기 때문이며, 둘째는 산 정상이 독수리 모습을 하고 있기 때문이라고 하였다. 그러나 현재 영취산은 거대한 암석만이 자리를 지키고 있다고 한다.

7) 'Ānanda'란 '환희' 또는 '기쁨'을 의미한다. 한역에서는 음사하여 아난(阿難)이라고 한다.

8) 우팔리와 관련한 하나의 에피소드를 소개하고자 한다. 아래의 내용을 필자는 능력에 따른 붓다의 가르침이라고 생각한다.
"어느 날 우팔리는 스승〔붓다〕에게 '스승님! 저도 숲속(araṇya, '아란야'라는 것은 마을이나 사람들로부터 떨어진 한적한 숲속을 의미한다. 붓다 당시의 수행자들은 대부분 삼림이나 들판에서 명상 수행을 하였다고 한다. 한역에서는 空閑處라고 번역한다.)에서 수행하고 싶습니다'라고 하였다. 그러자 붓다는 '우팔리여! 숲속(아란야)에서의 수행은 어렵다. 사람과 마을을 떠나 사는 것은 쓸쓸하다. 혼자 외롭게 사는 것은 즐거운 일이 아니다. 특히 비구가 아직 정심(定心)을 얻지 않은 동안에는 숲속에서의 생활은 마음을 위축시키고, 들판은 너희 의지〔뜻〕를 빼앗을 것이다. 너는 〈숲속에서의 수행을〉 멈추는 것이 좋을 것 같다'고 충고하였다." 그리고 다음과 같은 비유를 들어 말씀하셨다.
"우팔리 여! 예를 들어 여기에 커다란 연못이 있다고 하자. 이 연못에 한 마리의 코끼리가 와 너무나 기분 좋게 등을 씻고, 귀를 씻기 시작하였다. 이곳에 한 마리의 토끼가 와 즐겁게 씻고 있는 코끼리를 보고 자기도 연못에 들어가려고 하였다. 토끼는 한쪽 발을 연못에 넣는 순간 너무나 겁이 나 뛰쳐나오고 말았다. 토끼가 왜 그렇게 하였는가? 코끼리와 토끼의 신체는 너무나 차이가 나기 때문이다."
붓다는 우팔리의 근기를 잘 알고 있었던 것이다. 그는 숲속에서의 수행은 맞지 않았던 것이다. '우팔리 여! 너는 승가 속에서 생활하는 것이 좋을 것 같다. 승가 속에서 생활하면 너는 언제나 편안하고 안정될 것이다.'(증지부10, 99)
그렇다면 붓다는 무엇 때문에 우팔리에게 숲속에서의 명상보다 승가 속에서의 수행을 권유하였을까? 아마도 우팔리는 하층민 출신〔이발사〕으로 붓다의 제자가 되기 전에 세속적인 지성이나 교양을 갖추지 않았을 것이다. 따라서 사색이나 사상을 이해하는 기초 지식을 우선 갖출 것을 요구하였을 것이다. 마하가섭이나 사리불과 같은 제자들의 흉내를 내지 말고 너희 특기인 계율을 지키면서 승가 속에서 깨달음을 얻기를 바랐던 것으로 추측된다.

아난다를 가리킨다.

여기서 주목해야 하는 것은 '결집(結集)'이라고 한역한 산스크리트 '상기티(saṃgīti)'이다. 이것은 '함께(saṃ) 암송하다(gīti)' 또는 '함께 노래하다'는 의미이다. 따라서 결집이란 오늘날처럼 문자로 작성한 편집 회의가 아니라 붓다의 가르침을 직접 귀로 들은 제자들이 모여 함께 암송하며 수정작업을 했다는 뜻이다. 이처럼 불교도는 붓다의 가르침을 문자화하기 이전까지 약 600년 동안 암송의 전통을 지키고 있었다는 것을 알 수 있다.

그리고 또 하나 유의해야 할 것은 '여시아문(如是我聞, evam mayā śrutam)'이다. 우리들은 '여시아문'을 '이와 같이 나는 들었습니다' 또는 '이와 같이 나는 들었노라'라고 하여 능동 문장으로 번역한다. 그런데 '들었습니다〔聞〕'의 산스크리트 'śruta(스루타)'는 동사 √śru의 과거수동분사이다. 그래서 'śruta(스루타)'의 정확한 번역은 '들렸다'이다. 한글은 수동문보다는 능동문을 선호하며, 게다가 한글은 수동문으로 번역하면 어색한 문장이 되기 때문에 능동문으로 해석했다고 생각한다. 그런데 산스크리트 문장을 능동형으로 번역하면 중대한 오류를 범하게 된다. 만약에 '여시아문'을 능동형으로 번역하면, 문장의 능동적인 주체가 아난다가 되어 버린다. 어디까지나 우리〔아난다〕에게 가르침〔진리〕을 설하신 분은 붓다이다. 따라서 주체는 붓다이다. 다시 말해 붓다가 우리〔아난다〕에게 진리를 설해 주었기 때문에 우리〔아난다〕는 단지 수동적으로 붓다의 가르침〔진리〕을 들을 수 있었을 뿐이다. 그러므로 한글 문장으로는 어색하지만, 여시아문은 '〈붓다의 가르침이〉 이와 같이 나에게 들렸습니다'라고 번역하는 것이 타당하다고 생각한다.(김명우, 2009)

그런데 붓다가 입멸한 지 100년 후에 바이샬리(vaiśāli)의 비구가 10항목〔十事〕[9]을 엄밀히 지키지 않았다고 하여, 서방의 비구〔서북 인도〕들과 논쟁이 벌어져 '제2차 결집'이 열렸다. 논쟁의 진위를 가리기 위해 700명의 장로[10]가 바이샬리에 모였다. 이때에 10항목〔십사〕은 계율에 위배된다고 하여 부정되었다. 250계 중에 특히 문제가 되었던 계율은 금지 항목에 들어 있던 금·은으로 보시를 받는 것에 대한 의견 차이였다. 그러나 의견의 일치를 보지 못하고 불교교단은 보수적인 '상좌부'와 진보적인 '대중부'로 분열하였다. 이것을 불교사에서는 '근본분열(根本分裂)'이라고 한다.

이 역사적 사실에서 우리들은 붓다의 시대나 오늘날이나 분열을 조장하는 것은 '금전상의 이해관계'가 중요한 원인이라는 것을 알 수 있다. 그리고 근본분열을 일으킨 대중부·상좌부는 수세기에 걸쳐 분열을 반복하여 18부파 내지 20부 부파가 되었다고 한다. 이것을 '지말분열(支末分裂)'이라고 한다.

---

9) 십사는 각 율전에 따라 조금의 차이가 있다. 팔리율전에 의하면 다음과 같다.
1. 뿔로 만든 그릇에 소금을 넣어 휴대하고, 소금기가 없는 음식에 뿌려서 먹는 것이 좋은가, 그른가.
2. 수행자는 정오가 지나면 식사를 해서는 안 되는데, 정오를 지나 해 그림자가 손가락 두 마디를 지난 시간까지 식사를 연장하여도 좋은가, 그른가.
3. 한 번 탁발하여 충분히 공양을 하였음에도 불구하고 다시 마을에 들어가 초대받은 식사에 가도 좋은가, 그른가.(중략)
10. 금 또는 은을 받는 일이 좋은가, 그른가.
모두 실제 생활에 관계하는 문제이지만, 마지막의 금전의 문제는 불교 교단사에 중요한 의미를 가지는 문제였다.

10) 장로(長老)란 산스크리트 '아유스만(āyuṣmān)'의 번역어이며, '생명이나 수명을 가진 자'라는 뜻이다. 일반적으로 수행을 높이 쌓았고 나이가 많은 수행자를 가리킨다. 현장은 『금강경』에서 구수(具壽)로 번역하였다. 또한 아유스만(āyuṣmān)을 '대덕(大德)' '존자(尊者)' '혜명(慧命)' 등으로 한역하기도 한다.

그리고 팔리 문헌에는 아쇼카왕 시대에 3차 결집, 카니시카왕 시대에 4차 결집이 이루어졌다고 한다. 그러나 북전문헌에는 3차와 4차 결집에 관한 기록이 없다.

2. 삼장의 성립

불교의 문헌은 3종류로 분류한다. 첫째는, 붓다의 가르침을 기록한 경장(經藏 · sūtra-piṭaka)이다. 둘째는 후대의 불교학자들〔보살〕이 붓다의 가르침인 경전을 알기 쉽게 해석 · 풀이한 논장(論藏 · dharma-piṭaka)이다. 셋째는 불교교단 내의 상가(saṃgha)집단이 지켜야 할 규범을 모은 율장(律藏 · vinaya-piṭaka)이다. 이 경장, 율장, 논장을 삼장(三藏 · tri-piṭaka)이라고 한다.

초기 경장을 팔리 경전[11]과 한역본을 비교하여 보면 다음과 같다.

팔리어	한역
경장(經藏 · sutta-piṭaka)	사아함(四阿含)
장부(長部 · Dīgha-nikāya)	장아함경(長阿含經)
중부(中部 · Majjhima-nikāya)	중아함경(中阿含經)
상응부(相應部 · Saṃyutta-nikāya)	잡아함경(雜阿含經)
증지부(增支部 · Aṅguttara-nikāya)	증일아함경(增一阿含經)
소부(小部 · Khuddaka-nikāya)	부분역(部分譯)

11) 팔리어 경전은 20세기 초 영국의 팔리성전협회(Pāli text society)에서 로마자로 환원하여 출판하였으며, 일본에서는 1935~1941년 사이에 일본어로 번역한 『남전대장경』을 출판하였다.

이중에서 우리에게 너무나 잘 알려진 『법구경(Dhammapada)』·『숫타니파타(Suttanipātta)』·『자타카(Jātaka)』 등은 소부에 속한다.

팔리 율전에 따르면 율장은 다음과 같다.

바라제목차(波羅堤木叉 · Pātimokhha), 경분별(經分別 · Sutta-vibhaṅga), 건도부(犍度部 · Khandhaka)이다.

초기의 논장은 남방상좌부의 팔리논장과 설일체유부의 '유부 7론'이 존재한다.

팔리 7론

법집론(法集論), 분별론(分別論), 계론(界論), 인시설론(人施設論), 논사(論事), 쌍론(雙論), 발취론(發趣論)이다.

유부 7론

집이문족론(集異門足論), 법온족론(法蘊足論), 시설족론(施設足論), 식신족론(識身足論), 계신족론(界身足論), 품류족론(品類足論), 발지론(發智論)이다.

이처럼 삼장〔경·논·율〕이 형성되어 각 지방으로 퍼져 나간 부파불교도 기본적으로 승가의 장로가 제자들에게 입으로 전하는 이른바 구전에 의한 전승이었다. 앞에서도 언급하였지만 붓다의 가르침을 문자로 남기는 것은 성전의 가르침을 저해하는 것으로 생각하였기 때문이다. 따라서 경문의 내용이나 분량적인 면에서 커다란 제약이 있었다고 생각된다.

3. 아함경과 니카야

붓다의 입멸 후 제자들에 의해 정비된 경전이 점차로 증가하여 수천을 헤아리게 되어 개인〔제자〕이 대량의 경전을 암기하는 것도 한계가 있었다. 그래서 다수의 경전을 어떤 형태로든 편찬할 필요성이 대두하게 되었다.

경전의 편찬 형식은 아주 간단한 방식이었다. 붓다의 제자들은 경전의 내용을 긴 것〔長〕, 중간 정도의 것〔中〕, 짧은 것〔短〕의 세 종류로 분류하였다. 이 중에 짧은 것은 두 가지로 분류하였는데, 첫째는 내용에 따라 분류한 것〔雜〕이고, 둘째는 불교의 독자적인 법수(法數)에 따라 분류 정리한 것〔增一〕이다. 이와 같이 분류한 경전을 아가마(Āgama, 阿含)라고 하는데 '전승(傳承)'이라는 뜻이다.

한역에서는 경전의 내용이 긴 30여 개를 모은 것을 『장아함경』, 중간 정도의 길이 150여 개를 모은 것을 『중아함』, 수천의 짧은 것을 내용적으로 모은 것을 『잡아함』, 법수에 따라 모은 것을 『증일아함』이라고 하였다. 이것을 합쳐서 '사아함(四阿含)'이라고 하였다. 이것을 팔리어 경전에서는 니카야(nikāya)라고 하는데 니카야는 '부(部)'라는 뜻이다. 그리고 사아함 중에서도 오래되었지만 편집과정에서 누락된 경전과 나중에 성립한 새로운 경전이 추가되었다. 이것들은 별도로 제5아함이라고 하며, 팔리어 경전인 니카야에서는 소부(Khuddaka-nikāya)

또는 5니카야(pañca-nikāya)라고 한다.

이제 한역 아함경과 팔리경전 니카야에 대해서 간략하게 살펴보도록 하겠다.

첫째, 『장아함경』은 주로 내용이 긴 경전을 모아 편집한 것이다. 한역자는 캐시미르 출신의 불타야사(佛陀耶舍, Buddhayaśas)와 축불념(竺佛念)이다. 현존하는 것은 법장부 계통의 한역 장아함경 22권과 테라와다(Theravāda) 계통의 팔리 장부경전〔남전대장경6-8〕뿐이다. 이 둘은 본래 동일한 계통이었지만, 한역과 팔리경전이 전승하는 사이에 부파의 차이로 인하여 변화가 생겨, 경전의 수·순서·내용 등이 다소 다르게 되었다.

『장아함경』에 수록된 대표적인 경전으로는 재가자들의 윤리를 설하고 있는 『선생경(善生經)』[12], 붓다 당시의 외도사상을 설하고 있는 『범동

---

12) 이 경은 『육방예경(六方禮經)』이라고 한다. 붓다가 영취산에 계실 때에 아침 일찍 왕사성에 탁발하러 가는 도중에 마을의 장자 아들인 선생(善生)이 교외의 조그만 하천에서 목욕을 하고 동·서·남·북·상·하에 합장, 예배하는 것을 보고 그 이유를 물었다. 선생은 부친의 유언에 따라 습관적으로 행하고 있다고 대답하였다. 그리고 그는 육방에 예배하는 의미를 붓다에게 질문하였다. 이에 붓다는 네 가지의 업구(業垢, 살생, 도둑질, 사음, 망어)를 떠나고, 네 가지의 이유(탐욕, 성냄, 어리석음, 공포)로부터 악업을 짓지 않고, 재산을 잃어버리는 6가지 이유(술에 빠져 있고, 도박, 나쁜 친구, 일에 게으른 것 등)를 행하지 않고, 네 종류의 진실한 친구 등을 설명한 후에 육방에 예배하는 의의를 설명하였다.
"동쪽은 부모를 의미한다. 자식은 양친에 대해 5종의 마음가짐을 가지고 노력하고, 부모를 존경하고 공양해야 한다. 부모는 자식을 5종의 방법으로 애무하고 지도해야 한다. 남쪽은 학문의 스승에 해당된다. 제자는 스승에 대해 5종의 방법으로 받들고 존경해야 한다. 스승은 5종의 방법으로 제자를 가르치고 지도해야 한다. 서쪽은 아내를 의미한다. 남편은 아내를 5종의 방법으로 보호 공경해야 한다. 아내는 5종의 방법으로 남편을 내조, 근면, 정숙해야 한다. 북쪽은 붕우를 의미한다. 친구는 서로에게 5종의 방법으로 도와주고 격려해야 한다. 아래쪽은 노예를 의미한다. 주인은 남녀의 사용인을 5종의 방법으로 적선, 등용, 대우해야 한다. 사용인은 주인에게 5종의 방법으로 근면, 봉사해야만 한다. 위쪽은 사문과 바라문을 의미한다. 집주인은 사문과 바라문에게 5종의 방법으로 존경, 봉양해야 한다. 반면 사문과 바라문은 집주인에게 5종의 방법으로 정신적 지도를 해야만 한다." 붓다의 가르침을 들은 선생은 크게 감동하여 신자가 되었다.(제16경)

경(梵動經)』, 진정한 사문의 길을 밝히고 있는『사문과경』[13], 붓다의 입멸 전후에 대해 자세하게 설하고 있는『유행경』[14] 등이 수록되어 있다.

둘째,『중아함경』은 중간 정도 길이를 모아 편집한 경전이다. 한역자는 구담승가제바(瞿曇僧伽提婆, Gotama Saṃghadeva)이다.『중아함경』은 '초일일송(初一日誦)'에 64경, '제이일송(第二日誦)'에 52경, '제삼일송'에 35경, '제사일송'에 35경, '제5일송'에 36경, 합계 222경이다. 팔리

---

13)『사문과경(沙門果經)』
아자세 왕은 데바닷타와 결탁하여 부왕인 빔비사라 왕을 유폐시키고 스스로 왕이 되고자 하였으며, 데바닷타는 붓다 대신에 교단을 차지하려고 하였다. 데바닷타는 실패하여 먼저 죽었지만, 아자세는 부왕을 유폐시켜 굶겨 죽이고 스스로 왕이 되었다. 그러나 자기의 잔악한 행위에 대해 양심의 가책을 느껴 괴로워하고 있었다. 이 괴로움을 없애기 위해 전쟁을 일으키거나, 당시의 유명한 육사외도를 방문하여 가르침을 구하였다. 그러나 괴로움을 해소할 수가 없었다. 어느 날 밤 왕은 왕자와 신하들에 둘러싸여 오늘밤을 어떻게 지냈으면 좋을지 의논하였다. 왕자 한 명이 '적국을 공격하여 승리의 기쁨을 즐기십시오'라고 하였고, 어떤 신하는 육사외도를 찾아 가르침을 받을 것을 권하였다. 마지막으로 의사인 기바(耆婆, Jīvaka)가 현재 붓다께서 자신의 소유인 망고 과수원에 머물고 계시니, 붓다를 방문하면 커다란 기쁨이 있을 것이라고 하였다. 왕은 이전부터 붓다의 가르침을 받고 싶었지만, 데바닷타와 함께 반역을 행한 것 때문에 좀처럼 실행에 옮길 수가 없었다. 그런데 기바가 붓다와의 만날 것을 제안하자, 아자세는 곧바로 찬성하고 붓다를 만나러 왕자와 대신들을 데리고 망고 과수원에 갔다. 1250명의 비구가 있는 곳이 너무나 조용하기에 왕은 기바에게 너는 나의 적(敵)인 붓다에게 넘겨주려고 계획한 것은 아닌가?라고 질책하였다.(중략)
드디어 붓다가 가까이 다가오자 아자세는 붓다에게 예를 다하고 사문의 바른 존재방식과 그 과보〔沙門果〕에 대해 질문하였다. 붓다는 불교 사문의 바른 존재방식, 외도 사문의 잘못된 생활법, 육사외도의 잘못된 학설, 바른 사문행의 과보 등을 순서 있게 설하였다.
설법이 끝나자 왕은 크게 감동하여 자신의 마음 중에 있는 고심(苦心)을 밝히고, 그리고 부왕을 살해한 죄에 대해 붓다에게 고백〔참회〕하였다. 그러자 붓다는, 죄는 참회하는 것에 의해 가벼워진다고 말하면서 계속해서 설법을 했다. 붓다의 가르침에 의해 왕의 마음은 처음으로 청정하고 온화하게 되었다. 그리고 삼보에 귀의하여 불교 신자가 되어 평생 동안 불교를 신봉하고 불교의 보호자가 되었다. 특히 이 경전은 육사외도의 학설에 대해 상세하게 기술하고 있기 때문에 당시 외도의 학설을 구체적으로 알 수 있는 좋은 자료이다.(제27경)

14)『유행경(遊行經)』
아함경 중에서 가장 최대의 경전으로, 팔리경전에서는『Mahāparinibbāna-sutta(대반열반경)』라고 한다. 붓다의 입멸 전후 1년 동안의 행적이 사실적으로 기록된 경전이며, 현존하는 자료 중에 가장 신뢰할 수 있는 경전이다. 이것은 한역 5종류, 팔리본과 산스크리트본이 현존한다. 이것들은 내용적으로 다소 차이가 있지만, 대동소이하다. 구체적인 내용은 생략하겠다.(제2경)

경전인 『맛지마 니카야(Majjhima- nikāya)』는 현재 152경이 전승되고 있지만 『맛지마 니카야』와 『중아함경』에 공통되는 경전은 100개 정도이다. 『맛지마 니카야』에는 전체를 관통하는 주제를 발견할 수 없지만, 사성제·팔정도·중도·12연기나 사선(四禪)·사념처(四念處) 등 초기불교의 가르침을 거의 망라하고 있다. 게다가 『맛지마 니카야』는 우리들에게 잘 알려지고, 친숙한 경전이 수록되어 있다. 예를 들면 형이상학적인 사변보다는 고(苦)의 소멸을 위한 실천의 중요성을 설한 것으로 유명한 『말룬키야소경』[15]을 포함하고 있는데, 우리에게는 '독화살의

15) 붓다의 관심은 오로지 인간의 근원적인 고뇌를 해소하기 위해, 인간은 어떻게 살아야만 하는가라는 점에 집약되어 있다. 그는 인간의 문제를 떠난 적이 한 번도 없었다. 일상적인 우리들의 사고로써 해결 불가능한 것에 관여하는 것은 극히 배제하였다. 쓸모없는 논의는 필요 없고, "고뇌의 극복에 노력하라"라는 것이 붓다의 태도였다.
어느 날 저녁 무렵 말룬키야 풋타(Malunkyaputta)라는 제자가 뭔가 떠오른 표정으로 붓다가 있는 곳으로 왔다. 당시의 사상계에서 유행하고 있었던 문제에 대해, 그는 붓다의 생각을 따지고 싶었던 것이다. 문제는 '세계는 영원한가, 영원하지 않는가?', '세계는 무한한가, 유한한가?', '영혼과 육체는 동일한가, 다른가?', '여래는 사후에도 존재하는가, 존재하지 않는가?' 등이었다. 당시의 사상가들이 즐겨 논쟁하던 문제였다. 이것에 대해 붓다는 거의 언급한 적이 없었지만, 말룬키야 풋타는 그것이 불만이었다. 철학적 논의를 피해 가려는 성실하지 못한 사상가라면 나는 붓다를 스승으로 모시지 않겠다고 그는 생각하였다.
"세존이여! 이것들의 문제에 대해 아무것도 말씀하시지 않으시면, 나는 세존을 따라 배우는 것을 그만두고 세속으로 돌아가려고 합니다. 문제의 해답을 알고 계시다면 말씀해 주십시오. 모르고 계시면 모른다고 확실하게 말씀해 주십시오."
"말룬키야여! 나는 그와 같은 문제에 대해 한 번도 논하는 적이 없었다. 내가 그것에 대해 말하지 않는 한, 나의 밑에서 수행하지 않겠다고 말한다면, 그 중간에 너의 수명은 다할 것이다. 나는 결코 이 문제에 대해 논하지 않을 것이다.
말룬키야여! 어떤 사람이 화살을 맞았는데 독이 묻은 화살이었다고 하자. 그의 친구, 친척은 화살의 상처에 대해 잘 알고 있는 의사를 부를 것이다. 그러나 그가 나를 쏜 사람이 어떤 출신인지 알지 못하면 화살을 뽑지 않겠다. 또한 화살을 쏜 사람의 이름, 키, 피부색깔, 주소를 알지 못하면 화살을 뽑지 않겠다. 또한 화살의 종류, 화살이 대나무인지 아닌지, 화살에 사용된 깃털이 어떤 종류의 깃털인지 알지 못하면 화살을 뽑지 않겠다 라고 말한다면, 그것에 대해 그는 전부 알 수 없기 때문에 그의 수명은 다할 것이다. 너의 지금의 태도는 화살 맞은 사람과 같다. 말룬키야여! 세계는 영원하다고 하는 사고방식이 있어도 또는 세계는 영원하지 않다는 사고방식이 있어도, 여전히 생노사가 있고, 걱정, 슬픔, 괴로움, 고민이 있다. 나는

비유〔毒矢比喩〕'로 더 잘 알려져 있다. 또한 극악무도한 앙굴리말라가 붓다와의 만남을 통하여 출가하는 과정을 기록한 『앙굴리말라경』[16] 등이 수록되어 있다.

생노사 등을 현실 속에서 어떻게 극복할 것인가를 가르치려고 한다. 말룬키야여! 너의 머리를 아프게 하는 문제는 인간의 괴로움의 해결에 도움을 주지 않는다. 말룬키야여! 따라서 내가 말하지 않은 것은 말하지 않은 것으로 그냥 그대로 받아들여라. 〈내가〉 말한 것은 말한 것으로 그냥 그대로 받아들여라. 내가 말하지 않은 것은 '세계는 영원한가, 영원하지 않는가' 라는 문제이고, 내가 말하는 것은 '사성제'이다."(말룬키야 小經 428-429)

16) 앙굴리마라(Aṅgulimāra, Aṅguli는 엄지손가락, māra는 목걸이라는 뜻이다)는 처음에 바라문의 제자였다. 그는 총명하였을 뿐만 아니라 용모도 준수하였다. 어느 날 스승 바라문이 출타하자, 평소에 그를 사모하고 있던 바라문의 아내가 그를 유혹하였다. 그러나 그는 그녀의 유혹을 단호하게 물리쳤다. 이에 앙심을 품은 그녀는 어느 날 일부러 자신의 옷을 찢고는 바라문이 귀가하자 거짓으로 울면서 말했다. "당신의 제자 앙굴리마라가 나를 이렇게 만들었어요." 이에 화가 난 스승은 앙굴리마라에게 다음과 같이 말했다. "지금부터 사람 100명을 죽여서 엄지손가락을 잘라, 그것을 끈으로 꿰어서 목걸이를 만들어 목에 걸고 다녀라. 그러면 너의 수행은 완성될 것이다." 스승의 가르침을 굳게 믿고 있던 앙굴리마라는 그날로부터 수행의 완성을 위해 자기 집 앞을 지나가는 사람을 죽이기 시작하였다. 마침내 그는 99명의 사람을 죽였고 이제는 자기를 낳아준 어머니마저 죽여서 100명을 채울 셈이었다. 그때 그는 붓다를 만나 붓다의 제자가 되었다. 붓다의 제자가 된 상황을 문헌에는 다음과 같이 전한다.
붓다는 앙굴리마라의 소문을 이전부터 듣고 있었다. 어느 날 붓다는 의도적으로 앙굴리마라의 집 앞으로 지나갔다. 그는 그의 집 앞을 지나가는 사람을 살해한 것처럼, 붓다를 살해하기 위해 붓다에게 다가갔다. 붓다는 천천히 걷고 있었지만 그는 붓다의 걸음을 도저히 따라잡을 수가 없었다. 그래서 그는 "멈춰라 수행자여!"라고 소리쳤다. 이에 붓다는 "나는 움직이지 않고 있다. 앙굴리마라여! 네가 멈춰 서거라"라고 대답했다. 그는 다시 소리쳤다. "붓다여! 나에게 멈추라고 말하지만 나는 걷고 있지 않다. 걷고 있는 당신은 움직이지 않는다고 말하고 있다. 당신은 멈추어 있다고 하지만 나에게는 그렇게 보이지 않는다." 붓다가 대답했다. "내 다리는 움직이지만, 내 마음은 고요하다. 너의 다리는 움직이지 않지만, 너의 마음은 분노와 증오와 걷잡을 수 없는 욕망의 불길 속에 움직이고 있다. 따라서 나는 움직이지 않지만, 너는 움직이고 있다." 이 말을 듣고 그는 생각했다. '붓다야말로 나의 마음을 알고 있구나. 붓다의 가르침을 믿고 광분하고 있는 마음을 버리자.' 그리고 붓다에게 간청하여 붓다의 제자가 되었다. 그러나 앙굴리마라가 걸식하러 갔을 때 문제가 생겼다. 그를 보고 달아나거나 심지어 기절하는 사람도 있었다. 그렇지만 그가 완전히 새로운 사람으로 태어나 붓다의 제자가 되었다는 것을 알고 있던 사람들은 그를 피하지 않았다. 그러나 결국 원한을 품고 있는 사람들이 그에게 돌을 던져 그를 죽이고 만다. 그는 충분히 물리칠 수 있는 힘이 있었지만, 돌에 맞아 쓰러지면서 "붓다여! 저는 아무 원망도 후회도 미움도 없이 평온합니다"라고 말하면서 죽었다고 한다.

셋째, 『잡아함경』은 붓다의 가르침 중에서 짧은 것을 주제별로 편집한 경전이다. 한역자는 중인도 출신의 구나발타라(求那跋陀羅, Guṇabhadra)이다. 이 경전은 설일체유부(說一切有部)에 속하는 한역경전으로 1362개의 짧은 경전을 수록하고 있다. 한역 『잡아함경』은 팔리경전에 해당하는 『상윳타 니카야(Saṃyutta-nikāya)』와는 다른 부파의 전승이지만, 근원은 같다. 그러나 『잡아함경』은 『상윳타 니카야』와 같이 체계적인 분류 조직을 갖추고 있지 않다. 팔리경전인 『상윳타 니카야』도 『잡아함경』과 마찬가지로 짧은 경전을 주제별로 정리한 것으로 주제〔상응〕는 56개이며, 경의 숫자는 2872개로 전체가 5장으로 구성되어 있다. 대략적인 구조는 다음과 같다.

제1장 「유게품(有偈品)」은 천(天), 천자(天子), 악마〔魔〕, 범천(梵天) 등으로 이루어진 통속적인 경전으로 11상응(相應)으로 구성되어 있다. 제2장 「인연품(因緣品)」은 12연기 등을 설한 교리적인 것이 많은 것으로, 10상응으로 구성되어 있다. 제3장 「온품(蘊品)」은 오온(五蘊)에 관계하는 것이 많으며, 12상응으로 구성되어 있다. 제4장 「육처품(六處品)」은 12처나 18계 등에 관계하는 교리를 포함하는 것으로, 10상응으로 구성되어 있다. 제5장 「도품(道品)」은 사념처(四念處)나 팔정도(八正道) 등의 수행에 관계하는 경전을 정리한 것으로, 11상응으로 구성되어 있다.

넷째, 『증일아함경』은 『잡아함경』과 마찬가지로 짧은 붓다의 가르침을 담고 있지만, 법수를 기준으로 편집한 경전이다. 한역자는 담마난제(曇摩難提)이다. 한역 『증일아함경』에 대응하는 팔리경전은 『앙굿타라 니카야(Aṅguttara-nikāya, 增支部)』라고 한다. 앙굿타라(Aṅguttara),

즉 '증지(增支)'라는 것은 '손가락(Aṅgulla)을 접어 더하는 것'을 의미한다. 한역인 『증일아함경』의 증일(增一, ekottara)도 '하나씩 더하는 것'으로 앙굿타라(aṅguttara)와 증일(ekottara) 모두 숫자를 의미한다. 그러므로 이 경전들은 모두 숫자를 기준으로 분류하여 편찬하였다. 예들 들어 사성제(四聖諦)라고 하면 4, 오근(五根)이라고 하면 5, 팔정도(八正道)라고 하면 8이라고 하는 것처럼 초기불교의 가르침을 수(數), 다시 말해 법수(法數)와 관계시켜 2198경을 1법부터 11법으로 정리하였다.

또한 편찬과정에서 누락된 것이나 새롭게 추가된 소부, 즉 제5아함은 『법구경』, 『경집』, 『테라가다(장로게)』, 『테리가티(장로니게)』, 『자타카(jātaka)』[17] 등을 포함하고 있다.

---

17) 『자타카』는 형식과 내용을 갖춘 불교문학의 장르로, 붓다의 전생에 관한 이야기이다. 『자타카』는 붓다가 샤카족의 왕자로서 태어나기 이전에 보살로서 수많은 모습, 즉 왕, 대신, 일반백성, 도둑 등과, 토끼 등의 짐승, 새 등의 조류, 게 등의 어패류 등으로 태어나 선행공덕을 쌓는 과정을 모아 놓은 이야기로 전체가 547 종류이다. 자타카(Jātaka)란 '태어났을 때의 일'이라는 의미였지만, 불교에서는 그 의미가 변하여 '이 세계에 태어나기 이전의 붓다의 생애 이야기'로 그 의미가 변했다. 중국에서는 본생담(本生譚)·본생(本生)·생경(生經) 등으로 한역하였다. 붓다의 전생에 관한 이야기가 불교의 유명한 유적지인 인도의 산치불탑, 마투라, 간다라, 아잔타석굴, 발부트 등에 조각되어 있으므로 성립 시기는 기원 후 3세기경이라고 추정된다. 그리고 이것은 불교미술 특히 조각이나 회화에 중요한 자료가 되었다. 오늘날 중국이나 한국 사원(절)의 벽화나 조각품의 대부분도 『자타카』를 소재로 한 것이다.
『자타카』가 성립한 직접적인 원인은 붓다가 현생에서 부처가 된 원인을 무수한 과거세에서 이미 온갖 종류의 선행을 닦아 공덕을 쌓았기 때문이라는 생각이다. 그리고 붓다의 전생담을 지을 때 당시 인도에서 유행하던 전설과 설화(특히 인도의 민간 설화 및 서사시)를 모아 윤회사상과 업사상을 바탕으로 불교적인 색채를 추가하였다. 따라서 『자타카』에 등장하는 붓다의 전생은 힌두교의 문헌 즉, 『마하바라타』, 『라마야나』 등의 서사시나 프라나 성전에 등장하는 것과 유사하거나 동일한 내용이 상당히 많다.
『자타카』의 구성은 세 부분으로 이루어져 있다.
서론(현재의 이야기)에서는 붓다가 어떠한 인연에 근거하여 과거세의 일을 전개하는가에 대한 유래를 설명하고 있다. 본론(과거세의 이야기)은 설화의 주요 부분으로 현재세를 있게 한

이 중에서 한국인에게 가장 친숙한 경전은 『법구경』과 『경집(숫타니파타)』이다. 먼저 『법구경』의 제목과 대략적인 구성을 살펴보자.

『법구경』은 붓다의 가르침을 전하는 가장 오래된 경전 중의 하나로, 남전에서는 소부(Khuddaka-nikāya)에, 북전에서는 아함부에 속한다. 팔리어로는 「Dhammapada」라고 하는데, '담마(dhamma)'란 진리, '파다(pada)'란 '말'이라는 뜻이다. 따라서 일반적으로 '진리의 말씀〔법구경〕'으로 번역한다. 『법구경』은 총 26장의 423게송으로 이루어져 있다. 각 장의 제목은 대구(對句), 불방일, 마음, 화향(花香), 어리석은 자, 현자, 나한, 술천(述天), 악행, 도장(刀杖), 노모(老耄), 애신(愛身), 세속, 술불(述佛), 안녕, 호희(好喜), 분노, 진구(塵垢), 봉지(奉持), 도행(道行), 광연(廣衍), 지옥, 상유(象喩), 애욕, 사문, 범지품(梵志品)으로 구성되어 있다. 이것은 초기교단 내에서 다양한 형태로 전해지던 시구를 모아서 편집한 것으로 추측된다. 그리고 『법구경』은 불교의 윤리적 교의를 가르치고 있기 때문에 불교 입문의 지침서로서 동서양에 가장 널리 알려진 경전이다. 우리들의 삶의 지침서라고 생각되는 몇 구절을 필자가 임의적으로 선별하여 기술하고자 한다.

"실로 미움〔원한〕은 미움에 의해서는 멈추지 않는다. 미움을 버릴 때 비로소 멈춘다. 이것이 영원한 진리이다."[18](5)

원인이 되는 과거세의 유래를 서술하고 있다. 결론에서는 현재세의 등장인물과 과거세의 것을 결합하여 인과관계를 밝히는 부분이다.

18) 제5게송은 제2차 세계대전 후 연합국〔48개국〕과 일본 사이에 맺은 샌프란시스코 평화조약〔1951년〕에서 당시 스리랑카의 외무부 장관이었던 자야와르데네가 일본의 전쟁배상의무를 면제해 주는 연설 마지막에서 인용하여 세계적으로 유명하게 되었다. 그는 일본인들이 전쟁

"잠 못 드는 사람에게 밤은 길어라. 피곤한 사람에게 길은 멀어라. 바른 법을 모르는 어리석은 사람에게 아아! 생사의 밤길은 길고 멀어라."(60)

"눈에 보이는 것도 보이지 않는 것도, 멀리 또는 가까이 살고 있는 자도, 이미 태어난 자도 이제 태어나려는 자도, 일체의 생명 있는 자, 행복하라. 원한의 성냄, 남의 고통을 바라서도 안 된다. 마치 어머니가 목숨을 걸고 외아들을 지키듯이, 생명 있는 모든 것에 한없는 자심(慈心)을 일으켜라.[19] 그리고 전 세계에 대한 한없는 자심(慈心)을 닦으라. 상하좌우에 제한이 없이, 미움이 없이, 적의 없이 자비를 행하라."(47-50)

"타인의 과실(過失)이나 타인이 한 것과 하지 않은 것을 보지 말고, 다만 자신이 한 것과 자신이 하지 않은 것을 보아라."[20](50)

중에 행한 죄악을 도저히 용서할 수가 없을 것이다. 그렇지만 미움과 원한은 새로운 미움과 원함을 잉태한다는 사실 그리고 용서만이 미움을 잠재울 수 있다는 사실을 너무나 잘 알고 있었기 때문에, 그는 붓다의 가르침을 빌려서 일본인에게 메시지를 전달하고자 했을 것이다. 인간은 자기 눈앞에서 상대가 마음에 들지 않을 때 분노한다. 그리고 상대를 싫어하고 미워하는 마음을 장시간 계속한다. 그 결과로 억울하다든지 원통하다고 생각하여 잊어버리지 않고 기억한다. 이처럼 화를 내서 사람을 계속해서 원망한 결과 비위가 뒤틀려 자기의 마음이 항상 괴롭게 된다. 그런데 이와 같이 남을 미워하는 마음은 악순환이 되어 자기에게 되돌아온다. 그래서 누구를 미워하고 원망하는 마음을 멈추는 것은 미움이 아니라 용서라는 것이다. 용서함으로써 미움의 악순환도 끊기고 자기도 상대도 편안하게 되는 것이다. 그러나 우리들이 실제 생활에서 남을 용서하는 것은 힘들고 어려운 일이다. 그래서 수행이라는 마음공부가 필요한 것이 아닌가?

19) 부모의 자식 사랑은 무조건적이다. 이처럼 어머니가 외아들을 사랑하듯이 모든 살아 있는 생물에게 사랑과 연민〔자비심〕을 실천하라는 가르침이다.

20) 우리들은 일상생활 속에서 자기의 허물은 잘 살피지 않고 남의 허물만 본다. 심지어 자기의

"선명하고 아름다운 꽃에 향기가 없는 것과 같이, 이와 같이 잘 말해진 말은, 실행하지 않는 사람에게는 좋은 결과를 초래하지 않는다."(51)

"'나에게는 자식들이 있다. 나에게는 재산이 있다'라고 하여, 어리석은 사람은 그것들에 의해 고통을 받고 있다. 실로 자기는 자기의 것이 아니다. 어째서 자식이 자기의 것이고, 어째서 재산이 자기의 것인가."[21](62)

"자신이 어리석다고 생각하는 어리석은 사람은 그것만으로 그는 현자(賢者)이다. 자신이 현명하다고 생각하는 어리석은 사람은 실로 어리석은 사람이라고 말한다."(63)

"무의미한 구절로 이루어진 시구를 백 송(百頌)을 외워도, 들어서 마

허물은 산만큼이나 크지만 알아차리지 못하고, 티끌 만한 남의 허물만 지적한다. 왜냐하면 인간이란 모든 것을 자기중심적으로 사고하고 판단하며, 타인이야 어떠하든 자기의 안위나 편안함만 추구하는 존재이기 때문이다. 이런 자기중심적인 인간은 자기를 바로 볼 수 없다. 그래서 성철 스님은 법문 중에 "자기를 바로 봅시다"라고 하였으며, '자기를 바로 보는 것이 불교 공부의 시작'이라고 하였던 것 같다.

21) 재물을 많이 가진 사람 중에는 타인에게 아주 인색한 사람이 많다. 이런 사람은 몇 십 억의 재산을 많다고 생각하지 않으며, 게다가 일단 자기 소유가 되면 절대로 남에게 나누어 주는 법도 없다. 그리고 언제나 재산을 늘릴 궁리에만 온 정신을 집중하고 있다. 게다가 죽어서도 재산을 가져갈 수 있을 것으로 착각하면서 살아가고 있다.
또한 자기 자식만 소중하게 생각하고, 그 자식을 마치 자신의 소유물처럼 생각하는 부모들도 있다. 이런 부모들은 자식이 자신이 바라는 대로 되기를 기대하고, 그것에 집착한다. 그러나 자식이 자기가 바라는 대로 되지 않으면 분노한다. 그 분노는 결국 자식에 대한 미움과 원망으로 발전한다. 이러한 미움과 원망은 결과적으로 자식과 부모의 관계를 파괴하며, 결국에는 가정의 행복도 빼앗아 버린다. 이런 삶이 과연 행복한 삶인가? 이 62게송은 이런 사람에게 붓다가 주는 메시지라고 할 것이다.

음이 안정되는 한 송의 진리의 시구(詩句)가 보다 뛰어나다."(102)

"전장에서 백 사람에게 승리하는 것보다 한 사람의 자기에게 승리하는 자야말로 최상(最上)의 전승자(戰勝者)이다."(103)

"모든 사람들은 칼을 두려워한다. 모든 사람들은 죽음을 겁낸다. 자기 몸과 비교하여(자기 몸을 아끼듯이), 타인을 살해하지 말라. 또한 사람으로 하여금 살해하도록 시키지 말라."(129)

"모든 사람들은 칼을 두려워한다. 생명은 모든 사람들이 사랑하는 것이다. 자기 몸과 비교하여 타인을 살해하지 말라. 또한 사람으로 하여금 살해하도록 시키지 말라.[22)]"(130)

『경집(숫타니파타)』도 붓다의 가르침을 전하는 가장 오래된 경전 중의 하나이며, 남전에서는 소부(Khuddaka-nikāya)에, 북전에서는 아함부에 속한다. 팔리어로는 'Sutta-nipata(숫타니파타)'라고 하는데, 'Sutta(sutta)'란 경(經), '니파타(nipatta)'란 집(集)이라는 뜻이다. 그래서 일반적으로 '경집'이라고 번역한다. 팔리어로 쓰여진 『숫타니파타』는 전체가 5장(사품蛇品, 소품小品, 대품大品, 의품義品, 피안도품彼岸道品)으로 구성되

---

22) 자기 몸이나 생명을 소중하게 생각하지 않는 사람은 없다. 그렇기 때문에 모든 사람들은 자기에게 가해지는 죽음과 폭력을 두려워한다. 그러므로 자기 몸이 소중하듯이 타인의 몸도 소중하게 생각하라는 것이며 또한 타인에게도 살해하도록 강요하지 말라는 가르침이다. 이것은 인도의 보편적인 가치인 불살생과 불해의 가르침이라고 생각한다.

어 있다. 특히 「사품(蛇品)」의 제1경에는 "수행자는 뱀이 묵은 허물을 벗듯이 피안(彼岸)이든 차안(此岸)이든 모두 버려야 한다"라는 구(句)를 반복하고 있으므로 「사경(蛇經)」이라 불린다. 또한 제3경에 나오는 "코뿔소(Khaḍgaviṣāṇa)의 뿔처럼 혼자서 가라"라는 시구는 우리에게 너무나 유명하다. 그리고 『숫타니파타』도 『법구경』과 마찬가지로 지극히 인간이 갖추어야 할 윤리적인 교의를 설하고 있다. 우리들의 삶의 지침서라고 생각되는 몇 구절을 필자가 임의적으로 선별하여 인용해 보고자 한다.

"만남이 깊어지면 사랑과 그리움이 생긴다. 사랑과 그리움에는 고통이 따른다. 사랑으로부터 근심 걱정이 생기는 줄 알고, 코뿔소〔무소〕의 뿔처럼 혼자서 가라."[23](36)

"자신은 풍요로우면서 늙고 힘없는 부모를 부양하지 않는 자, 그를 비천한 사람이라고 알라."(129)

"부모, 형제, 자매, 시부모를 구타한다든지, 말로써 욕설을 한다든지 하는 자, 그를 비천한 사람이라고 알라."[24](124)

---

23) 우리들의 삶이란 만나면 정이 들고 또한 사랑이나 연민의 감정이 생기기 마련이다. 사랑이 싹트면 그리움이 생기며, 그것은 고통을 동반한다. 그래서 사랑도 지나치면 집착하게 되고 집착하게 되면 번뇌가 되는 것이다. 붓다는 이와 같은 집착에서 벗어난 중도의 삶을 실천하라고 하였다. 다시 말해 그냥 묵묵히 수행의 길을 가라는 것이다. 실제로 붓다도 35살부터 80살에 입멸할 때까지 홀로 유행하며 중도적인 삶을 실천했다.

24) 이 게송은 인간의 가장 중요한 덕목인 효에 관한 가르침이다. 인간으로서 지녀야 할 덕목 중에 가장 중요한 가치는 부모에게 효도하는 것이다. 이어서 형제자매를 공경하고, 이웃을

"홀로 걸어가고, 게으르지 않으며, 비난과 칭찬에도 흔들리지 않고, 소리에 놀라지 않는 사자처럼, 그물에 걸리지 않는 바람처럼, 진흙에 더럽히지 않는 연꽃같이, 무소의 뿔처럼 혼자서 가라."[25](213)

"다섯 가지의 장애를 버리고 동요 없이 의혹을 넘어 화살을 뽑아 버린 수행자는 마치 뱀이 묵은 허물을 벗어버리는 것처럼 이 세상도 저 세상도 다 버린다."[26](16)

다음은 세속적인 삶을 영위하는 목동인 다냐와 구도자의 길을 가는 붓다의 대화를 인용한 것이다.

사랑하고, 인류에게 연민을 가지라는 것이다.

25) 인생의 동반자나 함께 공부하는 도반도 없이 홀로 살아가는 것은 어려운 일이다. 그렇지만 붓다는 홀로 가라고 말하고 있다. 또한 인간은 누구나 게으르고 방일하게 지내고 싶은 것이 인간의 마음이다. 그런데 붓다는 열심히 정진하라고 말한다. 게다가 인간은 누구나 타인으로부터 칭찬받는 것을 좋아하고, 남으로부터 비난받는 것을 싫어한다. 그런데 붓다는 남의 비난과 칭찬에도 초연하라고 한다. 마치 동물의 왕인 사자가 작은 소리에 겁먹거나 두려워하지 않는 것처럼, 자유분방하고 거리낌 없는 바람처럼, 더러운 진흙탕 물에서도 고고하게 꽃을 피우는 연꽃처럼, 그렇게 인생을 살라고 충고한다. 이 가르침은 욕망과 집착에 물들어 있는 인간에게는 무척 실천하기 어려운 일이다. 게다가 오염된 세상에 태어나 오염되지 않고 살기란 더욱 힘들다. 그렇지만 붓다는 이 어려운 일을 실천하라고 우리에게 설파하고 있다. 다시 말해 분별없는 영원한 대자유인이 되라는 것이다.

26) 인간의 깨달음을 방해하는 것은 욕망, 분노, 해태와 혼침, 홍분과 회한, 의심이다. 욕망과 분노는 인간이 깨달음을 얻는 데 방해가 되는 최대 장애물이다. 욕망은 감각적 쾌락뿐만 아니라 부, 권력, 지위, 명예 등도 포함한다. 해태는 정신적으로 아둔한 것이며, 혼침은 마음이 무겁고 의기소침하는 것이다. 홍분은 마음을 불안하게 하며, 회한은 과거에 대한 후회와 그에 동반하는 근심이다. 의심은 어리석음에서 나오는 신뢰의 상실감이다. 그리고 게송에서 '동요가 없다'는 것은 탐진치에 대한 동요가 없다는 것이다. 그리고 '의혹을 넘어 화살을 뽑아 버렸다'는 것은 탐진치의 화살과, 자만의 화살, 사견의 화살을 뽑았다는 것이다. 다시 말해 탐진치의 삼독을 소멸시킨 사람은 차안과 피안, 번뇌와 열반, 생과 사를 초월한다는 것이다.

다냐 나는 이미 밥을 짓고, 우유 짜는 것을 마쳤다. 마히 강변에 아내와 함께 살고 있다. 작은 집의 지붕을 이었고, 불은 타고 있다. 따라서 하늘이여! 뜻대로 비를 내리소서.

붓다 나는 성냄도 없고, 미혹도 없앴다. 마히 강변에 하룻밤 머물 것이다. 나의 작은 집은 지붕도 없고(내 자신의 미혹은 없어졌다), 불은 꺼졌다(괴로움은 없어졌다). 따라서 하늘이여! 뜻대로 비를 내리소서.

다냐 파리도 모기도 없다. 소들은 풀이 있는 늪지에서 놀고 있다. 비가 내려도 괜찮다. 따라서 하늘이여! 뜻대로 비를 내리소서.

붓다 뗏목을 만들고, 고쳐서, 나는 격류를 극복하여 강을 건너 피안(彼岸)에 도달하였다. 더 이상 뗏목은 필요 없다. 따라서 하늘이여! 뜻대로 비를 내리소서.

다냐 아내는 솔직하고 흐트러짐이 없다. 오랜만에 함께 지내므로 기분도 좋다. 그녀에게 나쁜 점이 있다는 소리를 들어 본 적이 없다. 따라서 하늘이여! 뜻대로 비를 내리소서.

붓다 나의 마음은 솔직하고 자유롭다. 오랫동안 수행하여 충분히 가다듬었다. 나에게 나쁜 점은 있을 리가 없다. 따라서 하늘이여! 뜻대로 비를 내리소서.

다냐 나는 내 스스로 살림을 꾸려 나가고 있고, 자식들도 병(病) 하나 없다. 자식들의 나쁜 점을 들어 본 적이 없다. ……

붓다 나는 누구의 머슴도 아니고, 자신이 얻은 것을 의지처로 하고, 세상의 그 누구에게나 간다. ……

다냐 길들여지지 않은 젊은 소도 있고, 우유를 먹고 있는 송아지도 있다. 새끼를 밴 암소도 있고, 새끼를 원하는 암소도 있다. 소들의 두목 격인 암소도 있다.

붓다 나에게는 길들여지지 않은 소도 없고, 아직 우유를 먹고 있는 송아지도 없다. 새끼를 밴 암소도 없고, 새끼를 원하는 암소도 없고, 소들의 두목 격인 암소도 없다.

다냐 소를 맨 말뚝은 단단히 박혀 있어 움직이지 않는다. 새로운 밧줄은 만초(蔓草, 덩굴풀)로 매우 조심스럽게 만들었다. 따라서 그것을 송아지는 끊을 수 없다. ……

붓다 암소와 같이 나는 속박을 끊고, 코끼리와 같이 악취를 내는 만초(蔓草)를 짓밟았다. 따라서 나는 이제 더 이상 재생하는 일은 없다. ……

그러자 갑자기 큰 구름이 나타나 비가 내리기 시작하여 순식간에 저지대와 언덕을 가득 채웠다. 하늘에서 비가 내리는 소리를 들은 다냐는 다음과 같이 말했다.

"저희들은 붓다를 만나 뵙게 되어, 저희들이 얻은 바는 어쩜 이렇게도 클까? 눈이 있는 사람[붓다]이여! 저희들은 붓다에게 귀의합니다. 아내와 저는 솔직한 마음으로 당신 밑에서 수행에 전념하겠습니다. 이렇게 한다면 생사(生死)의 피안(彼岸)에 도달하고, 괴로움을 없앨 수 있을 것입니다."

이러한 모습을 본 악마 파핀만은 비웃는 모습으로 다음과 같이 말했다.

"자식이 있는 사람은 자식으로부터 기쁨을 얻고, 소가 있는 사람은 소로부터 기쁨을 얻는다. 인간의 집착을 유지시켜 주는 것은 기쁨이고, 집착이 없는 사람은 기쁨조차도 없다."

이 말을 받아 붓다는 다음과 같이 말했다.

"자식이 있는 사람은 자식 때문에 걱정이 있고, 목동은 역시 소 때문에 걱정이 있다. 인간의 집착을 지탱시켜 주는 것은 걱정이고, 집착이 없는 사람은 걱정조차 없다."

이 가르침은 『숫타니파타(Suttanipāta)』 18게송에서 34게송의 구절이다. 다시 한 번 정독하여 읽어 보기 바란다. 두 사람의 대화는 서로에게 영향을 주지만, 미묘한 차이를 보이면서 계속되고 있다. 다냐는 우기를 목전에 두고 준비를 게을리하지 않으며, 자기의 일에 만족하고 가정생활도 원만하다. 그는 어떤 부족함도 없이 행복한 나날을 보내고 있다. 반면 붓다는 출가자로서 세상을 살아가기 위한 직업도 없이, 가정생활로부터도 멀어져 있어 다냐와는 차원이 다르다. 그리고 주체적인 괴로움도 걱정도 없는 평안한 경지에 서 있다. 다냐는 작은 집에서 가족과 함께 비와 이슬을 피하고 집안에서 불을 피운다. 붓다에게는 집도 없고 가사로 둘러싼 육체뿐이다. 그렇지만 붓다는 육체에 의해 갇혀 있는 자기로부터 완전히 해방되어 자유이고, 내적인 고뇌의 불은 꺼져 버렸다. 다시 말하면 다냐는 차안(此岸)의 행복에 잠겨 있고, 붓다는 피안(彼岸)의 지극한 행복에 둘러싸여 생(生)을 보내고 있다. 두 사람이 교환하는 말은 일상생활의 행복과 그것을 뛰어넘은 열반의 경지를 대비시켜 잘 나타내고 있다. 일상생활의 행복은 반드시 뭔가에 대한〔대상이 존재한다〕 행복이고, 그 상황에 따라 좌우된다. 자식이 건강하면 행복한 것이고, 중요한 재산인 소가 병들지 않은 것을 보고 행복하다고 생각한다. 그러나 반대로 되면 불행하다고 느낄 것이다. 즉 애착이 충족되었는가, 아닌가에 의하여 행복과 불행이 나누어진다. 그러나 붓다는 성도, 즉 깨달음을 연 이래로, 대상으로 향하는 애착이나 집착을 끊었다. 이와 같은 의미에서 상황에 좌우되는 것과 같은 행복이나 불행은 문제가 되지 않는다. 행복이라는 말을 사용한다면, 붓다는 일상생활의 행복보다 더 높은 차원의 행복을 체득한 것이다. 그러므로 붓다는 상황에 좌우되어 웃고 우는 것은 없다. 이와 같은 높은 차원의 행복이 열반이다.

이와 같이 『법구경』과 『경집』은 궁극적 진리의 가르침으로 일관하고 있다. 그래서 필자는 『법구경』과 『경집』을 침대 가까이나 화장실에 비치하고 애독하고 있다. 독자들에게도 『법구경』과 『경집』을 늘 가까이에 두고 읽기를 권하고 싶다.[27)]

그런데 동북아시아의 대승불교권에서는 '교상판석'의 입장에서 아함경을 소승의 가르침으로 초보적인 교설로 간주하였다. 특히 천태대사

---

27) 『법구경』과 『숫타니파타』에 관한 책은 다음과 같은 것이 있다.
『진리의 말씀』, 법정 옮김, 나무심는사람.
『법구경』, 한명숙 옮김, 홍익출판사.
『법구경 Ⅰ, Ⅱ』, 거해스님 편역, 고려원.
『숫타니파타』, 법정 옮김, 나무심는사람.
『숫타니파타』, 전재성 옮김, 한국빠알리성전협회.
이 중에서 법정스님의 번역본은 누구나 쉽게 읽을 수 있는 것이다.

지의는 오시교(五時教), 즉 화엄시(화엄경), 녹원시(아함경), 방등시(유마경, 승만경 등), 반야시(반야경), 법화열반시(법화경, 열반경)로 부처님의 가르침을 구분하였다. 그러나 역사적으로 보면 아함경은 붓다의 근본적인 가르침을 수록한 경전이다. 따라서 붓다의 가르침에 의하지 않고서는 불교를 알 수 없듯이 아함경을 통하지 않고서는 불교를 알 수 없다. 지금까지 우리들은 불교를 대승경전이나 후세에 작성된 불전에 의지해 이해하여 왔다. 그러나 아함경을 읽지 않고서는 붓다의 가르침을 이해할 수 없을 것이다.

Ⅱ. 대승경전

1. 대승경전의 전승

먼저 필자는 대승경전을 다음과 같이 정의하고 싶다.

> 대승경전은 명목상으로는 붓다가 설한 것이지만, 창작(創作)된 것이다. 그러나 역사적으로는 창작된 것이지만, 신앙적으로는 불설(佛說)이다.

대승불교의 역사는 '경전 제작의 역사'라고도 할 수 있다. 그렇지만 대승불교는 전통적인 경전 전승법인 사자상승(師資相承) 또는 사자상전(師資相傳)을 유지할 수가 없었다. 대승불교는 부파불교에서 전승되어 온 사자상승의 암송에 의한 전승법과는 전혀 다른 전승 방법을 채택하였다. 왜냐하면 새롭게 일어난 대승불교에서는 전통을 가진 부파불교와 같은 출가자가 없었기 때문이다. 그래서 교설의 계승에 독자적인 방법을 간구하였다. 그 결과 경전의 수지(受持)나 독송(讀誦)을 강조하고 또한 사경(寫經)의 공덕이나 경의 공양을 중요시하는 생각이 등장하였다. 특히 대승불교에서는 경전 사경의 공덕을 설하거나 경전 공양의 의의를 강조하여 대승경전을 널리 전승·유포하고자 했다.

2. 대승경전의 형식

붓다의 가르침은 제자들에 의해 경전〔Āgama〕으로 정리되었지만, 그 이후에도 수많은 경전이 편찬되었다. 초기불교부터 부파불교에 걸쳐 경전은 정리·편찬되었으며 또한 대승불교운동에 의해 새로운 경전이 계속해서 제작되어 밀교 경전에 이르렀다. 이와 같은 상황은 불교가 전파되거나 유포한 지역에서도 이러한 편찬 방식이 계승되었다. 게다가 한자문화권인 중국에서는 한역을 모방하여 한자로 경전이 작성된 사실도 있다. 이런 경전을 진경(眞經)과 대비시켜 위경(僞經)이라고 한다. 대승경전 중에서 진경이란 지역적으로는 인도 및 인도 주변에서 제작된 것이고, 언어로는 산스크리트나 팔리어로 기록된 경전을 가리킨다. 이에 반해 위경은 인도 이외 특히 중국에서 불설을 차용하여 위작(僞作)된 경전을 말한다. 중앙아시아나 서역에서 제작된 것은 인도와 내용이 결정적으로 다른 점이 없기 때문에 위경이라고 부르지 않는다. 중국에서는 위경이 계속해서 늘어나 당나라 시대에는 위경이 400부에 이르렀다. 그리고 한국이나 일본에서 제작된 위경도 있다. 특히 한국에서는 『부모은중경』과 같은 위경이 널리 애독되고 있는 것이 현실이다. 그리고 위경인지 진경인지 확정할 수 없는 경전을 의심스럽다는 의미로 의경(疑經)이라고 한다. 이것은 불교 본래의 교설과 상치되는 교설을 포함하고 있는 것이다.

경전을 일반적으로 '팔만사천법문(八萬四千法門)'이라고 하는데, 이 말은 헤아릴 수 없으며, 측정할 수 없는 붓다의 법문을 상징적으로 표현한 말이다. 붓다가 실제로 설한 것은 법(dharma)과 율(vinaya)이었다. 그리고 붓다의 입멸 후 결집에 의해 불제자들의 기억 속에 있던 것을 암송에 의해 모은 교설이 '이와 같이 나에게 들렸습니다. 어느 때 부처님 … '이라는 정형구로 시작하는 경전이 되었다. 그리고 '여시아문(如是我聞)'과 더불어 경전의 제목을 「불설 … 경」이라는 것도 경전의 기본적인 형식이 되었다. 이처럼 경전은 마치 살아 있는 듯이 붓다의 가르침을 제자들이 그의 귀로써 실제로 들었다는 형식을 취하고 있다. 또한 경전의 말미에는 '문불소설 환희신수(聞佛所說 歡喜信受, 붓다의 말씀을 듣고 환희하고 신수하여…)'라는 환희봉행(歡喜奉行)의 문장으로 끝난다. 이것은 초기경전인 아함경뿐만 아니라 대승경전에 이르기까지 모든 경전에 공통하는 일반적인 형식이었다.

그런데 중국불교에서는 경전에 대한 전반적인 구성이나 내용을 이해하고 파악하기 위한 유력한 경전 해석법이 등장한다. 즉 과문(科文) 또는 과단(科段)이라고 하여 내용을 부분적으로 구분하고 분해하여 단락마다 의미를 요약한다든지 전후관계를 명시하는 방법이다. 이 중에서 경전의 기본 구성을 크게 나누는 방법은 '삼분과경(三分科經)'으로 이른바 서분, 정종분, 유통분이다.

서분(序分)은 경의 유래나 서술하는 목적을 기술한 경의 첫 부분으로, 서론에 해당한다. 정종분(正宗分)은 경전 중의 주요 교설을 설한 부분으로, 본론에 해당한다. 유통분(流通分)은 정종분에서 설한 교설의 핵심 내용을 널리 유통시키라는 부분으로, 결론에 해당된다. 게다가 이런 분류법은 경전뿐만 아니라 한역 『유식삼십송』이나 『대승기신론』 같은 논서에도 그대로 적용되었다.

그런데 서분의 서두에 경전이라는 것을 증명하기 위해 반드시 갖추어야 할 형식으로 '6개의 조건', 즉 육성취(六成就)는 필수적인 요건이었다. 이른바 육성취란 '如是(이와 같이)'의 신성취(信成就), '我聞(나에게 들렸습니다)'의 문성취(聞成就), '一時(어느 때)'의 시성취(時成就), '붓다 또는 붓다는'의 주성취(主成就), '어디, 어디에 계셨다'는 처성취(處成就), '누구, 보살 등이 있었습니다'는 중성취(衆成就)이다.

그리고 육성취에 이어서 서분에는 설법의 장소에 모인 사람들이 소개되는데, 대승경전은 일반적으로 성문승·보살승·대중(大衆)의 순서로 소개된다. 대표적인 성문승으로는 사리자, 목련, 가섭 등의 유명한 제자들의 이름이 열거되는 것이 일반적이다. 보살승은 문수보살·미륵보살 등의 대승 보살의 이름이 열거된다. 대중은 제석천과 범천이 대표로 등장한다.

그리고 앞에서도 언급하였지만, 정종분은 경전의 본문으로 내용의 대부분을 차지한다. 유통분은 경전의 말미에 첨가되는 것으로, 경전의 가르침을 후세에 널리 유포, 전파하기 위한 불제자나 보살에게 수여하는 것을 나타낸 부분이다. 또한 유통분에서는 경전의 이익과 공덕을 강조하고 경전에서 설한 것을 찬양하고 찬탄한다. 그리고 유통분의 마지막에는 성문·보살·대중들 모두가 붓다의 가르침을 듣고 크게 기뻐하고, 신수봉행하는 '환희봉행문'으로 끝을 맺는다.

이처럼 중국불교에서는 경전의 내용이나 구성을 삼분과경(三分科經)에 기초하여 분석하고 정리하였다. 삼분과경은 비록 중국인의 경전 분류 방식이지만, 붓다의 가르침을 체계화시키고 내용을 파악하는 데 대단히 편리한 것이다.

3. 초기 대승경전

대승경전의 성립은 3기로 구분한다. 첫째, 경전 제작으로부터 용수(150-250)의 시대까지이다. 이른바 초기 대승경전의 시기이다. 둘째, 용수 이후 무착(Asaṇga, 395~470), 세친(Vasubadhu, 400~480)의 시대로 이른바 중기 대승경전의 제작시기이다. 이 시대에 제작된 경전은 논서적(論書的)인 형태를 띠고 있는 것이 특징이다. 셋째, 세친 이후부터 인도에서 불교가 멸망한 시기〔후기〕까지로, 주로 밀교 경전이 제작되었다.(7세기~12세기)

1) 반야경전

대승경전 중에서 가장 먼저 편찬된 것은 반야 계통의 경전들이다. 반야 계통의 경전들은 공통적으로 『금강반야바라밀경』이나 『반야바라밀다심경』처럼 '반야바라밀다경(prajñāpāramitā-sūtra)'이라는 제목이 붙어있다. 반야경전은 기원전 100년경 남인도에서 성립하여 대개 4~5세기경에 편찬이 마무리되었지만, 차례차례로 독자적인 경전으로 성립하였다. 그리하여 이런 경전들을 구별할 필요가 생겨 '게송수'를 기준으로 하여 『삼백송반야』, 『팔천송반야』, 『일만송반야』와 같은 경의 제목을 붙였다.

한편 중국에서 게송 수의 구분법은 사용하지 않고 '마하반야바리밀다'를 음역하여 '대품반야경'이나 '소품반야경'이라고 하거나 또는 의역하여 '대명도(大明度)'라고 하거나 또는 처음에 등장하는 장명(章名)에 따라 '도행반야경', '방광반야경' 등으로 경의 제목을 정하여 분류하였다.

그리고 이 경전들의 공통주제는 반야바라밀(般若波羅密, prajñāpāramitā, 지혜의 완성)이었다.

반야경전에는 처음으로 '대승'과 '보살'의 개념이 등장한다. 그리고 보살의 실천도로서 육바라밀을 설한다.

> "그러나 무엇보다도 반야경전들의 최대 특징은 '공'이나 '무자성' 등의 부정적인 사상이다. 그들의 비판 대상은 아비달마 교학이었다. 다시 말해 반야경전에서는 법〔사물〕에 내재하는 실재적인 존재성을 부정하여 '공(空)'이라고 주장하였다. 이처럼 반야경전은 '공'을 공동의 주제로 삼고 있다. 그렇지만 반야경전에서는 '공'에 대한 체계적인 기술은 보이지 않는다. 공사상의 체계적인 논술은 후세의 논사들〔중관학파〕에 의해 확립된다. 대표적인 반야경전으로는 다음과 같은 것이 있다."(『大乘經典解說事典』, 1997)

(1) 반야경전류

소품반야경과 대품반야경

소품반야경이란 산스크리트본 『팔천송반야(八千頌般若)』(Āṣṭasāhasrikā-prajñāpāramitā)에 대응하는 한역본들을 말한다. 이것은 구마라집 역 『소품반야경』에서 나온 명칭으로, 같은 구마라집 역인 『대품반야』 계통과 구별하기 위한 것이다. 이 소품반야경은 대승불교의 선구적인 경전이고, 최고(最古)의 반야경인 『팔천송반야』을 말하는데, 대표적인 한역본으로는 구마라집 역 『소품반야경(마하반야밀다경)』이며, 한역 이역본으로는 후한시대 지루가참의 『도행반야경』 등이 있다.

대품반야경은 구마라집 역 『마하반야바라밀경』(27권 90품)의 유본(類本)에 대한 총칭이며, 같은 구마라집 역인 『소품반야바라밀』에 대응하는 명칭이다. 산스크리트 원본에 대응하는 티베트역, 한역 등은 일괄적으로 대품계라고 부른다. 대품 계통의 경전을 성립사적으로 보면 우선 『일만팔천송』에 이어서 『이만오천송』 계통이 성립하였고, 경전을 요약 정리한 형태로 『일만송반야』가 나중에 성립하였다. 이것 중에 초기의 형태를 띠고 있는 것이 한역인 『방광반야경』이다. 이것은 산스크리트본 『일만팔천송』과 내용적으로 가깝다.

산스크리트본 대품반야경은 『이만오천송반야(二萬五千頌般若)』(Paṇcaviṃśatisāhasrikā-prajñāpāramitā), 『십만송반야(十萬頌般若)』(Catasāhasrikā-prajñāpāramitā), 『일만팔천송반야(一萬八千頌般若)』(Āṣṭādaśasāhasrikā-prajñāpāramitā), 『일만송반야(一萬頌般若)』(Daśasāhasrikā-prajñāpāramitā) 등이 있다.

현재 대품반야경의 산스크리트본은 중앙아시아에서 발견된 단편적인 사본만이 남아 있다. 이 경전의 중요부분은 에드워드 콘즈(Conze)에 의해 텍스트 교정본이 출간되었지만, 전체 분량의 삼분의 일 정도이다. 이 경전이 완전하게 남아 있는 것은 티베트역뿐이다. 게다가 이 경전은 절대〔최고 또는 뛰어난 의미〕적 진리(paramārtha-satya, 승의제勝義諦)와 세속적 진리(saṃvṛtti-satya, 세속제世俗諦), 팔불게[28] 등이 기술되

---

28) 『중론』 제1장 1게송에서는 팔불게에 대해 다음과 같이 말하고 있다.
　한　　역 : 不生亦不滅 不常亦不斷 不一亦不異 不來亦不去
　산스크리트 : anirodham anutpādam anucchedam aśāśvataṃ/
　　　　　　anekārtham anānārtham anāgamam anirgamaṃ/
　한 글 번 역 : 〈존재하는 모든 것은〉 소멸하지도 않으며, 생기하는 일도 없고, 단절하지도 않

어 있어 반야사상의 확립이라는 측면에서 중요한 경전이다.

(2) 『금강반야바라밀경』

『금강반야바라밀경(金剛般若波羅密經)』(ārya-vajracchedikā-prajñā-pāramitā-sūtra)을 동북아시아에서는 일반적으로 약칭하여 『금강경』이라고 통칭하지만, 인도와 티베트에서는 게송이 300개로 구성되어 있다고 하여 『삼백송반야(三百頌般若)』라고 한다.

경전의 제목을 간단하게 설명하면 다음과 같다. 'ārya'는 '성(聖)'이라는 의미지만 한역에서는 생략하였다. 'vajra(바쥬라)'는 인도에서 벼락이나 번개의 의미로 주로 사용되었다. 그리고 인도 신화에서 'vajra'는 신들의 왕인 인드라(Indra) 신이 벼락이나 번개를 부를 때 사용하는 무기인 금강저(金剛杵)를 가리키기도 하였다. 또는 보석 중에서 가장 단단하고 귀한 보석인 금강석〔막스 뮬러는 Diamond〕의 의미도 있다. 그래서 중국에서는 'vajra'를 '금강(金剛)'으로 번역하였다. 'chedika(能斷)'는 동사 √ched(자르다)'에서 파생한 것으로 명사화시켜 '자르는 것(chedika)'으로 변한 것이다. 이런 의미를 살려 삼장법사 현장은 능단(能斷, 능히 자를

으며, 상주(항상)되지도 않으며, 단일하지 않으며, 다수도 아니며, 오는 것도 없고, 가는 것도 없는 것이다.
여기서 멸은 찰나멸, 생은 고유의 실유하는 것이 나타나는 것, 단은 연속하는 흐름의 단절, 상은 언제나 일정하게 하고 있는 것, 일은 단일한 것·구별되지 않는 것·개별적으로 존재하지 않는 것, 이(異)는 구별되는 것·개별적으로 존재하는 것, 래는 먼 장소에 있는 것이 가까운 장소에 오는 것, 거는 가까이에 있는 것이 먼 장소로 가는 것을 의미한다.
특히 여기에서 불생, 불멸의 주체는 누구인가. 주체는 연기가 아니다. '연기가 불생, 불멸이다'라는 말이 아니고, 사물이 불생, 불멸이라는 의미이다. 즉 연기의 입장에 서면, 불생, 불멸이라는 것이다. 일상의 언어활동으로 부터 자유로운 상태, 즉 연기의 입장에 서는 것이 자유로움이다.

수 있는 것), 즉 『능단금강반야바라밀경』이라고 한역하였다. 그래서 '바쥬라 체디카 프라쥬냐 파라미타 수트라(vajracchedikā-prajñāpāramitā-sūtra)'는 '어떤 것이든 자를 수 있는 금강석과 같은 지혜를 완성하는 경전'이라는 의미이다.

이 『금강경』은 『법화경』, 『반야심경』 등과 함께 대승불교권에서 널리 애독되는 경전으로, 산스크리트, 한역, 티베트와 고탄 등의 중앙아시아어로도 남아 있다.

특히 선종의 육조 혜능(慧能)대사는 『금강경』의 한 구절인 '응무소주이생기심(應無所生而生其心, 마땅히 머무는 곳〈생기는 곳〉 없이 그 마음이 생겼다)'을 듣고 득도하였다고 『육조단경』에는 전하고 있다. 그래서 『금강경』은 중국 선종의 소의경전이 되어 중국의 선승들은 『금강경』의 문구를 자주 인용하였다. 이런 중국의 영향을 받은 한국의 선종〔조계종〕에서도 가장 중요한 위치를 차지하는 경전이 되었으며, 현재 『금강경』은 대한불교 조계종의 소의경전이다.

『금강경』에는 내용적으로 경전의 숭배나 경전 암송의 공덕을 강조하고 있다. 그리고 『금강경』에는 대승이나 소승의 용어가 등장하지 않으며[29], '공(空)'의 가르침을 설하고 있으나 '공'이라는 용어가 한 번도 등장하지 않는다. 어쩌면 『금강경』은 '공'이라는 개념이 확립되기 전에 제작된 경전일지도 모른다. 또한 『금강경』에는 '소승'의 상대개

29) 『금강경』에서 '대승(mahāyāna)'이라는 표현은 나타나지 않는다. 단지 '보살'이나 '선남자나 선여인' '가장 뛰어난 수레' '보살의 수레' 등의 용례만 등장할 뿐이다. 따라서 소명태자가 '대승정종분'이라고 한 것은 바른 분절 구분이라고 생각되지 않는다. 그리고 제15분에서 구마라집은 '대승'이라는 용어를 사용하고 있지만, 산스크리트본에 대응하는 것은 'mahāyāna'가 아니다.

념인 '대승'이라는 명확한 의식도 없었던 것 같다. 단지 소승에 대해 '신해가 뛰어나지 못한 사람들' 또는 '구도자의 서원을 세우지 않은 사람들'이라는 표현만이 있을 뿐이다. 그리고 대승에 대해서도 '위없는 승'이라든지 '보살승'이라는 개념만을 사용하고 있다. 따라서 『금강경』은 소승이나 대승이라는 개념이 성립하기 전에 성립한 경전으로 추정할 수 있다.

한역 『금강경』의 전문은 32분(三十二分)으로 구성되어 있다. 『금강경』을 32분절로 나눈 것은 양나라 무제의 아들인 소명태자(501~531)의 구분법이다. 이 분절의 구분법은 반드시 타당한 것은 아니지만, 『금강경』을 이해하는 데 큰 도움을 준다. 그리고 분절의 제목명은 다섯 글자〔예를 들면 법회유인분, 대승정종분 등〕로 이루어져 있다. 보통 제1분〔법회인유분〕은 서분(序分), 제2분부터 31분까지는 본문에 해당되는 정종분(正宗分), 그리고 제32분은 유통분(流通分)이다.

『금강경』의 한역본은 후진(後秦) 구마라집(鳩摩羅什) 역을 비롯하여 6종류가 있는데, 그것은 다음과 같다.

1. 후진 구마라집 역, 『금강반야바라밀경』(402년)
2. 원위 보리유지 역, 『금강반야바라밀경』(509년)
3. 진(陳) 진제 역, 『금강반야바라밀경』(562년)
4. 수(隋) 급다 역, 『금강능단반야바라밀경』
5. 당 현장 역, 『능단금강반야바라밀경』
   『대반야바라밀다경』, 「제9능단금강분」(660-663년)
6. 당 의정 역, 『불설능단금강반야바라밀다경』(703년)

그런데 대승불교권인 동북아시아에서 『반야심경』은 구마라집 역보다는 현장 역이 널리 유통되고 있지만, 반면 『금강경』은 현장 역보다는 구마라집 역이 널리 유통되고 있다.

2) 『대방광불화엄경』

『대방광불화엄경(大方廣佛華嚴經)』(Buddhāvataṃsaka-nāma-mahāvaipuya-sūtra)이란 '부처의 화엄이라고 하는 대방광의 경전'이라는 의미이다. 대방광불이란 시공간을 초월한 무한한 불〔부처〕라는 뜻이며, 화엄이란 '간다(gaṇda, 雜華)'와 '뷰하(vyūha, 嚴飾)'로 이루어진 말로 '온갖 꽃으로써 장엄하다'는 의미이다. 동북아시아에서는 약칭하여 『화엄경』이라고 한다.

그리고 『화엄경』의 부처〔교주〕는 바이로차나(vairocana)이다. 바이로차나는 '광명변조(光明遍照)'라는 뜻이지만, 원래는 태양〔日〕을 의미한다. 다시 말해 마치 태양이 세상을 비추어 모든 어둠을 제거하여 만물을 생장시키듯이, 부처의 광명이 광대무변하다는 것을 나타내는 것이다. 중국에서는 바이로차나를 음사하여 비로자나불(毘盧舍那佛) 또는 노사나불(盧舍那佛)이라고 한다. 그리고 밀교에서는 바이로차나를 대일여래(大日如來, mahā-vairocana-tathāgata)라고 한다.

『화엄경』은 중앙아시아에서 편찬되었다고 추정된다. 이 경전은 티베트역과 한역만이 존재하며, 산스크리트본은 일부만이 남아 있다. 그 중에 한역본은 60권 화엄, 80권 화엄, 40권 화엄의 3종류가 있지만, 한국에서는 현재 60권 화엄이 널리 유통되고 있다.

특히 『화엄경』 「입법계품(入法界品, Gaṇdavyūha-sūtra)」에 등장하는

선재동자(善財童子)의 편력 이야기는 유명(문수, 보현보살의 기록)하다. 「입법계품」을 한마디로 말하면 '선재'라는 소년이 53명의 선지식을 찾아가 법을 구하는 이야기이다. 특히 53명의 선지식은 남녀노소나 귀천의 차별이 없음을 보여 준다. 또한 『화엄경』 「십지품(十地品, Daśabhūmīś-vara)」에서는 보살의 수행을 10종의 단계로 나누어 설명하고 있다.

3) 『법화경』

『법화경(法華經)』의 산스크리트 명칭은 '샤드 다르마 푼다리카 수트라(ṣad-dharma-puṇḍarīka-sūtra)'로, '진흙 속에서도 그 더러움에 물들지 않고 아름답게 피어나는 연꽃(puṇḍarīka)과 같은 바른 법(saddharma)'이라는 뜻이다. 이것을 서진(西晋)의 축법호(竺法護)는 『정법화경(正法華經)』으로 번역하고, 요진(姚秦)의 구마라집은 『묘법연화경(妙法蓮華經)』(406년)으로 번역하였다. 여기서 구마라집은 샤드 다르마(ṣad-dharma)를 '묘법(妙法)'이라고 번역하고 있는데, 묘법(妙法)이란 최고·절대의 진리라는 말이다. 그러므로 『묘법연화경』이라는 경전의 이름은 최고·절대적 진리로서의 '정법(正法)'을 연꽃에 비유한 것이라고 할 수 있다.[30] 또한 현장은 『법화경(法華經)』이라고 번역하였다.

『법화경』은 인도 및 그 주변지역을 비롯하여 중국, 한국, 일본, 그 외 네팔이나 티베트 등의 각 지역에서 가장 널리 독송되는 경전인데,

---

30) 『양고승전』에 의하면 구마라집은 『묘법법화경』을 번역한 후에 "내가 번역한 이 『묘법법화경』을 다 같이 널리 펴기를 바란다. 만일 이 번역에 잘못이 없다면 내가 죽은 후에 몸을 화장(다비)하더라도 나의 혀는 타지 않을 것이다"라고 하였다고 한다. 그런데 그가 입적한 후에 다비를 하니 실제로 혀만은 타지 않았다고 한다.

산스크리트본도 10여 종의 사본이나 단편자료가 있고 완전하게 전하는 티베트 번역본도 있다. 한역본은 구마라집 번역의 『묘법연화경』이 시대와 국가, 종파를 초월하여 널리 애독되고 있다. 『법화경』은 한국 천태종의 소의경전이며, 현재 일본에서 가장 인기 있는 경전 중의 하나이다.

『법화경』의 성립 시기는 확실하지 않지만, 대략 기원전후에 성립한 것으로 추측된다. 특히 『법화경』은 경전 필사의 공덕을 설한 이유 때문인지 산스크리트 사본이 가장 많이 발견되는 경전이다. 내용적으로는 상인들의 도시생활, 무역을 하는 대상이나 해상업 등의 묘사가 많은데, 대표적인 것이 삼계화택(三界火宅)이나 신기루 등의 비유이다. 따라서 법화교단은 무역하는 상인들이 중심이 되어 성립한 것으로 추측된다.

구마라집의 『묘법법화경』은 다음과 같은 특징을 가지고 있다.

먼저 한역본 『법화경』은 문장이 아름답다는 것이다. 『법화경』뿐만 아니라 구마라집이 번역한 한역본은 대부분 화려한 문체이다.

그리고 『법화경』은 경전 자체의 수지(受持)·독송(讀誦)·사경(寫經)·공양(供養)을 강조하고 있다. 특히 사경을 하면 큰 공덕이 있다고 되풀이하여 설하고 있다. 이런 이유 때문에 네팔과 중앙아시아 등지에서 『법화경』의 산스크리트본 사경이 상당수 발견되었다. 이것은 『법화경』에서 경전수지의 공덕을 강조하고 있는 것과 깊은 관련이 있다고 할 것이다.

또한 『법화경』은 일승(一乘·ekayāna)사상을 강조하고 있다. 특히 「방편품」에서 붓다의 가르침은 오직 일승이지만, 중생들이 일승을 이해하지 못하므로 방편으로 삼승을 설한다고 하였다. 이것을 '삼승방편 일승

진실'이라고 한다. 삼승(三乘)이란 성문승(聲聞乘)·연각승(緣覺乘)·보살승(菩薩乘)의 세 가지 교리를 말하는데, 인간에게는 본래 능력의 차이가 있고 그 능력의 차이에 따라 여래(如來)의 가르침도 다르다는 입장이다. 이에 반해 일승(一乘)이란 '가르침은 하나'라는 의미로서, 모든 사람을 성불로 이끄는 것이 부처님의 자비이므로 오직 성불의 가르침만이 있을 뿐이라는 입장이다. 즉 대승의 가르침은 성불에의 가르침이기 때문에 대승 이외 아라한(阿羅漢)과 연각(緣覺)에 이르는 가르침도 인정하고, 그것들도 궁극에는 성불하는 것이므로 대승 이외에 성문승과 연각승이 따로 있는 것은 아니라는 것이다.

그런데 성불의 행을 설하는 보살승 중에는 성문승과 연각승을 배제하여 이들에게는 성불의 능력이 없다고 단정하는 대승불교도 있다. 예컨대 『유마경(維摩經)』에는 '일체의 성문은 이 불가사의의 해탈법문을 듣고 이해할 수 없다'라든가, '이 대승은 이미 패종(敗種)과 같다'고 하여 성문이 아라한의 깨달음을 얻어도 패종과 같이 대승으로 전향할 힘을 갖지 못한다고 한다. 그러나 이승(二乘)의 성불을 인정하고 일체의 성불을 설하는 일승교(一乘教)에서 본다면 삼승교(三乘教)는 모든 사람을 성불로 이끌기 위한 하나의 방편설법일 뿐이다. 나아가 『법화경』은 모든 사람이 성불할 수 있다는 일승교야말로 진리의 가르침이라고 주장한다. 이처럼 일승(一乘)은 '모든 사람은 성불할 수 있다'는 가르침으로서, 중생의 본질은 평등하다는 것을 강조하고 있다.

또한 『법화경』의 특색으로 악인(惡人)의 상징인 데바닷타(Devadatta, 提婆達多)[31]와 여인의 성불을 들 수 있다. 이처럼 어떠한 악인일지라도 성불할 수 있으며 또한 여인도 성불한다고 하는 주장은 모든 중생을 남김없이 성불시키고자 하는 『법화경』이 갖는 원대한 의욕과 발원의 발로이다. 이처럼 『법화경』은 인간 누구에게나 평등하게 갖추어져 있는 불성(佛性)을 인정함으로써 인간에 대한 신뢰를 설하고, 또 그 신뢰를 바탕으로 인간 각자의 실천을 통하여 성불하도록 하는 가르침이라고 할 수 있다.

4) 정토삼부경

정토삼부경이란 아미타 신앙을 바탕으로 성립한 경전들로 『무량수경(無量壽經)』, 『관무량수경(觀無量壽經)』, 『아미타경(阿彌陀經)』의 3경전을 말한다. 경전에 나오는 아미타불은 두 가지의 명칭이 있다. 즉 '아미타유스(āmitāyus)'에서 '아미타(āmita)'는 '무한하다, 무량하다'라는 의미이고, '아유스(āyus)'는 수명, 목숨의 의미이다. 그래서 무량수불(無量壽佛)로 한역한다. 또 하나는 '아미타바(āmitābha)'로, '아미타(āmita)'는 '무한, 무량'이라는 의미이고, '아바(ābha)'는 '빛', 즉 '광명(光明)'을 뜻한다. 그래서 무량광불(無量光佛)로 한역하기도 한다.

---

31) 그는 샤카족 출신이며 붓다의 친척〔종형제〕이지만, 붓다를 배신한 악인으로 기록되어 있다. 그는 빔비사라 왕의 아들 아자세〔아자타사투〕의 비호 아래, 독에 취한 코끼리를 달리게 하거나, 바위를 굴러 붓다를 살해하고 교단을 탈취하려고 하였다. 그러나 사리자와 목건련의 지혜로 실패하고 죽음을 맞이하였다고 한다. 이와 같은 경전의 기록과는 달리 데바닷타는 철저한 수행자였다고 전한다. 불전에는 그의 죽음 이후에도 그를 따르는 제자들이 상당히 존재한 것으로 기록하고 있다. 붓다의 말년에 그는 다섯 항목의 교단개혁을 요구하였다.
1. 숲 속에 머물며 지붕이 있는 곳에 머물지 말 것.
2. 탁발에 의해 먹고 신자의 초대에 응하지 말 것.
3. 버려진 옷을 주워 세탁하고 꿰매어 입고 신자로부터 보시받은 것을 입지 말 것.
4. 생선과 고기를 먹지 말 것.
5. 우유와 버터를 먹지 말 것.
그러나 어떤 이유인지 모르지만, 붓다는 데바닷타의 제안을 거절한다.

(1) 『무량수경』

『무량수경』은 상하 양권으로 구성되어 있기 때문에 줄여서 『양권경(兩卷經)』 또는 『쌍권경(雙卷經)』이라고도 한다. 일본에서는 『무량수경』을 약칭하여 『대경(大經)』, 『아미타경』을 『소경(小經)』이라고 한다. 그리고 산스크리트본은 『수카바티뷰하(Sukhāvatīvyūha)』, 즉 '극락(極樂)의 장엄(莊嚴)'이라는 이름을 가지고 있다. 『무량수경』은 한역본 5종류, 산스크리트본, 티베트역이 존재하며, 단편적으로 몽골어역 등이 현존한다.

이 『무량수경』은 붓다가 라자그리히〔왕사성〕 교외에 있는 기사굴산〔영축산〕에서 설한 경전으로, 아미타불이라는 부처님이 출현하여 서방(西方)에 극락세계를 만들어 많은 사람들을 구제한다는 내용이다. 『무량수경』은 상·하 2권으로 구성되어 있는데, 상권에서는 아미타불이 정토를 건립하는 인과(因果)를 설하고 있다. 정토 건립의 인(因)이란, 아미타불이 법장비구(法藏比丘)였을 때, 부처님이 보여 주는 여러 불국토(佛國土)를 둘러보고 자신도 하나의 불국토를 건립하고 싶다는 생각을 한다. 이에 법장비구는 정토 건립에 필요한 48가지 서원(誓願)을 세우고 모든 중생은 오직 나의 원력(願力)을 듣고 믿으면 반드시 구제되어 극락왕생할 수 있을 것이며, 만약 극락왕생을 할 수 없다면 자신은 결코 부처가 되지 않겠다는 맹세를 했다. 이처럼 아미타불에 의지하는 모든 사람을 구원하겠다는 자비를 강조하였다. 이것을 아미타불이 정토를 건립하는 인(因)이라 한다.

하권에서는 중생들이 왕생하는 인과(因果)를 설하고 있다. 중생 왕생의 인(因)이란, 극락정토에 왕생하기를 원하는 사람들을 근기와 수행의 공덕에 따라 상배(上輩)·중배(中輩)·하배(下輩)의 세 가지로 분류하고, 이들은 모두 염불을 통해 왕생할 수 있음을 밝힌다. 특히 마지막에는 누구라도 아미타불의 명호(名號)를 듣고 기뻐하며, 한 번만이라도 일념(一念)으로 그 이름을 외우면 무상(無上)의 공덕을 구족한다고 설하고 있다.

(2) 『관무량수경』

『관무량수경(觀無量壽經)』의 온전한 명칭은 『관극락국토무량수불관세음보살대세지보살(觀極樂國土無量壽佛觀世音菩薩大勢至菩薩)』이다. 산스크리트본은 전해지지 않으며 강량야사(畺良耶舍)의 한역본만이 현존하고 있다.

『관무량수경』은 붓다가 마가다국 왕사성의 영취산에서 설법하실 때 왕사성에서 일어난 일에 연유하여 설해진 경전이다. 『관무량수경』의 특징은 정토와 불신(佛身)과 인간에 대해 관(觀)하는 것을 주된 내용으로 삼고 있다. 그러나 이러한 관법(觀法)을 설하기 전에 '왕사성의 비극'이라고 알려진 다음과 같은 이야기로 시작한다.

붓다가 마가다국 왕사성 기사굴산에 계실 때, 왕사성에서 큰 비극이 일어난다. 마가다국의 태자 아자세가 데바닷타〔제바달다〕의 꼬임에 빠져 부친 빔비사라 왕을 감옥에 가두고, 모친 위제희 부인까지도 왕궁의 깊은 곳에 유폐시키는 사건이다. 이에 위제희 부인은 너무나 슬퍼하며 붓다와 만나기를 기원하였다. 이에 붓다가 왕림하여 위제희 부인에게 광명을 발하여 시방세계의 정토를 보여 주자, 그녀는 그중에서 아미타불의 극락세계에 태어날 것을 원하고 그 방법을 가르쳐 줄 것을 간청했다. 그러자 붓다는 그녀를 위해 세복(世福), 계복(戒福), 행복(行福)의 삼복(三福)과 16관(觀)을 설하였다. 세복이란 부모에게 효행을 다하고, 스승이나 웃어른을 섬기며, 자비심을 가지고 선한 행위를 닦는 것을 말한다. 계복이란 불법승 삼보에 귀의하여 계(戒)를 지키고 해야 할 바를 다하는 것을 말한다. 그리고 행복이란 도(道)를 구하는 마음을 내어 대승경전을 독송하여 정토왕생을 원하는 것을 말한다. 그리고 16관(觀)이란 위제희 부인의 간청에 의하여 부처가 정토 및 아미타불을 관찰하는 방법을 16가지로 설한 것이다. 즉 16관은 일상관(日想觀), 수상관(水想觀), 보지관(寶地觀), 보수관(寶樹觀), 보지관(寶池觀), 보루관(寶樓觀), 화좌관(華座觀), 상상관(像想觀), 진신관(眞身觀), 관음관(觀音觀), 세지관(勢至觀), 보관(普觀), 잡상관(雜想觀), 상배관(上輩觀), 중배관(中輩觀), 하배관(下輩觀)으로 구성되어 있다.

(3) 『아미타경』

『아미타경(阿彌陀經)』의 산스크리트 명칭은 『수카바티뷰하(Sukhāvatī-vyūha)』라 해서 『무량수경』과 같은 이름을 갖고 있다. 그래서 『무량수경』을 『대경』, 『아미타경』을 『소경(小經)』이라고도 한다. 현재 한국에서 일반적으로 통용되는 한역본은 구마라집의 한역본이다.

『아미타경』은 붓다가 사위성(Śrāvastī) 기수급고독원[32]에서 사리자

---

32) 기수급고독원(祇樹給孤獨園, Jetavana anāthapiṇḍada-ārāma)
기수(Jetavana) 중의 '기(Jeta)'는 당시 코살라국의 왕자인 'jetṛ(승리자, 전승자)'의 번역이다. '수(vana)'는 '숲'을 의미한다. 따라서 기수(祇樹)란 '제트리(제타) 왕자가 소유한 숲'이라는 의미이다.
급고독(Anāthapiṇḍada)이란 '의지처나 보호자가 없는 사람에게 음식을 주는 자(給孤獨)'라는

에게 극락세계의 찬란한 공덕장엄과 극락에 왕생하는 방법에 대해 설한 것이다. 먼저 붓다는 극락(極樂)의 위치, 부처님의 이름, 극락의 모습에 대해 설한다. 즉 극락은 서방으로 10만억 불국토를 지난 곳에 있으며, 괴로움이 없고 즐거움만 있는 세계로서 보배 나무, 보배 연못, 하늘의 음악 등 갖가지 보석으로 장엄(莊嚴)되어 있다고 설명한다. 또한 이 극락정토에는 아미타불이 현재도 설법하고 계신다고 한다. 아미타불은 광명(光明)과 수명(壽命)이 무량한 부처님으로서 이미 성불하신 지 10겁(劫)이 지났으며, 그곳에 태어나는 중생들도 무량한 광명과 수명을 얻는다고 한다.

계속해서 이 정토에 왕생하기 위해서는 자력(自力)으로 불가능하며 염불에 의해 가능하다고 한다. 그리고 아미타불의 명호(名號)를 듣고 일심(一心)으로 염하면, 임종할 때 아미타불의 안내를 받아 극락세계에 왕생할 수 있다고 설하고 있다.

그리고 마지막으로 사리자에게 모든 부처님의 불가사의(不可思議)한 공덕을 찬탄할 것을 권한다. 또한 범부중생들이 『아미타경』을 진심으로 믿어 저 국토에 왕생하기를 원하는 서원(誓願)을 세울 것을 권하고 있다.

의미이다. 이것은 수닷타(sudatta, 須達, 須達多) 장자의 다른 이름이다. 수닷타 장자가 붓다에게 기증할 사원의 땅을 찾고 있었는데, 마치 제타 왕자가 소유한 땅이 가장 좋은 후보지였다. 그는 그 땅을 구매하기 위해 왕자의 요구대로 땅 위를 황금으로 깔았다는 이야기는 너무나 유명하다. 이 땅에 세워진 사원이 '기수급고독원'이며, 후대에 첫 자인 기(祇)와 마지막 자인 원(園)을 따와서 '기원정사(祇園精舍)'라고 하였다. 그리고 원(ārāma)이란 일반적으로 사원이라는 의미이다.

5) 『유마경』

경이란 붓다의 말씀을 기록한 것이다. 그런데 『유마경(維摩經)』(Vimalakīrti-nirdeśa)은 붓다가 주역이 아니라 '유마'라는 재가거사가 주인공이다. 유마(維摩) 또는 유마힐(維摩詰)은 산스크리트 '비말라키르티(Vimalakīrti)'의 음역으로 '오염되지 않고 명성이 높은 자〔無垢稱〕'라는 의미이다. 그는 불교에 귀의한 바이샬리의 부유한 상인으로 사실은 붓다의 화신(āvatara)이다. 유마는 병문안 온 아라한(사리자 등)들을 망신시키는 장면과 토론과정을 기술하여 대승의 뛰어난 점을 설하고 있다. 특히 『유마경』에서는 깨달은 자에게는 '번뇌 즉 보리', '생사 즉 열반'이라는 표현이 등장한다. 다시 말해 붓다의 가르침은 번뇌의 가르침이 아닌 열반이지만, 그것은 일반 사람들을 위한 가르침이고, 깨달은 자에게는 생사 즉 열반이라고 서술하고 있다.

경전의 내용을 간략하게 서술하면 다음과 같다.

먼저 제1장에서는 보적을 비롯한 500명의 젊은이들이 붓다를 칭송한다. 그리고 이들이 붓다에게 질문을 하자, 붓다는 불국토〔예토가 곧 정토이다〕에 대해 설명한다. 제2장에서부터 유마거사가 등장한다. 그런데 유마는 병이 들어 있다. 그러나 그 병은 진짜 병이 아니고 중생이 모두 병에 시달리고 있기 때문에 자기도 병이 들었다는 것이다. 이른바 중생이 괴롭기 때문에 보살도 괴롭다는 것이다. 제3장에서는 붓다가 제자들〔사리자, 목련, 가전연, 우팔리, 라후라〕에게 유마의 병문안을 명한다. 그러나 어느 제자도 병문안 가기를 꺼린다. 그들은 유마를 만나서 괴로웠던 경험담을 이야기한다. 붓다는 미륵보살, 지세보살에게도 병문안 가도록 명하지만, 모두 거절한다. 마지막으로 문수보살이

유마의 병문안을 받아들인다. 제4장은 병문안 온 문수보살과 유마거사와의 대화로 진행되는데, 지혜, 방편, 보살의 의미 등에 대한 것이다. 제5장은 불가사의해탈, 제6장은 중생에 대한 애정, 생명 등에 대해서, 제7장에서는 불도, 제8장에서는 불이(不二)에 대해서 각각 논하고 있다. 그리고 마지막에는 유마거사가 문수보살에게 불이(不二)에 대해 묻자, 문수보살은 "불이의 법문은 말로 설명하거나 표현할 수 없다. 진리는 언어를 초월한다"라고 대답하였다. 이번에는 문수보살이 유마거사에게 불이의 법문이 무엇이냐고 묻자, 유마거사는 침묵으로 일관한 채 아무 말도 하지 않았다. 이 침묵으로 유마거사는 불이를 실현한다. 이것을 '유마의 침묵'이라고 하며, 경전에서는 유마거사의 '침묵은 천둥소리와 같다'고 표현하고 있다. 그리고 제9장에서는 다시 설법, 즉 언어를 강조한다. 제10장에서 13장에서는 다시 붓다의 가르침으로 『유마경』은 대단원의 막을 내린다.

현재 『유마경』의 산스크리트본은 전해지지 않으며, 티베트본과 한역본만이 현존한다. 특히 구마라집의 한역본인 『유마힐소설경』이 우리나라에서도 널리 애독되고 있다.

4. 중기 대승경전

1) 여래장계 경전

여래장 계통의 핵심사상은 일체의 중생에게 여래가 될 수 있는 가능성을 가지고 있다는 것이다. 이것을 여래장(如來藏, tathāgata-garbha) 또는 일체중생실유불성(一切衆生實有佛性), 불성(佛性, buddha-dhātu)이라고 표현한다.

(1) 『승만경』

『승만경(勝鬘經)』(Śrīmālādevīsiṃhanāda-sūtra)은 여래장사상을 설한 대표적인 경전으로 정식 명칭은 『승만사자후일승대방광방편경』이다. 『승만경』의 한역자는 구나발타라이며, 466년에 한역되었다.

경전의 내용을 간단하게 살펴보면 다음과 같다. 『승만경』은 승만 부인이라는 재가의 여성을 주인공으로 하여, 승만 부인이 설한 교법에 대해 붓다가 하나하나 승인해 가는 희곡적인 구성을 취하고 있다. 승만 부인은 붓다의 승인에 따라, 먼저 서원을 세우고 정법에 대해 말한다. 정법이란 삼승이 곧 일승이라는 것이다. 그리고 중생의 본성은 번뇌에 물들어 있지만, 본래 청정하다고 한다. 즉 본래 중생은 여래장이나 불성을 갖추고 있다는 것이다. 『승만경』의 일승이라는 개념은 『법화경』의 일승사상에도 영향을 미친다. 특히 『승만경』은 『유마경』과 더불어 대승불교의 재가중심주의를 표방하는 대표적인 경전이다.

그런데 근래 마츠모도 시로라는 일본 불교학자가 '여래장 사상은 불교가 아니다'[33]라는 요지의 논문을 발표하여 일본 불교학계에 커다란 파문을 일으켰다. 이것은 일본의 불교는 진정한 불교가 아니며 또한 대승은 불교가 아니라는 문제까지 소급되는 커다란 문제였다. 특히 한국의 조계종도 여래장 사상을 기반으로 하고 있다는 점에서 이 문제로

33) 자세한 것은 『연기와 공』(松本史朗 著, 慧源譯, 운주사, 1998)을 참조하기 바란다.

부터 자유로울 수 없다고 한 것이다.[34)]

(2) 『대승열반경』

이 경전은 421-423년 사이에 담무참이 한역하였다. 『대승열반경(大乘涅般經)』(Mahāyāna-parinirvāṇa-sūtra)은 붓다 최후의 가르침과 모습을 기록한 경전이다. 붓다 최후의 모습을 기록한 경전은 초기경전 중의 『대반열반경』이 있는데, 이 경전은 역사적으로 실존하였던 붓다의 기록이다. 반면 『대승열반경』은 붓다의 진정한 생명은 영원하고, 무위〔佛身의 常住〕라고 한다. 그리고 무위한 붓다의 본성을 일체의 중생이 불성(佛性, buddha-dhātu), 여래장(如來藏, tathāgata-garbha)이라는 형태로서 가지고 있다고 한다. 다시 말해 일체중생 실유불성(一切衆生實有佛性)이라고 하는 것이 핵심 내용이다. 이와 같이 모든 중생에게 성불(成佛)의 가능성을 보증하는 한편, 잇찬티카〔一闡提, icchantika〕를 구제의 대상으로부터 제외시킴으로써 동아시아 불교계에서는 일천제(一闡提)도 성불할 수 있느냐 없느냐의 해석 문제가 커다란 논쟁으로 발전하였다.

2) 유식계 경전

(1) 『능가경』

『능가경』 또는 『입능가경(入楞伽經)』(Laṅkāvatāra-sūtra)은 부처님이 지금의 스리랑카인 랑카(Laṅka) 섬에 강림하여 설했다는 의미에서 이

---

34) 일본에서는 1900년도 초에 '대승은 불설이 아니다〔大乘非佛說〕'라는 내용의 논문이 발표되어 일본 불교계에 커다란 논쟁을 일으켰다.

름 붙여진 경전이다. 『능가경』의 특징은 우리들의 모든 행위〔종자〕를 저장하는 마음인 아뢰야식(ālaya-vijñāna)과 여래장을 동일시하고 있어, 유식 사상과 여래장 사상의 통합을 꾀하고 있다. 그리고 이런 통합적인 사상이 『대승기신론』에 사상적인 영향을 주었다고 추측된다. 또한 유심(唯心)의 입장에서 공사상뿐만 아니라, 유식의 중요한 가르침인 삼성설, 팔식설(아뢰야식, 말나식, 안식, 이식, 비식, 설식, 신식, 의식) 등을 설하고 있기 때문에 『능가경』은 유식의 소의경전이 되었다.

한역은 구나발타라 역의 『능가아발타라보경』(宋譯), 보리유지 역의 『입능가경』, 실차난타 역의 『대승입능가경』의 3본이 현존한다. 『능가경』의 산스크리트 텍스트로는 Bunyo Nanjo, Laṅkāvatāsūtra(1923)와 P.L.Vaidya, Saddharmalaṅkāvatāsūtra(1963)이 있다. 그리고 티베트 번역본으로는 데르게판(Derge) 107과 북경판(Peking) 775가 있으며, 한역 3본은 모두 『대정신수대장경』 16권에 수록되어 있다.

(2) 『해심밀경』

『해심밀경(解深密經)』(saṃdhinirmocana-sūtra)은 유식학파의 소의경전 중의 하나이다. 특히 제3장 「심의식상품」에는 아타나식, 아뢰야식, 일체종자식, 심에 대해 기술하고 있으며, 제4장 「일체법상품」에서는 마음의 존재 양태를 설명한 삼성설, 즉 변계소집성, 의타기성, 원성실성에 대해 기술하고 있으며, 제5장 「무자성품」에서는 삼무성〔상무성, 생무성, 승의무성〕에 대해 기술하고 있다.

『해심밀경』의 산스크리트 원전은 현존하지 않지만, 티베트역(Peking, 774)과 한역본이 현존한다. 한역으로는 현장 역 이외에 보리유지(菩提流

之)가 번역한 『심밀해탈경(深密解脫經)』, 구나발타라(求那跋陀羅) 번역의 『상속해탈경(相續解脫經)』, 진제 역(眞諦譯)의 『해절경(解節經)』이 있다. 특히 제1장 서품을 제외한 나머지 7품은 『유가사지론』에 전문이 수록되어 있다. 그리고 주석서로는 원측의 『해심밀경소(解深密經疏)』가 유명한데, 이것은 한역에서 티베트어로 번역된 몇 안 되는 주석서이다. 그리고 티베트 번역본에 대한 라모트(É. Lamotte)의 텍스트 교정본(Saṃdhinirmocana-sūtra, Paris, 1935)이 있다.

5. 후기 대승경전

이 시기는 경전의 제작은 거의 보이지 않고, 자세한 연구 성과도 없다. 시대적으로는 유가중관학파가 활동한 시기이다.(5세기 후반~7세기 초) 그렇지만 밀교경전이 활발하게 제작된다.

1) 밀교경전[35)]

밀교(密敎), 즉 비밀불교는 금강승(金剛乘, vajra-yāna) 구생승(俱生乘, sahaja-yāna), 시륜승(時輪乘, kālacakra-yāna)이라고도 한다. 밀교는 역사적, 교리적으로 다양한 모습으로 발전하였다. 따라서 밀교라고 하여도 다 같은 것이 아니기 때문에, 이것을 분류하고 정리할 필요성이 생겨, 그 결과 몇 개의 분류법이 생겨났다. 여러 가지 분류법 중에서 현재

35) 경전을 'sūtra'라고 하지만, 밀교에서는 'tantra'라고 한다.

가장 일반적인 분류법은 티베트의 유명한 불교학자인 부톤(Bu ston, 1290~1364)의 분류방법이다. 그는 밀교를 1. 소작(所作, kriya)부 2. 행(行, caryā)부 3. 유가(yoga)부 4. 무상유가(無上瑜伽, anuttarayoga)부의 4가지로 분류하였다.

소작부란 잡부밀교(雜部密教)라고 하는데, 대표적인 경전은 『다라니집경(多羅尼集經)』 등이다. 한역된 밀교 관계의 문헌 중에 가장 분량이 많다.

행부의 대표적인 경전은 『대일경(大日經)』이지만, 수적으로 적은 분량이다.

유가부를 대표하는 경전은 『금강정경(金剛頂經)』과 『이취경(二趣經)』이다. 이 행부와 유가부를 잡부밀교와 대비시켜 순수밀교(純粹密教)라고 한다.

무상유가부는 밀교 후기에 성립한 것이 대부분이며, 대표적인 경전은 『비밀집회탄트라』, 『헤바즈라탄트라』 등이다. 무상유가부는 방편(方便)·부(父)탄트라, 반야(般若)·모(母)탄트라, 쌍입불이(双入不二)탄트라의 3종류이다. 여기서는 순수밀교의 경전인 『대일경』과 『금강정경』에 대해서만 간단하게 기술하겠다.

(1) 『대일경』

『대일경』의 온전한 이름은 『대비로자나여래성불신변가지경(大毘盧遮那成佛神變加持經)』(Mahāvairocanābhisaṃbodhi-vikurvitādhiṣṭāna-vaipulya-sūtra)이다. 『금강정경』과 함께 진언밀교를 대표하는 경전이다. 그 중에 바이로차나(vairocana)는 태양〔日〕의 다른 이름이기 때문에 경의 제목을 해석하여 보면 '대일여래가 성불하여 신변가지(神變加持)의 힘을 가지고 설한 경전'의 의미가 된다. 대일여래(大日如來, mahā-vairocana-tathāgata)란 커다란 빛〔光〕의 여래〔佛〕라는 의미로 법신불의 대표이다. 마하 바이로차나(mahā-vairocana)를 대일(大日)로 한역한 것은 선무외(善無畏)이다. 그는 대일이라고 번역한 이유를 태양이 어둠을 두루 비추는 것처럼 지혜의 빛이 모든 것을 비추는 것을 나타내기 때문이라고 하였다.

『대일경』은 7세기 중엽 서인도에서 성립하였으며 산스크리트본은 현존하지 않지만, 한역본과 티베트역은 현존한다. 현장은 『대당서역기』에서 밀교에 대한 기록을 전혀 남기지 않았다. 그런데 현장이 귀국 후 인도에 간 무행(無行)이 처음으로 『대일경』을 입수하여 중국으로 돌아가는 귀국자에게 부탁하였다. 그 자신은 인도에서 객사하였지만, 경전은 중국에 전해졌다. 그 후 30년이 지난 716년에 선무외(善無畏)가 중국에 와서 이미 무행에 의해 중국에 전해진 『대일경』과 그 자신이 가져온 『대일경공양차제법(大日經供養次第法)』을 각각 번역하고 첨부하여 『대일경』이라고 하였다.

일반적인 대승경전에는 설법자가 부처님이지만, 『대일경』의 설법자는 대일여래〔바이로차나〕이다. 『대일경』은 7권36품으로 구성되어 있는데, 제1장 「주심품」에는 교리적·사상적인 설명이 중심이고, 제2장 「구연품」 이하에서는 만다라·관정·진언·인계(印契) 등의 밀교의 독자적인 수행론이 전개되고 있다.

(2) 『금강정경』

『금강정경(金剛頂經)』의 구체적인 이름은 『금강정일체여래진실섭대승현증대교왕경(金剛頂一切如來眞實攝大乘現證大敎王經)』(sarvatathāgatata-ttvasaṃgraha-nāma-mahāyānasūtra)이다. 약칭하여 『금강정대교왕경』, 『삼권교왕경』 등으로도 부른다. 『금강정경』은 7세기 말 남인도에서 성립하였으며, 산스크리트본, 티베트역, 한역본이 현존하며, 한역본은 당나라 시대 불공(不空, 705~774)이 번역하였다.

보통 우리들이 『금강정경』이라고 할 경우에는 '18회 금강정경'의 총칭으로 사용하는 경우가 많지만, 일반적으로 초회(初回)에 해당하는 『교왕경』을 『금강정경』이라고 한다. 대일여래가 일체의성취보살과 문답하는 형식으로 진행되는데, 먼저 자신의 깨달음의 내용을 밝히고, 그 깨달음의 내용을 금강계 만다라로 나타낸다. 그래서 즉신성불(卽身成佛)을 강조하는 밀교경전 중에서 금강계에 속하는 것이다. 한역은 「금강계품」(제1권-제8권), 「항삼세품」(제9권-17권), 「편주복품」(제18권-20권), 「일체의성취품」(제21권-24권), 「제부비밀교리분」(제25권-30권)으로 구성되어 있다.

지금까지 아함경을 중심으로 초기경전 및 초기 대승경전, 중기 대승경전, 후기 대승경전으로 나누어 대승경전을 대략적으로 설명했다.

이상으로 『반야심경』의 해설을 마쳤다. 그렇지만 필자의 마음은 개운한 느낌이 들지 않는다. 최선을 다했음에도 불구하고 마음 한 구석에는 여전히 미진한 느낌이 든다. 아마도 이미 수많은 『반야심경』에 관한 해설서가 시중에 나와 있는데, 굳이 내가 또 하나의 사족을 달 필요가 있는지 하는 자책감 때문인지도 모르겠다. 그렇지만 나름대로 자부심도 느낀다. 비록 구차하지만 내 자신이 스스로 위로로 삼는 것은 한역을 위주로 한 기존의 『반야심경』 해설서와 달리 산스크리트본 『반야심경』을 해설했다는 것이다. 나머지는 독자의 평가와 질책을 겸허하게 기다리는 수밖에. 나마스테(namaste)

인용 및 참고문헌

『般若波羅蜜多心經』, 김명우 편역, 빛과 글, 2002.

『철학적 리터러시 연습을 위한 에세이들』, 김명우 외, 책과 열린시, 2009.

『유식의 삼성설 연구』, 김명우 지음, 한국학술정보, 2008.

『유식삼십송과 유식불교』, 김명우 지음, 예문서원, 2009.

『티베트불교철학』, 마츠모토 사로 지음, 김명우 외 옮김, 불교시대사, 2008.

『중국불경의 탄생』, 이종철 지음, 창비, 2008.

『달라이 라마의 반야심경』, 달라이 라마 지음, 주민황 옮김, 무우수, 2004.

『반야심경의 세계』, 정병조 지음, 한국불교연구원, 1999.

『아비달마불교』, 권오민 지음, 민족사, 2003.

『산스크리뜨의 기초와 실천』, 스가누마 아키라 지음, 이지수 옮김, 민족사, 1993.

『동아시아 구법승과 인도의 불교유적』, 이주형 외, (주)사회평론, 2009.

『욕망 삶의 원동력인가 괴로움의 뿌리인가』, 정준영 외, 운주사, 2008.

『般若心經 金剛般若經』, 中村 元・紀野一義 譯註, 岩波文庫, 1962.

『大法輪』, 「特集 般若心經を解く」, 45권 2호, 1978.

『大法輪』, 「釋尊 十代弟子」, 제53권 10호, 1986.

『チベットの般若心經』, 齊藤保高 外, 春秋社, 2002.

『般若心經講說』, 友松圓諦, 大法輪閣, 1982.

『唯識 わが心の構造』, 橫山紘一, 春秋社, 2001.

『仏教の原点入門』, 江島惠敎, ひゅうまん, 1977.

『唯識三十頌要講』, 太田久紀, 中山書房佛書林, 1995.

『岩波佛敎辭典』, 中村 元 外, 岩波書店, 1989.

『大乘經典解說辭典』, 下田正弘 外, 大藏出版社, 1997.

『佛敎語大辭典』, 中村 元, 東京書籍, 東京, 1981.

『梵和大辭典』, 萩原雲來, 講談社, 東京, 1975.

『望月佛敎大辭典』, 塚本善隆 外, 世界聖典刊行協會, 東京, 1980.

'*Buddhist Wisdom Books-The Daimond Sutra*, The Heart Sutra' by Edward Conze, 1958.

'*The Ancient Palm-leaves Containing the prajñāpāramitā-hṛdaya-sūtra and Ushnisha-vigaya-dhāranī*' Edited by F. Max Müller and Bunyiu Nanjio, Clarendon Press, Oxford, 1884, Anecdota Oxoniensia, Aryan Series, Vol,1, part3.

'*A Sanskrit-English Dictionary*', Monier Williams, Lodon, The University of Oxford Press, 1899.

'*Tibetan-English Dictinary*', Chandra Das, 1963.

'Sāriputta The Marshal of the Dhamma' 냐나뽀니까 스님 지음, 이준승 옮김, The Wheel Publication No.90~92, BUDDHIST PUBLICATION, Kandy, Sri Lanka

찾아보기

ㄱ

가애 186
가제(假諦) 133
가지(加持) 52
간(慳 mātsarya) 59
간다르바 43
갈애(渴愛) 157, 164
감각적 욕망(kāma) 165
강량야사(畺良耶舍) 257
『개원록(開元錄)』 72
격(格) 97
격한정복합어(格限定複合語, tatpuruṣa) 151
견(見 dṛṣṭi) 59
견고성〔地〕 104
견성성불 148
견취(見取) 157
견취견(見取見) 159
결집(結集) 219
경(經, sūtra) 52, 73
경안(輕安) 58
경장(經藏) 140, 221
경전(經典) 69, 211
『경집』 229
계(界) 150
계금취(戒禁取) 157
계금취견(戒禁取見) 159
계현(戒賢) 74
고(苦) 105, 167
고거만(高擧慢) 63
고구(苦具) 167
고멸도성제(苦滅道聖諦) 172
고멸성제(苦滅聖諦 Duḥkha-nirodha-ārya-satya) 171
고성제(苦聖諦) 162, 163
『고승전』 78
고야산(高野山) 18
고역(古譯) 80
고집성제(苦集聖諦) 164, 165
공(空) 109
공불이색(空不異色) 132, 133
공성 130, 131
공양(供養) 253
공제(空諦) 131
과만(過慢) 62
과문(科文) 243
『관무량수경(觀無量壽經)』 255, 257
관세음(觀世音) 89, 90
관세음보살 20, 84
관세음자재보살 90
관음(觀音) 89
관자재 89
광(誑 māya) 59
괴(愧) 58

교(憍 mada) 59
교상판석 239
『교왕경』 268
구격(具格) 98
구경열반(究竟涅槃) 194
구나발타라(求那跋陀羅, Guṇabhadra) 228, 262, 264, 265
구담승가제바(瞿曇僧伽提婆, Gotama Saṃgha-deva) 225
구도자 94
구마라집(鳩摩羅什) 역 18, 19
구마라집(鳩摩羅什 Kumārajīva) 75, 78, 250
구법승 76
구별(distinction) 143
구별[구별짓기] 144
구부득고(求不得苦) 163
구생승(俱生乘, sahaja-yāna) 265
구애 186
구역(舊譯) 72, 73, 75, 80
귀경게 83
귀경송 83
규기 111
극락(極樂) 259
극락정토 259
극미(極微, paramāṇu) 104
극장의 우상 191
근(勤 vīrya) 58, 167
근(根) 148
근고(勤苦) 160
근본 번뇌(kleśa) 59
근본분열(根本分裂) 216, 220
『금강경』 80, 81, 216
금강계 만다라 268
『금강반야바라밀경(金剛般若波羅密經)』 248
『금강삼매경론』 54
금강승(金剛乘, vajra-yāna) 265
『금강정경(金剛頂經)』 267
기노 카즈요시 18
기수급고독원 258
기호적 가치 171

ㄴ

나란다(Nālandā)사원 74
나마스테(namaste) 83, 269
나카무라 하지메(中村 元) 18
남방불교(南方佛敎) 212
남방상좌부 212
남성(masculine) 97
『남전대장경』 212
『남해기귀내법전(南海寄歸內法傳)』 76
노(老 · jarā) 160
논(論, dharma) 52
논장(論藏) 221
뇌(惱 pradāśa) 59
『능가경』 263
『능가아발타라보경』 264
『능단금강반야바라밀경』 249
니카야(nikāya, 部) 211, 212

ㄷ

다냐 235
다문제일(多聞第一) 218
단수(singular) 98

달라이 라마 14세 212, 213
담마난제(曇摩難提) 228
『당범번대자음반야바라밀다심경(唐梵飜對子音般若波羅蜜多心經)』 19
대격(對格) 98
대고자(對告者) 116
『대당대자은사삼장법사전』 73
『대당서역기(大唐西域記)』 75, 76
대도무문(大道無門) 188
대명도(大明度) 245
대명주(大明呪) 21
대목건련(Maudgalyāyana) 117
대반열반(mahā-parinirvāṇa) 54
『대반열반경』 84
대방광불 251
대본 18
대본역 19
대수번뇌 59
『대승기신론소』 53
『대승기신론』 53
대승불교(Mahāyāna) 213, 216
『대승열반경(大乘涅槃經)』 263
『대승입능가경』 264
대신주 30
『대일경』 266
대일여래(大日如來) 251, 267
대자유인 188
『대정신수대장경』 75, 264
대중부 220
『대지도론(大智度論)』 54, 67, 110
『대품반야경』 80, 245
덕(德) 140
데르게판(Derge) 264
데바나가리(Devanāgarī) 22
데바닷타(Devadatta) 120, 254, 257
도거(掉擧) 59
도안(道安) 79
도피안(度彼岸) 66, 185
『도행반야경』 246
독각(pratyeka-buddha) 95
독송(讀誦) 241, 253
동격한정복합어(Karmadhāraya) 197
동굴의 우상 191
두타제일(頭陀第一) 84, 217

ㄹ

라마(lha ma) 212
라모트(É. Lamotte) 265
라사(Lha sa) 90
라캉 169
락(樂) 105
로마나이즈화(Romanization) 22
리그베다(Ṛg-veda) 202
링가(liṇga) 92

ㅁ

마음 58, 59, 60
마츠모도 시로 262
마하가섭(Mahākāśyapa) 54, 84, 217
『마하반야바라밀대명주경(摩訶般若波羅蜜大明呪經)』 19, 21, 51
마하비라(Mahāvīra) 215

마하트마 간디 215
막스 뮐러(Müller) 17
만(慢 māna) 59, 62
만과만(慢過慢) 62
말나식(末那識 manas-vijñāna) 56, 57, 58, 107
말라족(Malla) 128
말룬키야 풋타(Malunkyaputta) 226
『말룬키야소경』 226
『맛지마 니카야(Majjhima-nikāya)』 226
명색(名色・nāma-rūpa) 155
명호(名號) 259
몽상(夢想) 193
『묘법연화경(妙法蓮華經)』 80, 81, 89, 252
무괴(無愧) 59
무기(無記) 156
무등등주(無等等呪) 30, 203
무량광불(無量光佛) 255
『무량수경(無量壽經)』 255, 256
무량수불(無量壽佛) 255
무명(無明) 151, 154, 164
무분별지(無分別智) 66
무상(無常) 119
무상유가부 266
무상정등각(無上正等覺) 97, 198
무상정변지(無上正徧知) 198
무상주(無上呪) 30, 203
무생(無生) 97
무소득고(無所得故) 179
무아(無我) 119
무애가 188
무애박 188
무여열반 195
무위법(無爲法) 102
무자성 179
무주상보시 180
무지역무득(無智亦無得) 179
무진(無瞋) 58
무착(Asaṇga, 395~470) 245
무참(無慚) 59
무치(無癡) 58
무탐(無貪) 58
문수사리보살 46
문혜(聞慧) 65
뮐러본 22
미경(味境) 149
미륵보살 46
밀교(密敎) 265

ㅂ

바가바트(bhagavat) 70, 71, 85
바라밀다 66
바라아제(般羅揭帝) 207
바라승아제(般羅僧揭帝) 207
바람(chanda) 165
바이샬리(vaiśāli) 220
반야 역 18
반야(Prajñā) 19, 55, 56
반야바라밀(般若波羅密 prajñā-pāramitā) 94, 201, 246
『반야바라밀다심경(般若波羅蜜多心經)』 19, 70
『반야바라밀다심경유찬(般若波羅密多心經幽贊)』 92, 111

『반야바라밀다심경찬(般若波羅蜜多心經贊)』 111
『방광반야경』 78, 245
방일(放逸) 59
방편설법 254
『백론』 81
번뇌 58, 59
번뇌장 188
번뇌즉보리 142
번역4대가 75
『범동경(梵動經)』 224
『범망경』 80, 190
범아일여(梵我一如, tat tvam asi) 180
법(法, Dharma) 73, 138, 139, 140
법경(法境) 149
법고창신(法古創新) 139
『법구경(dhammapada)』 188, 229, 230
법륭사(法隆寺) 17
법무아(法無我) 109
법성(法成) 역 18, 19
법신 86
법안(法眼) 91
법월 역 18
법월(法月) 19
법장비구(法藏比丘) 256
법현(法顯) 76
『법화경(法華經)』 216, 252
변계소집성 264
변괴(變壞) 103
변집견(邊執見) 158
변행(遍行 sarvatraga) 58
별경(別境 viniyata) 58
병렬복합어〔dvandva〕 137, 147, 161
보디 사트바(Bodhi-sattva) 93, 94
보디(bodhi) 208
보리살타 185
보리유지 264
보살승(菩薩乘) 254
보시(布施) 179
보시바라밀(dāna-pāramitā) 94
보신 86
『보편지장반야바라밀다심경(普遍智藏般若波羅蜜多心經)』 19, 48
복(覆 mrakṣa) 59
복수(plural) 98
부견(苻堅) 79
『부모은중경』 242
부정(aniyata, 不定) 58, 60
부정지(不正知) 59
부증불감(不增不減) 144
부차적 번뇌(upakleśa, 隨煩惱) 59
부톤(Bu ston) 266
부파불교 216
북경판(Peking) 264
북방불교(北方佛敎) 213
북전대장경 213
분(忿 krodha) 59
분배 164
분별지 66
불공(不空) 75
불구부정(不垢不淨) 142
『불국기(佛國記)』 76
『불모반야바라밀다심』(bhagavatī-prajñā-pāramitā-hṛdaya) 51, 70
불방일(不放逸) 58
불살생(不殺生) 214

불생불멸(不生不滅) 141
불선(不善) 59, 156
불설 52
불성(佛性) 262, 263
불신(不信) 59
불안(佛眼) 91
불이(不二) 261
불타야사(佛陀耶舍, Buddhayaśas) 224
불해(不害) 59, 214
불환과(不還果) 95, 96
불환향(不還向) 95, 96
붓다(Buddha) 85, 92
붓다고사(Buddhaghosa, 불음) 140
브라흐만(Brahma) 91
비구 217
비근(鼻根) 149
비로자나불(毘盧舍那佛) 251
비만(卑慢) 62
비슈누(Viṣṇu) 91
비식 56, 58
비정물(非情物) 140
비정통학파(nāstika) 217
비하만(卑下慢) 63

ㅅ

사(伺 vicāra) 60
사(思 cetanā) 58
사(捨) 105
사(死 · maraṇa) 160
사견(邪見) 158
사경(寫經) 241, 253
사념처(四念處) 226
사대(四大) 104
사대소조(四大所造) 104
사량(思量) 57
사리(舍利) 127, 130
사만(邪慢) 63
『사문과경』 225
사바세계 196
사번뇌 60
사선(四禪) 226
사성제(四聖諦, ārya-catvāri-satyāni) 88, 162
사아함(四阿含) 223
사용가치 170
사위성(Śrāvastī) 258
사자상승(師資相承) 241
사자상전(師資相傳) 217
사향사과(四向四果) 95
사혜(思慧) 65
산란(散亂) 59
산자야(saṃjāya) 117
산치 125
살가야견(薩迦耶見) 61, 158
살적(殺賊) 97
삼계화택(三界火宅) 253
삼독(三毒) 167
삼무성 264
『삼백송반야(三百頌般若)』 248
삼분과경(三分科經) 243, 244
삼성설 264
삼세제불 195
삼수(三受) 105
삼승방편 일승진실 253
삼장(三藏, tri-piṭaka) 52, 73, 221

삼천대천세계　196
상(想 saṃjñā)　29, 58, 105, 182
상(相)　138
상락아정(常樂我淨)　193
상배(上輩)　257
『상속해탈경(相續解脫經)』　265
상온　102
『상윳타 니카야(Saṃyutta-nikāya)』　228
상좌부　216, 220
색(色)　29, 103, 104
색경(色境)　149
색불이공　131
색온　102
색즉시공 공즉시색　133, 134
생(生 · jāti)　160
생사즉열반　142
샤캬무니(Śākyamuni)　85
『서경(書經)』　69
서분(序分)　17, 71, 243
서원(誓願)　256, 259
『서유기(西遊記)』　73
선(善 kuśala)　58, 60, 156
선무외(善無畏)　267
『선생경(善生經)』　224
선재동자(善財童子)　252
선정바라밀(dhyāna-pāramitā)　94
선지후행(先知後行)　100
설근(舌根)　149
『설문해자』　139
설식　56, 58
성경(聲境)　149
성문(śrāvaka)　95
성문승(聲聞乘)　254
『성불모반야바라밀다심경(聖佛母般若波羅蜜多心經)』　19
『성실론』　81
『성유식론술기』　62
『성유식론』　57, 61, 64, 158, 159, 160, 167, 168
성철 선사　127, 130, 194
세속제(世俗諦)　247
세존(世尊)　40, 71
세친(世親 Vasubadhu)　52, 58, 59, 93, 245
소(疏)　53
소명태자　250
소본　18
소본역　19
소부(Khuddaka-nikāya)　223
소수번뇌　59
소승불교(Hināyāna)　212
소욕지족(少欲知足)　164
소유복합어〔Bahuvrīhi〕　138, 186
소작부　266
소지장　188
『소품반야경』　80, 245
속격(屬格)　98
수(受 vedanā)　29, 58, 104, 156
수면(睡眠)　60
수미산　196
수번뇌　58, 59
수보리　116
수사한정복합어　195
수온　102
수자상(jīva-saṃjñā)　180, 181
수지(受持)　241, 253
수트라(sūtra, 經)　68, 69, 211

수혜(修慧) 65
순수밀교(純粹密敎) 266
『숫타니파타(Suttanipāta)』 233, 238
슈로레카 23
스바하(svāhā) 208
습윤성〔水〕 104
승만 부인 262
『승만경(勝鬘經)』 216, 262
승예 80
승의제(勝義諦) 145, 247
승조 80
승해(勝解 adhimukti) 58
『시경(詩經)』 69
시대명주(是大明呪) 202
시륜승(時輪乘, kālacakra-yāna) 265
시바(Śiva) 91
시장의 우상 191
시호(施護) 역 18, 19
식(識·vijñāna) 29, 56, 107, 155
식온 102
신(信 śraddhā) 58
신견(身見) 158
신근(身根) 149
신식 56, 58
신역(新譯) 72, 80
신주(神呪) 201
신통제일(神通第一) 117
실념(失念) 59
실차난타 264
심(審) 57
심(尋 vitarka) 60
심(心, hṛdaya) 21
『심밀해탈경(深密解脫經)』 265
심소(心所, caitta) 58
심왕(心王, citta) 58
십대제자 117
『십만송반야(十萬頌般若)』 247
『십송률』 78, 81
『십송비구계본율』 81
『십주경』 80
『십주비바사론』 81
「십지품(十地品)」 252

ㅇ

아가마(Āgama, 阿含) 223
아견(我見) 60, 61, 158
아난다(Ānanda) 218
아라야(ālaya) 64
아라한(arhat) 96
아라한(阿羅漢) 95
아라한과(阿羅漢果) 95
아라한향(阿羅漢向) 95, 96
아뢰야식(阿賴耶識, ālaya-vijñāna) 56, 58, 64, 107
아만(我慢) 60, 61, 63
『아미타경(阿彌陀經)』 81, 255, 258
아미타불 256
아바그라하(avagraha) 202
아상(我相) 181
아상(자아, ātman-saṃjñā) 180
아쇼카 왕(Aśoka·阿育王) 129
아수라 43
아애(我愛) 60, 63
아제(揭帝) 206

아집(我執) 61
아취(我取) 157
아치(我癡) 60
아타나식 264
아탐(我貪) 63
아트마네파다(Ātmanepada) 98
아트만(ātman) 180
안근(眼根) 149
안식 56, 58
안혜 61
알렉산더 커닝햄 123
앗사지(Asajji, 馬勝) 118
앙굴리마라(Aṅgulimāra) 227
『앙굴리말라경』 227
『앙굿타라 니카야(Aṅguttara-nikāya)』 228
양수(dual) 98
어록(語錄) 53
업(karman) 181
에드워드 콘즈(Conze) 56, 247
에운(慧運) 17
여광(呂光) 79
여래십호 86
여래장(如來藏, tathāgata-garbha) 261, 263
여성(feminine) 97
여시아문(如是我聞) 218, 219, 243
연각승(緣覺乘) 254
연기(緣起) 152
연성법 187
열반(nirvāṇa) 103, 171, 194
열성〔火〕 104
염(念 smṛti) 58
염심 59
영취산(靈鷲山) 40, 217
예류과(預流果) 95
예류향(預流向) 95
오근(五根) 229
오노 이모코(小野妹子) 17
오수(五受) 105
오온(五蘊) 20, 102, 103
오음(五陰) 102
오종불번(五種不飜) 205
오체투지(五體投地) 84
오취온(五取蘊) 163
옴 마니 파드메 훔(oṃ mani padme ḥum) 84
왕사성〔라자그리하〕 117
왕양명(王陽明) 100
『왕오천축국전(往五天竺國傳)』 76, 77
욕(欲 chanda) 58, 166
욕구(need) 169, 170
욕망(desire) 144, 157, 169, 170
욕망이라는 이름의 전차(A streetcar named diesire) 168
욕취(欲取) 157
용수(龍樹, Nāgarjuna) 52, 67, 93
『용수보살전』 81
우(憂) 105
우상(Idola) 190
우팔리(Upāli, 優波離) 218
원력(願力) 256
원리전도일체몽상 21
원성실성 264
원시불교 216
원측 111
원효대사 54, 188
위격(爲格) 98

위경(僞經) 242
위제희 부인 257
유(有 · bhāva) 160
유가부 266
『유가사지론(Yogacārābhūmi)』 63, 74
유동성〔風〕 104
유마(維摩) 260
유마거사 123
『유마경(維摩經)』 123, 254, 260
유마의 침묵 261
유부 7론 222
유식사상(唯識思想) 56
『유식삼십송석』 61
『유식삼십송』 58, 61, 243
유신견(有身見) 61, 158
유여열반 195
유위법(有爲法) 102
유통분(流通分) 17, 71, 243, 244
『유행경』 225
육경(六境) 29, 148
육근(六根) 29, 147
육사외도(六師外道) 117
육성취(六成就) 53, 244
육식 29
육안(肉眼) 90
육입(六入 · ṣaḍ-āyatana) 155
육조 혜능(慧能)대사 249
『육조단경』 54, 55, 67, 180
육진(六塵) 148
윤회 188
율(律, vinaya) 52, 73, 140
율장(律藏) 140, 221
음률(śloka) 217
응공(應供) 96
의(疑 vicikitsā) 59
의경(疑經) 242
의근(意根) 149
의식 56, 58
의식계 150
의정(義淨) 76
의타기성 264
이근(耳根) 149
『이만오천송반야(二萬五千頌般若)』 247
이세민 74, 75, 76
이식 56, 58
『이취경(二趣經)』 266
인(因) 140
인무아(人無我) 109
인상(pudgala) 181
인상(개아, pudgala-saṃjñā) 180
인식 107
인식작용 108
인욕바라밀(kṣānti-pāramitā) 94
일념(一念) 257
일래과(一來果) 95
일래향(一來向) 95
『일만송반야(一萬頌般若)』 247
『일만팔천송반야(一萬八千頌般若)』 247
일승(一乘 · ekayāna) 253, 254
일체(一切) 21, 193
일체법 102
일체종자식 264
일체중생 실유불성(一切衆生實有佛性) 262, 263
일체지자(一切知者) 26, 82
『입능가경』 264

「입법계품(入法界品, Gaṇḍavyūha-sūtra)」 251
잇찬티카〔一闡提, icchantika〕 263

ㅈ

자성(svabhāva) 108, 109
자성공 108
자은대사 규기 92
자이나교(Jaina) 215
자재천(自在天) 91
『자타카(Jātaka)』 94, 229
작의(作意) 58
잡부밀교(雜部密敎) 266
『잡아함경』 228
장곡사(長谷寺) 17
장로(長老) 220
장식(藏識) 64
『장아함경』 224
장애 186
전도(顚倒) 193
전도몽상 29, 193
전승(傳承) 223
전오식(前五識) 56
정(定 samādhi) 58
정견(正見) 173
정념(正念) 174
정명(正命) 174
『정법화경(正法華經)』 252
정사(正思) 173
정어(正語) 173
정업(正業) 173
정정(正定) 174
정정진(正精進) 174, 175
정종분(正宗分) 17, 71, 243, 244
정지원(正智院) 18
정진바라밀(vīraya-pāramitā) 94
정토 259
정토삼부경 255
정통학파(astika) 217
제1차 결집〔第1結集〕 217
제2차 결집 220
제법무아(諸法無我) 141, 181
조견(照見) 111
종격(從格) 98
종자(bīja) 65
종자(種子) 64
종족의 우상 190
죠우곤(淨嚴) 17
주(呪) 200
주격(主格) 98
주문(呪文) 204
주자(朱子) 100
중도 177
『중론』 81, 110, 142
중배(中輩) 257
중생상(sattva-saṃjñā) 180, 181
중성(neuter) 97
중수번뇌 59
『중아함경』 225
『중용(中庸)』 99, 177
즉신성불(卽身成佛) 268
증상만(增上慢) 63
증에(憎恚) 167
『증일아함경』 228
지계바라밀(śila-pāramitā) 94

지도(智度) 67
지루가참 246
지말분열(支末分裂) 216, 220
지목행족(智目行足) 100
지율제일(持律第一) 218
지인(知仁) 72
지행합일(知行合一) 100
지혜(prajñā) 56, 65
지혜륜(智慧輪) 90
지혜륜(智慧輪) 역 18, 19
지혜의 완성(The perfection of wisdom) 67, 185
지혜제일 117
진(瞋 dveṣa) 59, 167
진경(眞經) 242
진언 201
진여 103
진제(Paramārtha) 75
질(嫉 īrṣyā) 59
질애(質礙) 103

ㅊ

차안(此岸) 66, 238
참(慚 hrī) 58
처(處) 149
처격(處格) 98
천안(天眼) 90
천태대사 133
천태대사 지의 239
첨(諂 śathya) 59
『청정도론(Visuddimagga)』 140
『초전법륜경』 83
촉(觸 sparśa) 58, 156
촉경(觸境) 149
축법호(竺法護) 252
축불념(竺佛念) 224
취(取 · upādāna) 157
치(癡 moha) 59, 167

ㅋ

카니시카왕 221
『카마수트라(kāma-sūtra)』 165
『코란』 211
쿠시나가라 123
쿠우카이(空海) 17

ㅌ

타타가타(Tathāgata) 85
탐(貪 raga) 59, 168
탐욕(rāga) 165
택식(宅識) 64
『테라가다(장로게)』 229
테라바다(Theravāda) 211
『테리가티(장로니게)』 229
티베트 불교 212, 213
티베트대장경 213
티베트역본 51
틱낫한 스님 213

ㅍ

파라스마이파다(parasmaipada) 98
파펀만 237
팔리 7론 222
팔불중도 142
팔성도(八聖道) 172, 177
팔정도(八正道) 173
『팔천송반야(八千頌般若)』 246
펠리오 77
펫페(W·C·Peppé) 128
포탈라(Potala) 90
프란시스 베이컨 190
플라톤 191
피안(彼岸) 66, 238
피프라흐(Piprāhwā) 128
필수(筆受) 72

ㅎ

하배(下輩) 257
한(恨 upanāha) 59
한역대장경 213
합장 83
항(恒) 57
항심사량(恒審思量) 57
해(害 vihiṃsā) 59
『해심밀경(解深密經)』 216, 264
『해심밀경소(解深密經疏)』 265
『해절경(解節經)』 265
해탈(mokṣa) 171, 181
해태(懈怠) 59
행(行·saṃskāra) 29, 106, 154
행복 239
행부 266
행사(行捨) 58
행온 102
향경(香境) 149
허공 103
현장 75, 76
현장 역 18, 19, 73
혜(慧 prajñā) 58, 60
혜능선사 54
혜안(慧眼) 91
혜초(慧超) 76, 77
호격(呼格) 98
호법(護法) 75
혼침(惛沈) 59
화신(化身, avatārana) 86, 90, 92
『화엄경』 216, 251
환희봉행(歡喜奉行) 243
환희봉행문 53, 244
회(悔) 60
후진(後秦) 18
희(喜) 105
희망(希望) 166
히말라야 64
히카다 류쇼(干潟龍祥) 17

기타

10항목〔十事〕 220
12연기 151
12처(處) 149

14무기(avyākata) 215
16관(觀) 258
18계(dhātu) 150
3차 결집 221
4번뇌 58, 60
4차 결집 221
5대계(五大戒) 215
6바라밀(六波羅蜜) 94, 101
6위 51(六位五十一) 58

김명우

일본 동경대학 대학원, 동아대학교 대학원에서 유식사상을 전공, 철학박사 학위 취득. 현재 동아대학교 철학과 초빙교수, 문화독해운동 이마고(imago) 대표. 저서로는 『유식삼십송과 유식불교』, 『유식의 삼성설 연구』, 『티베트 불교철학』(공역), 『반야바라밀다심경』(편역) 등이 있고, 주요 논문으로는 「대승장엄경론의 삼성설」, 「대승장엄경론에 있어서 유식무경의 논증」 등이 있다.

범어로 반야심경을 해설하다

초판 1쇄 인쇄 | 2010년 3월 20일
초판 1쇄 발행 | 2010년 3월 25일

글쓴이 | 김명우
펴낸이 | 윤재승
펴낸곳 | 도서출판 민족사

책임편집 | 김창현
영업관리 | 성재영 윤선미

등록 | 1980년 5월 9일(등록 제1-149호)
주소 | 서울시 종로구 수송동 58번지 두산위브파빌리온 1131호
전화 | (02) 732-2403~4
팩스 | (02) 739-7565
E-mail | minjoksa@chol.com
홈페이지 | minjoksa.org

ISBN 978-89-7009-520-2 03220